나의 첫 월배당 ETF

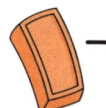

돈 걱정 없는 인생을 만드는

나의 첫 월배당 ETF

김정란 지음

TORNADO
토네이도

직장 밖에서
월급을 만들기로 했다

새벽 5시 30분. 알람 소리가 또다시 귓가를 파고든다. 몸은 퉁퉁 부어 있고 마디마디 관절은 피로를 호소하지만 기계적으로 일어나 욕실로 향한다. 머리를 감고, 세안을 하고, 화장을 하고, 간단히 아침식사를 한다. 6시 40분, 분당 집을 나서 M버스에 오른다. 작은 목베개를 대고 눈을 감아 보지만 뇌는 좀처럼 잠들지 않는다. "5분만… 5분만….' 되뇌다 보면 어느새 을지로다.

'또 못 잤구나'

커피를 들고 7시 50분, 사무실 문을 통과한다. 출근 준비부터 이동까지 2시간 20분. 1년이면 약 600시간을 출근에 쏟아붓는다.

이제부터 퇴근 전까지는 내 시간이 아니다. 은행의 시간이 펼쳐진다. 점심 1시간을 제외하면 숨 돌릴 틈이 없다. 웃어야 하고, 눈치를 봐야 하고, 일하는 나를 위해 만들어둔 성격 좋은 페르소나를 꺼내쓴다.

18시, PC가 자동으로 꺼진다. 하지만 바로 일어나면 열정이 부족하다는 낙인이 찍힌다. 그래서 30분쯤 자리에 남아 허공을 바라보다가 퇴근한다. 집까지는 차가 밀려서 2시간. 20시 30분이 돼서야 현관문을 연다. 11시 30분에 먹은 점심 이후, 첫 끼니인 저녁을 21시에 허겁지겁 먹는다. 탄수화물을 조금만 넘기면 '폭식의 시작'이라 끝장이다. 소화도 안 된 채 23시에 하루의 불을 끈다.

아침마다 몸이 붓고 관절이 쑤셨다. 아이들은 배달음식과 간편식에 익숙해졌고, 가사 도우미가 다녀가도 집 안 구석구석에는 먼지가 남아 있었다.

"이걸 정말 행복이라고 할 수 있을까?"

그 질문이 머릿속을 떠나지 않던 때가 2020년이었다. 은행 일에 대한 열정이 빠져나가고, 출근길의 무게는 점점 더 크게 느껴지기 시작했다. 그제야 깨달았다. 내가 직장을 붙잡는 유일한 이유는 '월급'뿐이라는 사실을. '돈 = 직장'이라는 공식을 의심하기 시작한 것도 그 무렵이었다.

"월급은 반드시 직장에서만 받을 수 있을까?"

나는 언젠가 100만 명에게 스스로 금융을 설계할 힘을 키워주는 PB^{Private Banker}가 되고 싶었다. 그래서 2018년부터 차근히 준비를 시작했다. 박사학위에 도전하고, 책을 집필하고, 유튜브 채널 운영을 계획했다. 2023년에는 박사학위를 마쳤고, 같은 해 유튜브 〈머니부띠끄 김정란〉 채널을 열었다. 은행에 몸담고 있으면서도 '다른 세상'을 위한 준비를 해온 셈이나. 그리고 마침내 2024년 1월, 오랜 고민 끝에 사표를 냈다.

사표를 내고 가장 먼저 한 일은 '돈 정리'였다. 유튜브는 시작한다고 바로 수익이 생기지 않기 때문에, 매달 일정한 현금흐름이 필요했다. 나는 오랜 기간 PB로 일하며 쌓아온 경험과 지식을 바탕으로 내 자산을 세팅했다. 그 결과, 퇴직금과 모아둔 자산으로 '투자 수익이라는 월급', 즉 월배당 ETF를 통한 현금흐름을 만들기 시작했다.

당시 투자 시장에는 '제2의 월급' 만들기 열풍이 불고 있었다. 그 중심에는 ETF가 있었다. ETF란 쉽게 말해 여러 주식을 한 바구니에 담아 둔 '종합선물세트' 같은 상품이다. 개별 기업을 하나하나 분석할 필요 없이 유망한 지수를 주식처럼 사고팔 수 있다는 편리함 덕분에 큰 인기를 끌었다.

특히 주가가 오르기만을 하염없이 기다리는 대신, 매달 꼬박꼬박 통장에 현금을 꽂아주는 '월배당 ETF'의 등장은 투자자들을 열광하게 만들었다. 나 역시 이 흐름에 주목해 조금 더 적극적으로 투자에 나섰고, 그 덕분에 매월 배당이 들어오기 시작했다. 생활비에 보탬이 되기 시작하자 만족감도 컸다.

그러나 곧 몇 가지 문제점이 드러났다. 배당이 금융소득으로 잡히면 건강보험료가 늘어날 수 있었고, ETF PR$^{\text{Price Return}}$이 하락하면 배당까지 합쳐도 실질 수익이 원금 수준에 머무는 경우가 생겼다. 특히 커버드콜 월배당 ETF는 시장이 반등할 때 상승을 충분히 따라가지 못하는 치명적인 단점이 있었다.

"내가 받은 배당이 과연 진짜 이익인가?"

답은 명확했다. 세금, 건강보험료, 그리고 PR까지 반영한 뒤 실제로 손에 남는 현금흐름인 진짜 월배당, 즉 '순월배당'이 얼마인지가 본질적으로 중요했다. 다행히 나는 ETF의 구조와 과세 체계, 비과세 및 절세 계좌 활용법, 건강보험료 기준, 그리고 2세대와 3세대 커버드콜 전략까지 이해하며 순월배당을 훨씬 똑똑하게 키워낼 수 있었다.

그러나 우리는 여기서 한 걸음 더 나아가야 한다. 월배당 ETF는 본질적으로 위험자산이다. 즉, 경기 사이클과 금리 구조를 설명하는 경제이론, 그리고 투자자가 흔히 빠지는 심리적 편향까지 이해해야 제대로 대응할 수 있다. '배당이 매달 들어오니 안전하다'라는 착각, '남들도 사니 괜찮겠지'라는 군중심리가 얼마나 큰 위험이 될 수 있는지 낱낱이 파헤쳐 볼 것이다.

구체적으로 이 책은 다음과 같은 고민을 안고 있는 분들을 위해 쓰였다.

- 이제 막 주식과 ETF 투자를 시작했지만 무엇을 기준으로 종목을 골라야 할지 막막한 초보 투자자

- 남들이 좋다는 말에 덜컥 월배당 ETF를 매수했지만, 원금이 줄어들어 불안한 기존 보유자
- 근로소득이 끊길 미래를 대비해 매달 꼬박꼬박 돈이 들어오는 '제2의 월급' 시스템을 만들고 싶은 은퇴 준비자
- 단순히 높은 배당률만 좇는 것이 아니라, 경제 흐름을 읽고 자산을 배분하는 투자에 관심 있는 투자자

이 책을 덮을 때쯤, 독자들은 다음의 내용들을 온전히 자신의 것으로 만들게 될 것이다.

- ETF, 주식, 채권, 금 등 기본 개념의 이해
- 월배당이 가능한 구조와 원리
- 세후, 건강보험료, PR까지 고려한 순월배당 개념
- 국내외 인기 월배당 ETF의 특징과 사례
- 모든 투자에 필요한 경제 지식과 자산배분 원리
- 투자자 심리와 편향 교정

이 책은 1장과 2장을 먼저 읽으면 기본 개념을 이해하는 데 도움이 된다. 이후 3장부터 6장까지는 관심 있는 주제부터 선택적으로 읽어도 좋다. 책을 덮는 순간, 당신에게 투자는 더 이상 막연한 도박이 아닐 것이다. 시장이 흔들려도 매달 꼬박꼬박 들어오는 현금흐름을 보며 미소 지을 수 있는 여유가 생기고, 타인의 말에 휘둘리지 않으며 스스로 자산을 운용하는 안목을 갖추게 될 것이다.

이제 불안한 투자의 마침표를 찍고, 평생 지켜줄 든든한 '돈의 파이프라인'을 구축하러 갈 시간이다. 준비되었는가? 자, 그 첫 페이지를 넘겨보자.

3장

진짜 월배당은
세금과 건강보험료에서 갈린다

4장

미국 ETF와 국내 ETF,
수익을 가르는 진짜 변수

5장

월배당을 지키는 힘, 거시경제를 읽는 기술

6장

심리의 함정 속에서 살아남는 월배당 ETF 투자 방법

1장

월배당 ETF 투자 전 반드시 알아야 할 것들

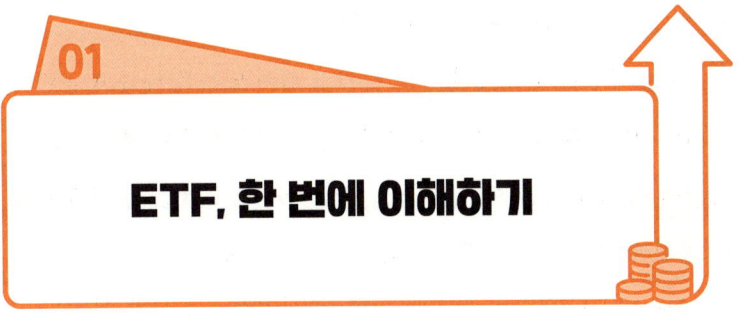

ETF, 한 번에 이해하기

어린 시절, 방학이 되면 늘 큰아빠 댁으로 향했다. 엄마가 단양행 기차에 태워 보내면 단양역에서 큰엄마가 나를 반겨주곤 했다. 도착하면 가장 먼저 큰아빠가 운영하는 식당으로 발걸음을 옮겼다. 그곳에 가면 어김없이 같은 질문이 돌아왔다.

"정란이, 뭐 먹을래?"

"짬뽕이요!"

나는 어릴 적 짬뽕을 무척 좋아했다. 국물 속에 뒤섞여 있는 해산물이 그렇게 좋았다. 지금도 그때와 크게 다르지 않다. 나는 여전히 '짬뽕'을 좋아한다. 다만 이번에 좋아하는 짬뽕은 음식이 아니라 금융상품이다. 주식의 거래 방식과 펀드의 분산투자 기능을 결합한, 말 그대로 짬뽕 같은 상품이 바로 ETF다.

흔히 짬뽕이라고 하면 여러 가지가 섞여 있는 상태를 떠올린다. 그래서 "이 투자자는 주식, 부동산, 채권, 코인까지 다 짬뽕으로 투자하네"라고 말하곤 한다. ETF도 마찬가지다. ETF는 주식과 펀드의 장점을 버무려 놓은 짬뽕 같은 금융상품이다.

이러한 ETF의 매력은 단순하다. 주식처럼 자유롭게 사고팔 수 있고, 펀드처럼 여러 자산에 분산투자할 수 있으며, 무엇보다 비용이 저렴하다. 그리고 그중에서도 내가 특히 주목하는 것이 있다. 바로 매달 배당금을 지급하는 월배당 ETF다. 앞서 ETF가 주식과 펀드를 섞어놓은 상품이라고 설명했는데, 주식과 펀드가 각각 무엇인지부터 차근차근 알아보자.

주식과 펀드, 왜 하나만으로는 부족한가?

주식은 쉽게 말해 회사를 잘게 쪼갠 '조각 케이크'와 같다. 어떤 회사가 새로운 사업 자금을 마련하기 위해 주식을 발행해 증권거래소에 상장하면, 투자자들은 그 케이크 조각을 사고파는 셈이다. 가격은 주당으로 표시된다. 예를 들어 삼성전자 주식이 10만 원이라면, 투자자는 증권 계좌에 10만 원을 넣은 후 "한 조각 주세요!"하고 주문을 내면 된다. 그 순간부터 삼성전자의 아주 작은 주인이 되는 것이다. 회사가 성장하면 주가가 오르거나 배당금이라는 '케이크

크림'을 조금씩 나눠 받을 수 있다.

주식은 가격이 실시간으로 움직이고, 원할 때 바로 사고팔 수 있다는 장점이 있다. 다만 문제는 '조각'이 하나가 아니라 수백 개, 수천 개라는 점이다. 여러 종목에 분산투자하려면 그만큼의 공부와 관리가 끝도 없이 따라붙는다.

이럴 때 등장한 것이 펀드다. 펀드는 여러 사람의 돈을 모아 '전문 셰프'인 펀드매니저가 대신 운용해 주는 방식이다. 투자자는 어떤 종목을 고를지 몰라도 괜찮다. 매니저가 알아서 여러 기업의 주식, 채권, 부동산까지 골고루 담아주기 때문이다. 그래서 초보자들에게 편리한 간접 투자 수단으로 오랫동안 인기를 끌어왔다.

물론 펀드에도 아쉬운 점은 있다. 가장 큰 불편은 즉시 거래가 불가능하다는 점이나. 하루에 단 한 번, 정해진 기준가격으로만 사고팔 수 있기 때문이다. 과거 은행에 근무할 때 고객들이 가장 답답해했던 것도 바로 이 부분이었다. 급히 팔고 싶어도 국내 상품은 당일 종가, 해외 상품은 2~3일 뒤 종가에나 체결되곤 했다. 이미 가격이 크게 떨어진 뒤라 "팔아봤자 소용없네" 하는 불만이 터져 나올 수밖에 없었다.

또 다른 단점은 비용과 투명성 문제다. 펀드는 운용보수와 각종 수수료가 ETF보다 높아 장기적으로 부담되는 구조다. 예를 들어 2024년 기준 주식형 인덱스 ETF의 평균 보수는 약 0.14%인데, 동일한 주식형 뮤추얼펀드의 평균 보수는 0.40% 수준으로 더 높았다.[1]

게다가 펀드에 들어 있는 자산 구성 내역은 실시간으로 공개되지 않는다. 보통 분기마다 운용보고서 형태로 발표되는데, 시차가 있다 보니 투자자가 현재 내 돈이 어디에 투자되고 있는지 바로 알기 어렵다. 보고서가 나올 즈음에는 이미 포트폴리오 변경이 다 이루어진 뒤라 '이제 와서 알아서 뭐하나' 싶은 경우도 많다.

왜 다들 ETF로 몰릴까?

ETF는 펀드의 단점을 보완하고 주식의 장점을 결합한 금융상품으로, 1993년 미국에서 S&P500 지수를 추종하는 상품으로 처음 등장했다. Exchange Traded Fund, 우리말로는 '거래소에서 거래되는 펀드'라는 뜻이다. 본질은 펀드이지만, 거래 방식은 주식에 가깝다.

ETF는 펀드처럼 다양한 자산에 분산투자할 수 있으면서도, 주식처럼 증권거래소에 상장되어 실시간으로 사고팔 수 있다. 말 그대로 펀드를 주식처럼 거래할 수 있게 만든 것이다. 덕분에 시장에서 이상 신호가 감지되면 곧바로 매도 주문을 낼 수 있는데, 이 실시간 거래가 ETF의 가장 큰 장점이다.

이러한 매력 덕분에 ETF 시장은 폭발적으로 성장했다. 최근 5년간 글로벌 ETF 자산은 연평균 18% 증가했고,[2] 2024년 한 해에만 1.6조 달러, 우리나라 돈으로 약 2,240조 원(환율 1,400원 가정)이 새로 유입되었다.[3] 지금은 전 세계적으로 14조 달러 이상이 ETF에 투자되어 있을 만큼 인기가 높다. 이렇게 인기가 높은 이유는 기존 투자 수단 대비 ETF가 가진 장점이 많기 때문이다. ETF의 가장 큰 장점을 실시간 거래라고 언급했지만, 사실 이외에도 투자자가 주목해야 할 강점은 다양하다.

실시간 거래에 이은 두 번째 장점은 저렴한 비용이다. 일반적으로 ETF의 운용보수는 펀드보다 낮다. 물론 주식처럼 증권사 수수료가 붙지만, 수수료를 고려해도 여전히 ETF 쪽이 훨씬 유리하다. 특히 장기 투자일수록 이 차이가 더 커진다. 수수료는 한 번 내면 끝이지만, 보수는 매년 빠져나가니 어느 순간 펀드 보수 총액이 ETF 보수 총액보다 훨씬 커져버린다.

세 번째 장점은 투명성이다. ETF는 시장가격이 실시간으로 공개되고, 편입 종목 내역도 매일 공시된다. 오늘 내가 투자한 돈이 어디에 들어있는지 바로 확인할 수 있는 셈이다. 이처럼 ETF는 정보 공개가 빠르고 명확해, 투자자가 자신의 포트폴리오를 능동적으로 관리하기 쉽다.

네 번째 장점은 분산투자다. 분산만 놓고 보면 펀드와 ETF 모두 여러 종목을 한꺼번에 담을 수 있다는 공통점이 있다. 그러나 ETF는 분산된 포트폴리오를 '실시간 가격'과 함께 그대로 매수할 수 있다는 점에서 활용성이 훨씬 높다. 예를 들어 코스피200 ETF 한 주만 사도 코스피200 전체를 보유한 것과 동일한 효과가 난다. 만약 이를 개별 주식으로 직접 구성하려면 200개 종목을 일일이 매수해야 한다. 게다가 매수 자금은 물론 관리 비용까지 고려하면, 현실적으로 일일이 매수하는 것은 거의 불가능하다. ETF는 이 분산 효과를 낮은 비용과 즉시 거래라는 장점과 함께 제공한다는 점에서, 같은 '분산'이라도 투자자가 체감하는 효용이 크게 다르다.

다섯 번째 장점은 풍부한 거래량, 즉 유동성이다. ETF는 거래소에 상장돼 있어 매수와 매도가 활발하다. 특히 규모가 큰 ETF일수록 호가 차이가 작아 거래하기 유리하다. 보통 매도 주문을 내면 이틀 안에 현금화가 가능하고, 다른 ETF를 바로 매수할 수도 있다. 반대로 펀드는 해외 상품일 경우 자금이 손에 들어오기까지 최대 2주나 걸리기도 한다. 그 사이에 기회가 와도 손가락만 빨아야 한다는 얘기다.

이처럼 ETF는 펀드의 단점을 보완하며 인기를 키워왔다. 그렇다고 해서 장점만 믿고 방심하면 곤란하다. 대부분 ETF는 유동성이 높지만, 일부 ETF는 거래량이 적어 매수·매도 가격 차이가 크게 벌어질 수 있다. 또 레버리지, 인버스 ETF처럼 구조가 복잡한 상품도 있으니 반드시 상품을 이해하고 투자해야 한다. 예를 들어 코스피200 ETF와 코스피200 인버스 ETF는 이름은 비슷해도 수익 구조가 정반대다.

따라서 본격적으로 매월 배당을 지급하는 월배당 ETF를 살펴보기 전에, ETF의 기본 개념부터 차근차근 정리해 둘 필요가 있다.

● [표1-1] 주요 개념 설명 ●

용어	설명
주식	기업이 발행한 지분 증권으로, 증권거래소에서 사고팔 수 있는 투자 수단
펀드(뮤추얼펀드)	여러 투자자의 자금을 모아 펀드매니저가 주식·채권 등에 투자·운용하는 간접 투자 상품
배당금	기업이 이익의 일부를 주주에게 배당하는 금액
ETF (상장지수펀드)	거래소에서 주식처럼 거래할 수 있도록 상장된 펀드
월배당 ETF	매달 배당금을 지급하는 ETF
펀드매니저	펀드의 자금을 운용하며 투자 전략을 결정하는 전문가
수수료	주식이나 ETF 등을 매매할 때 증권사에 지불하는 거래 비용
보수	펀드나 ETF 운용사가 운용 대가로 매년 받는 수수료 및 각종 비용
증권거래소	주식·ETF 등이 상장되어 공식적으로 거래되는 시장
주가지수	주식시장의 전반적인 움직임을 나타내는 지표(예: S&P500, 코스피200)
유동성	자산이 활발히 거래되어 쉽게 사고팔 수 있는 정도
분산투자	위험을 줄이기 위해 자금을 여러 종목이나 자산에 나누어 투자하는 전략

02

ETF 이름을 보면
투자 전략이 보인다

어릴 적, 투명한 안경을 쓰면 세상의 숨겨진 비밀이 보일 것이라 상상하곤 했다. 그 안경을 쓰면 사물의 본질을 꿰뚫어 볼 수 있는 특별한 힘이 생길 것 같았다. ETF의 이름은 마치 그런 투명 안경과 같다. 겉으로는 복잡해 보이지만, 그 안에는 상품의 성격과 특징이 고스란히 담겨 있다.

그러나 처음 ETF의 이름을 접하면 대부분 낯설고 당혹스러운 암호처럼 느껴지기 마련이다. 예를 들어 'TIGER 미국나스닥100타겟데일리커버드콜', 'KODEX 200액티브', 'ACE 글로벌인컴TOP10' 같은 이름을 보면, 머릿속에 넣기보다는 본능적으로 밀어내고 싶은 마음이 들지 않는가? 사람은 생소한 정보를 섭했을 때 쉽게 받아들이기보다는 본능적으로 배척하는 경향이 있다. ETF의 이름 또한 그러한 거부감을 유발하는 대표적인 요소다.

그러나 ETF의 이름에는 일정한 규칙이 있다. 처음엔 암호처럼 보이지만, 그 규칙을 이해하면 금세 해독할 수 있다. 암호도 규칙만 알면 쉽게 풀리듯, ETF 이름도 구조를 알면 어떤 자산에 투자하고, 어떤 전략을 쓰며, 누가 운용하는지 한눈에 파악할 수 있다. 이제 투명 안경을 쓴 듯 ETF 이름만 봐도 보이지 않던 투자 세계의 구조가 선명하게 드러나기 시작할 것이다.

ETF 이름의 첫 번째 부분: 자산운용사 브랜드

국내에 상장된 ETF 이름은 크게 세 부분으로 구성되어 있다. ETF 종목명의 맨 앞에는 해당 ETF를 운용하는 자산운용사의 고유 브랜드명이 붙는다. TIGER는 미래에셋자산운용, KODEX는 삼성자산운용, RISE는 KB자산운용의 ETF 브랜드다. 이밖에도 한국투자신탁운용의 ACE, 신한자산운용의 SOL, NH-Amundi자산운용의 HANARO 등이 있으며, 한화자산운용은 기존 ARIRANG에서 PLUS로 브랜드명을 변경했다. 키움투자자산운용의 경우, 과거 KOSEF와 히어로즈로 이원화되었던 ETF 브랜드를 통합해 현재 KIWOOM 브랜드로 재탄생시켰다.

이처럼 브랜드만 알아도 영어로 표기된 ETF 이름이 한층 거부

ETF 브랜드	자산운용사
TIGER	미래에셋자산운용
KODEX	삼성자산운용
RISE	KB자산운용
HANARO	NH-Amundi자산운용
ACE	한국투자신탁운용
SOL	신한자산운용
PLUS	한화자산운용
KIWOOM	키움투자자산운용

감 없이 읽히기 시작할 것이다. ETF 이름의 첫 단어만으로도 어떤 운용사가 만든 상품인지 알 수 있으니 말이다.

ETF 이름의 두 번째 부분: 투자 대상 자산

ETF 이름의 두 번째 부분은 ETF가 어떤 자산에 투자하는지를 나타낸다. 앞서 ETF를 주식처럼 거래되는 펀드라고 설명했기 때문에, 자칫 ETF는 주식만 담는 상품이라고 오해하기 쉽다. 하지만 실제로 ETF가 담을 수 있는 투자 대상은 매우 폭넓다. 주식뿐 아니라 채권, 원자재, 리츠^{REITs} 등 다양한 자산에 투자할 수 있기 때문이다.

ETF 이름(자산)	설명
미국S&P500	미국 대형주 500개로 구성된 대표 지수를 추종하며 미국 시장 전반에 투자
미국필라델피아 반도체나스닥	엔비디아, 인텔 등 미국 주요 반도체 기업에 집중 투자
미국30년국채	미국 20~30년 만기국채에 투자해 안정적 이자 수익 추구
하이일드액티브	신용등급 낮은 회사채에 투자해 높은 이자 수익 추구
투자등급회사채	BBB- 이상 우량 회사채에 투자해 안정성과 수익을 동시에 추구
코스피200	코스피 상위 200개 기업에 분산투자해 한국 주식시장 대표 지수를 추종
골드선물	국제 금 시세에 연동되어 인플레이션 방어와 안전자산 역할
미국부동산리츠	미국 상업용 부동산 리츠에 투자해 임대수익·배당수익 추구

예를 들어 ETF 이름의 두 번째 부분이 'S&P500'이라면 미국의 대표 지수인 S&P500 지수에 투자하는 ETF이고, '국고채10년'이라면 대한민국의 10년 만기 국고채에 투자하는 ETF를 의미한다. 또한 '골드선물'이라는 표현이 있다면, 금 가격의 변동에 연동되어 운용되는 ETF라는 뜻이다.

최근에는 특정 자산군의 특징을 반영한 ETF들도 활발히 출시되고 있다. 이를테면 배당을 많이 지급하는 기업들로 구성된 배당주 ETF, 인공지능 산업과 관련된 AI 우량주 ETF, 신용등급이 높은 회사들의 채권을 담은 우량 회사채 ETF 등이 그것이다. ETF만 보고도 어떤 자산에 투자하는지 투명하게 파악할 수 있는 것이다.

ETF 이름의 세 번째 부분 : 운용 전략

ETF 이름의 세 번째 부분에는 각 ETF의 운용 전략이 담겨 있다. 펀드매니저가 직접 종목을 선정하고 운용하는 액티브 ETF인지, 기초자산의 수익률을 2배로 추종하는 레버리지 ETF인지, 기초자산과 반대 방향으로 움직이는 인버스 ETF인지 등을 파악할 수 있다.

또한 세 번째 부분에 '(H)'가 붙어 있는 ETF도 있는데, 이는 환헤지Hedge를 적용한 ETF를 의미한다. 환헤지형 ETF는 환율 변동이 수익률에 미치는 영향을 최소화하도록 설계되어 있다. 즉, 달러 강세나 약세에 따라 투자 성과가 흔들리지 않도록 해주는 전략인 것이다. 환헤지의 개념과 그 효과에 대해서는 4장에서 더 자세히 살펴볼 예정이다.

ETF 이름에 '커버드콜'이 붙어 있는 경우도 있다. 이는 커버드콜 전략을 활용해 월배당수익을 추구하는 ETF임을 의미한다. 커버드콜 전략은 보유한 자산 위에 콜옵션을 덧붙여 옵션 프리미엄을 수취하는 방식으로, 일정한 현금흐름을 창출할 수 있어 월배당 ETF에서 자주 활용되는 핵심 전략이다. 월배당 ETF에 관심이 많은 투자자라면 반드시 이해해야 할 개념이며, 이 전략은 2장에서 자세히 다룰 예정이다.

운용 전략 키워드	의미
액티브(Active)	펀드매니저가 직접 종목을 선정·운용하는 능동형 ETF
레버리지(2X)	기초지수 일일변동률의 2배를 추종(지수 상승 시 2배 수익)
인버스(-1X)	기초지수의 일일변동률과 반대 방향으로 추종(지수 하락 시 수익 발생)
인버스2X	기초지수의 일일변동률을 역방향으로 2배 추종(지수 하락 시 2배 수익)
환헤지(H)	통화 헤지를 적용해 환율 변동 영향 최소화
커버드콜	콜옵션 매도를 통한 옵션 프리미엄으로 월배당금 추구

처음 예로 들었던 'TIGER 미국나스닥100타겟데일리커버드콜', 'KODEX 200액티브', 'ACE 글로벌인컴TOP10' 같은 이름이 이제는 한눈에 들어오지 않는가? 무슨 자산에 투자하고, 어떤 전략을 쓰는지, ETF의 정체가 훤히 보이기 시작했을 것이다. 이제 우리는 ETF의 투명 안경을 쓴 셈이다. 보이지 않던 투자 세계의 구조가 ETF의 이름만으로도 명확히 읽히기 시작했으니 말이다.

이제 ETF의 이름을 이해했으니, 다음 챕터에서는 ETF 거래에 필요한 그들만의 언어들을 살펴보자.

03

그들만의 ETF
언어를 배워보자

한때 나의 꿈은 프로그래머였다. 20대 초반, 정보처리산업기사와 OCJP(과거 SCJP) 자격증을 취득할 만큼 프로그래밍에 진심이었고, 실제로 20대 중반에는 은행 IT 개발 부서에서 일하기도 했다. 하지만 사정이 여의치 않아 영업점으로 다시 발령이 났고, 이후 38세까지 영업점에서 개인자산관리와 PB 업무를 맡았다.

그러던 2018년, 내 안의 디지털 본능이 다시 끓어오르기 시작했다.

"자산관리를 디지털로 제공하고 싶다."

이건 단순한 바람이 아니라 강한 확신이었다. 과거 IT 부서에서 일했던 경험도 있고, 관련 자격증도 있었기에 스스로를 믿었다.

"난 할 수 있다."

그 자신감을 안고 본사에 들어가 디지털 PB를 맡게 됐다. 그런데 문제는 '디지털'의 업무 영역이 내가 오랫동안 익혀온 금융 언어와는 전혀 다른 언어를 쓰는 세계였다는 점이다. UI/UX 회의에 처음 참석했을 때, 그들의 대화는 마치 외국어처럼 들렸다.

"네이티브가 뭐예요?"

"…픕."

그 순간, '언어가 통하지 않는 사람'이라며 무시를 당한 기분이었다. 그때 깨달았다. 어떤 분야에서든 의미 있는 성과를 내려면 먼저 그들의 언어부터 배워야 한다는 사실을.

ETF도 마찬가지다. 처음 보면 도무지 알 수 없는 낯선 용어들로 가득하지만, 걱정할 필요는 없다. 이번에는 ETF 세계에서 쓰이는 언어들을 하나씩 배워보려 한다. 단어를 이해하면, ETF가 훨씬 친근한 투자 도구로 다가올 것이다.

시가와 종가: ETF 시장의 시작과 끝

ETF의 세계를 이해하는 첫걸음은 '시가'와 '종가'다. 기초적인 용어처럼 보일 수 있지만, ETF도 주식처럼 거래되는 상품이기에 이 두 개념은 반드시 짚고 넘어가야 한다.

시가는 그날 시장이 열리면서 처음 형성된 가격이다. 전날의 종

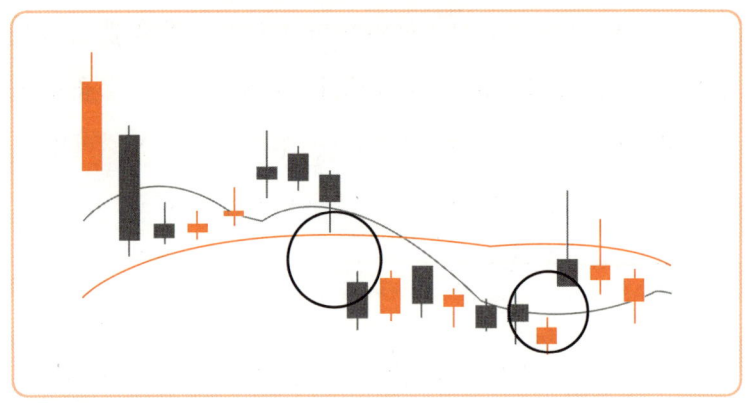

가, 장 시작 전의 수급 상황, 그리고 밤사이 발생한 뉴스나 글로벌 이슈에 따라 시가가 결정된다. 특히 밤사이 큰 이벤트가 있었다면, 개장과 동시에 상승 갭이나 하락 갭이 발생해 시가가 급등하거나 급락하는 경우도 많다.

예를 들어 주말 사이 중동 지역에서 전쟁이 발발했다면, 월요일 아침 시장이 열리자마자 매도하려 해도 이미 종가보다 낮은 가격으로 거래가 시작하는 상황을 맞이할 수 있다. 반대로 중국 정부가 대규모 경기 부양책을 발표했다면, 장이 열리기도 전에 기대감이 반영돼 중국 관련 주식이 시가부터 크게 상승한 상태로 시작될 수 있는 것이다.

종가는 그날 마지막으로 체결된 가격, 즉 시장이 마감되며 확정된 가격이다. 투자자들은 종가를 기준으로 그날의 흐름을 정리하고, 다음 날 전략을 세우기도 한다.

ETF도 주식처럼 매일 시가, 고가, 저가, 종가가 존재한다. 하지만 ETF에는 'NAV'라는 독특한 개념이 추가되기 때문에 많은 초보 투자자들이 헷갈린다.

NAV: ETF의 이론적 가격

ETF를 처음 접하면 이런 질문을 많이 하게 된다.

"종가랑 NAV는 뭐가 다른 거죠?"

NAV는 Net Asset Value, 즉 '순자산가치'다. ETF가 보유한 주식과 자산들을 다 합친 다음, 전체 자산 가치를 ETF 전체 좌수로 나눈 금액이다. 쉽게 말하면, 이 ETF 1좌의 이론적인 가치가 얼마인지를 보여주는 숫자다. NAV는 하루에 한 번, 장 마감 후에 공식적으로 계산되어 공시된다.

이를테면 어떤 ETF가 삼성전자, LG전자, SK하이닉스를 담고 있고, 이 세 종목의 자산 가치를 다 합한 총액이 1,000억 원이라고 가정해 보자. 이 ETF 전체 발행 좌수가 1,000만 좌라면, NAV는 1좌당 10,000원이 된다. 이게 바로 ETF의 이론상 가치다.

그런데 ETF는 주식처럼 시장에서 사고팔 수 있기 때문에, 수요와 공급에 따라 실제 거래된 종가가 NAV와 약간 다를 수 있다. 만약 이 ETF의 종가가 9,990원에 형성되었다면, NAV는 10,000원인데 실제 거래가격은 9,990원으로 10원의 차이가 생기는 것이다.

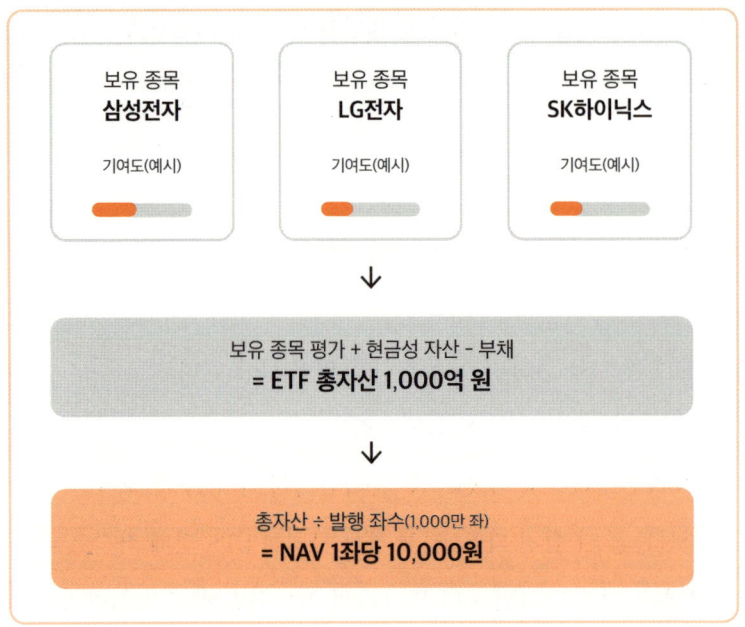

이 둘의 차이를 '괴리율'이라고 한다. ETF는 구조적으로 이 괴리율이 크지 않도록 설계되어 있지만, 유동성이 낮은 ETF나 장중에 거래가 적은 ETF는 일시적으로 괴리가 커질 수 있다. 이 괴리율은 증권사 앱이나 한국거래소 사이트에서 확인할 수 있다.

괴리율 : 시장가격이 NAV와 달라지는 순간

이렇듯 ETF의 괴리율은 NAV와 시장가격 간의 차이를 의미한다. 예를 들어 NAV가 10,000원인데 시장에서 10,100원에 거래되고 있다면, +1%의 프리미엄이 붙은 상태다. 반대로 9,900원에 거래되면 -1% 디스카운트된 상태인 것이다. 즉, ETF의 이론상 가치와 실제 거래가격 사이에 얼마나 차이가 생겼는지를 보여주는 지표다.

일반적으로 ETF의 가격은 NAV에 수렴하도록 구조화되어 있다. 그 중심에는 'LP(유동성 공급자)'라는 존재가 있다. 괴리율이 커질 경우 LP가 ETF를 사고팔며 가격을 조정하는데, 이 개입 구조 덕분에 ETF의 시장가격은 NAV에서 크게 벗어나지 않도록 관리된다.

이 구조는 마치 물이 일정한 수위를 유지하도록 조절하는 댐과도 같다. 괴리율이라는 수위가 갑자기 높아지거나 낮아지면, LP라는 댐 관리자가 즉시 개입하여 매수·매도를 통해 흐름을 조절하는 셈이다. 그 결과, 시장가격은 다시 NAV 쪽으로 되돌아간다.

한국거래소도 이 괴리율을 매우 중요하게 평가한다. 특정 ETF에서 괴리율이 일정 수준 이상으로 지속되면 LP 교체를 요구하거나 심한 경우 상장폐지 경고를 주기도 한다. 말하자면, 수문을 제대로 조절하지 못하면 댐 관리자를 바꾸는 것과 비슷한 셈이다.

다행히 국내 대형 ETF나 거래량이 풍부한 ETF는 대부분 괴리율이 거의 0%에 수렴한다. 하지만 유동성이 낮거나 장중 거래가 뜸

한 ETF는 일시적으로 괴리율이 커질 수 있으므로, 투자 전에는 반드시 증권사 앱이나 한국거래소 정보 사이트에서 실시간 괴리율을 확인하는 습관이 필요하다.

추적오차: ETF가 지수를 얼마나 '잘 따라가는가'?

ETF는 특정 지수의 수익률을 최대한 똑같이 따라가도록 설계된 상품이다. 하지만 실제 운용 과정에서는 매매 비용, 세금, 배당 시차, 운용보수 등의 다양한 요인이 작용해 ETF의 수익률이 기준 지수 수익률과 완전히 일치하지 않는 경우가 많다. 이처럼 ETF가 지수를 얼마나 잘 따라갔는지를 보여주는 지표가 바로 '추적오차Tracking Error'다. 가령 추종하는 지수가 연간 10% 상승했는데 해당 ETF의 수익률이 9.8% 상승에 그쳤다면, 연간 추적오차는 -0.2% 포인트라고 볼 수 있다.

ETF가 지수를 최대한 정확하게 추종하기 위해 사용하는 방법에는 크게 세 가지가 있다.

첫 번째는 완전 복제 방식이다. 지수를 구성하는 모든 종목을 동일한 비중으로 그대로 매수하는 방식이다. 가장 직관적이며 실제 수익률을 거의 그대로 복사하기 때문에 추적오차가 가장 적다.

두 번째는 대표 종목 복제 방식이다. 지수 전체를 다 담기 어려운 경우, 대표 종목 일부만 추려 구성해 지수와 유사한 성과를 내도록 설계하는 방식이다. 보통 구성 종목 수가 너무 많거나, 거래 비용이 클 때 사용된다.

세 번째는 합성 복제 방식이다. 실제 자산을 사는 대신 스왑^{Swap} 같은 파생상품 계약을 통해 수익률만 교환하는 방식이다. 주로 해외 지수나 원자재처럼 실물 거래가 어려운 자산을 추종할 때 사용되며, ETF 이름 뒤에 '(합성)'이라는 표기가 붙는다.

ETF는 이처럼 지수를 최대한 충실히 추종하기 위해 다양한 노력을 기울이지만, 현실적으로는 운용 전략의 차이, 시장 유동성, 리밸런싱 시점, 비용 등 다양한 변수로 인해 추적오차가 발생한다. 따라서 ETF에 투자할 때는 단순히 어떤 지수를 따라가는지를 넘어 추적오차가 얼마나 작은지, 복제 방식은 어떤지, 운용사의 리스크 관리 능력은 어느 정도인지를 종합적으로 판단하는 것이 중요하다.

또한 많은 초보 투자자가 추적오차와 괴리율을 혼동하지만, 이 둘은 완전히 다른 개념이다. 추적오차는 일정 기간 동안 ETF가 기준 지수의 수익률을 얼마나 잘 따라갔는지를 평가하는 '기간 지표'이고, 괴리율은 특정 시점에서 ETF의 시장가격이 순자산가치인 NAV와 얼마나 차이가 나는지를 보여주는 '시점 지표'다.

이를 마라톤에 비유하면 이해하기 쉽다. 마라톤에서는 본선 선수가 목표 기록을 맞추기 위해 페이스메이커와 함께 뛰며 속도를 조절한다. 선수는 원하는 속도를 유지해 주는 페이스메이커를 잘 따라가는 것이 중요하다. 추적오차는 마라톤에서 선수가 페이스메이커를 얼마나 잘 따라갔는지를 평가하는 것이라면, 괴리율은 지금이 순간 선수와 페이스메이커의 간격이 얼마나 벌어져 있는지를 보는 것과 같다.

TR, PR: 월배당 ETF 투자자라면 반드시 알아야 할 수익률의 차이

다음으로 짚고 넘어가야 할 개념은 TR$^{\text{Total Return}}$과 PR$^{\text{Price Return}}$이다. 처음 들으면 생소할 수 있지만, 월배당 ETF에 투자하려는 사람이라면 반드시 이해해야 할 핵심 개념이다.

TR은 배당을 포함한 총수익률을 의미하며, PR은 배당을 제외한 순수한 가격수익률을 뜻한다. 만약 어떤 ETF의 가격수익률이 5%, 배당수익률이 10%라면, TR은 가격 상승과 배당을 포함하여 15%, PR은 가격 상승만 반영하여 5%가 된다.

우리가 월배당 ETF를 살펴볼 때, 가장 먼저 마주치는 건 보통 '배당률'이다.

"연 10% 배당"

이 숫자 하나만 보면 누구라도 혹하게 된다. 하지만 여기서 반드시 확인해야 할 것이 있다. 바로 PR, 즉 원금 손익의 흐름이다. 예를 들어 연 10%의 배당을 받았더라도 ETF의 가격이 10% 하락해 버렸다면, 그 배당은 실제 수익이 아니라 내 자산에서 빠져나간 돈을 되돌려받는 것과 다르지 않다. 이 경우 배당세만 내고 실익은 없을 수 있다.

따라서 월배당 ETF를 고를 때는 단순히 배당률만 보지 말고, 배당 전후의 가격 흐름인 PR과 배당까지 합산한 총수익률인 TR을 함께 확인해야 한다. 즉, 진짜 월배당인 순월배당을 봐야 한다는 것이다.

또한 우리가 일반적으로 앱에서 보는 ETF의 수익률은 TR 기준인지, PR 기준인지에 따라 실제 손익이 완전히 달라질 수 있기 때문에 이 구별은 매우 중요하다.

기간 수익률과 연 수익률: 숫자에 속지 않기

ETF 수익률을 볼 때 자주 접하는 개념이 있다. 바로 '기간 수익률'과 '연 수익률'이다. 겉보기에 비슷해 보이지만, 실제 의미는 완전히 다르다.

예컨대 3개월간 수익률이 3%였다면, 이를 단순히 환산해 연 12%(3%×4분기)라고 표현할 수 있다. 이게 바로 우리가 흔히 말하는 연 수익률이다. 특히 월배당 ETF를 볼 때 이런 혼동이 자주 발생한다. 어떤 월배당 ETF가 연 15% 배당수익률이라고 하면, 순간적으로 꽤 높은 수익률이라는 인상을 받기 쉽다. 하지만 여기서 중요한 건 '연'의 의미다. 1,000만 원을 투자해서 연 15% 배당을 받는다면, 총 150만 원을 1년 동안 받는다는 뜻이다. 즉, 이 배당은 매달 나눠

들어오기 때문에 한 달 기준으로는 약 12.5만 원(150만 원÷12개월)이 되는 셈이다.

여기서 주의할 점이 있다. 만약 이 ETF의 PR이 한 달 만에 15% 하락했다면 어떻게 될까? 배당은 연 15%니까 괜찮은 걸까? 한 달에 1.25%씩 받으니 손실을 커버할 수 있는 걸까? 절대 그렇지 않다. 가격이 한 달 만에 15% 하락했다면, 복리 환산을 적용해 연간 -86% 손실이 된다. 물론 실제 계산은 복리를 적용해야 하므로 더 정교한 수치가 필요하지만, 이 단순 계산만으로도 월간 수익률과 연 수익률을 혼동하는 것이 얼마나 위험한지 알 수 있다.

흥미로운 점은 이익은 연 수익률 기준으로 자주 표현되지만, 손실은 그렇지 않다는 것이다. '연 15% 수익'은 익숙하지만, '연 -86% 손실' 같은 표현은 잘 하지 않는다. 이유는 단순하다. 손실을 연 기준으로 환산하는 순간, 그 숫자가 너무 크게 느껴지기 때문이다. 이런 숫자는 심리적으로 받아들이기 어려워들 한다.

아마도 이러한 연 표현은 은행의 연이율 문화에서 비롯된 습관일 것이다. 그래서 수익률은 연 기준으로 표현하고 싶어 하고, 반대로 손실은 "이번 달만 좀 빠졌어요"라는 식으로 누그러뜨리는 경향이 있다.

결국 수익률을 볼 때는 반드시 이 두 개념의 차이와 한계를 이해한 후 접근해야 한다. 표면적으로 보이는 '연 15%'라는 숫자보다 더 중요한 건 그 수익이 어떤 흐름에서 나왔고, 그 안에 얼마나 많은 리스크가 숨어 있는지를 파악하는 것이다.

운용보수와 총보수 : ETF 투자자가 실제로 부담하는 비용의 진실

"세상에 공짜는 없다"는 말을 들어본 적 있을 것이다. 이 말은 ETF에도 그대로 적용된다. 자산운용사는 ETF를 운용해 주는 대가로 보수를 받는데, 이를 '운용보수'라고 한다. 여기에 운용 과정에서 발생하는 각종 비용까지 합친 것이 바로 '총보수'다.

그런데 ETF를 매수하면서 별도로 비용을 지불한 기억은 없을 것이다. 이유는 간단하다. 운용사에서 이 비용을 미리 공제한 뒤, '수익률'에 반영해서 보여주기 때문이다. 그래서 보수가 높은 ETF를 샀어도 체감이 잘 되지 않는다. 과거 펀드 중심의 투자 환경에서는 연 2%의 비용을 받는 상품도 있었다. 5년간 보유하면 총 10%를 비용으로 낸 셈이지만 기준가에 이미 반영된 상태로 수익률이 표시되다 보니 투자자들은 그 부담을 제대로 실감하지 못했다.

다행히 최근에는 비용에 대한 투자자의 경각심이 커지면서, 자산운용사 간의 보수 경쟁이 치열해지고 있다. 이제는 같은 지수를 추종하는 ETF라면, 누가 더 낮은 보수를 제시하느냐가 경쟁력이 되는 시대다.

하지만 여전히 아쉬운 점이 있다. 운용사들이 '우리는 보수가 낮다'고 홍보할 때 '총보수'가 아니라 '운용보수'만을 강조하는 경우가 많다는 것이다. ETF 투자자는 총보수 전체를 부담하는데도 말이다. 그래서 우리는 ETF를 고를 때 총보수의 개념을 정확히 이해하고, 단순 운용보수가 아닌 전체 비용 기준으로 판단해야 한다.

만약 운용보수는 0.15%라고 들었더라도 총보수가 0.25%라면, 실제로는 연 0.25%가 비용으로 차감되는 것이다. 참고로 보수 수치는 일반적으로 '연간 기준'으로 표시되며, 별도 표기가 없다면 '연 0.25%'라는 의미로 이해하면 된다.

총보수는 이렇게 구성된다.

- 운용보수: ETF를 기획·운영하는 자산운용사에 지급되는 수수료
- 수탁보수: ETF 자산을 보관·관리하는 수탁은행에 지급되는 비용
- 기타보수: ETF 기록을 정리하는 사무관리사와 유통을 담당하는 판매사 등에 지급되는 비용

즉, 운용보수는 총보수의 일부일 뿐이며, ETF 투자자가 실제 부담하는 전체 비용은 '총보수' 기준으로 판단해야 한다.

많은 투자자들이 네이버페이 증권 등에서 ETF 정보를 확인하지만, 여기에는 운용보수만 표시되는 경우가 많다. 정확한 총보수를 확인하려면, 각 자산운용사의 홈페이지에서 '상품 설명서'를 직접 열람해 보는 것이 가장 확실하다.

ETF의 세계는 처음엔 낯설고 어렵게 느껴질 수 있다. 하지만 이렇게 하나씩 그들의 언어를 익혀 가다 보면, 어느 순간부터 그들의 언어가 나의 언어가 되는 순간이 온다. 그게 바로 투자자로서 한

단계 성장하는 과정이 아닐까.

"네이티브가 뭐예요?"

UI/UX 회의에서 던졌던 나의 질문이 떠오른다. 그랬던 내가 그들의 언어를 배워서 은행 6개 부서의 협업을 이끌며 외주 없이 서비스를 개발하게 될 줄 누가 알았을까.

이제, 언어를 배웠으니 투자를 시작해 보자. 그 첫걸음은 ETF가 실제로 투자하는 자산이 무엇인지 아는 것이다. 다음 챕터에서는 주식, 채권, 그리고 금 ETF가 실제로 투자하는 자산군의 세계로 깊이 들어가 보려고 한다. 왜 하필 이 세 가지 자산인지에 대한 이유는 5장에서 자세하게 설명할 것이다.

주식과 채권,
뭐가 더 좋은 투자처일까?

2024년 1월, 오랜 준비 끝에 나는 은행을 퇴사했다. 물론 두려움과 걱정도 컸다. 하지만 더 이상 심장이 뛰지 않는 상태로 일을 계속하는 내 모습을 떠올렸을 때 '이건 아닌데…'라는 생각이 더 크게 다가왔다.

퇴사 후 나는 계획했던 일들을 하나씩 실행에 옮기기 시작했다. 그 첫걸음이 2024년 4월 29일, 주식회사 형태의 법인 설립이었다. 주식회사는 개인이나 법인이 자본금을 출자하고, 그 대가로 주식을 배정받는 구조의 법인 기업이다.

만약 내 회사에 투자해 지분을 갖고 싶다면 주식을 사면 된다. 반대로 내 회사에 돈을 빌려주고 이자를 받고 싶다면 채권을 사면 된다. 이 비교만으로도 주식과 채권의 차이가 선명하게 느껴질 것이다. 투자의 대표 자산인 주식과 채권은 그 형태부터 완전히 다르다. 회사 입장에서 하나는 자본이고, 다른 하나는 부채다. 당연히 투자자로서 기대할 수 있는 수익과 감수해야 할 위험도 달라진다.

따라서 월배당 ETF에 투자하기 전, 먼저 이 두 자산의 차이를 확실히 이해하는 것이 중요하다. 실제로 "주식이 뭐야?", "채권은 뭐야?"라는 질문에 선뜻 답하지 못하는 경우가 많기 때문이다.

주식이란 무엇인가?

주식은 기업의 일부를 소유하는 권리, 즉 지분이다. 내 회사에 투자해 지분 10%를 받았다면 그만큼의 이익을 배당받을 수 있으며, 의사결정에도 10%의 영향력을 행사할 수 있다. 이 지분 관계를 증명하는 것이 바로 주식이다.

삼성전자 주식 한 주를 산다는 것은 그 기업의 아주 작은 주인이 되는 것이다. 그 대가로 배당금, 주가 상승에 따른 시세차익, 의결권 등 다양한 권리를 얻지만, 기업이 어려워지면 주가 하락이나 상장폐지 등 위험도 함께 감수해야 한다. 요약하자면, 주식은 기업의 성과를 함께 나누는 구조의 투자 수단이다.

채권이란 무엇인가?

채권은 돈을 빌려주고 이자를 받는 '빚에 대한 약속'을 증서로 만든 것이다. 국가나 기업이 자금을 조달할 때 일정 기간 이자를 지급하고 만기에는 원금을 상환하겠다는 계약서를 발행하는데, 이것이 바로 채권이다.

가령 정부가 고속도로 건설 자금이 필요해 국채를 발행하면, 투자자는 이를 사서 정기적으로 이자를 받고 만기 시 원금을 돌려받는다. 즉, 채권은 정해진 조건에 따라 이자를 받고 만기에는 원금을 받는, 예측 가능한 수익 구조의 투자 수단이다.

주식과 채권은 왜 '완전히 다른' 자산인가?

이제 주식과 채권의 기본 개념을 알았으니 두 자산이 왜 완전히 다른 성격을 갖는지 세 가지 관점에서 정리해 보겠다.

첫째, 주주와 채권자는 지위부터 다르다. 주식 투자자는 회사의 주인이다. 배당금과 시세차익을 기대할 수 있고, 주총에서 의결권을 행사하며 경영에도 일정한 목소리를 낼 수 있다. 반면 채권자는 말 그대로 돈을 빌려준 사람이다. 정해진 이자는 받지만, 회사 경영에는 일절 관여할 수 없다. 다만 여기엔 중요한 차이가 있다. 만약 회사가 파산한다면? 채권자가 주주보다 먼저 자산을 돌려받는다.

그래서 위험 관리 전략에서는 이 순서가 꽤 중요하다.

둘째, 수익 구조가 정반대다. 주식은 기업 성과에 따라 수익이 크게 날 수도 있지만, 수익이 보장되지는 않는다. 내일 오를지, 모레 떨어질지, 누구도 장담할 수 없다. 반대로 채권은 훨씬 단순하다. 연 5%짜리 채권이라면 매년 정해진 이자를 받고, 만기에는 원금까지 돌려받는다. 주식은 '하이 리스크, 하이 리턴', 채권은 '로우 리스크, 로우 리턴'인 셈이다. 롤러코스터와 시골 기차의 차이라고 비유해도 무리가 없다.

셋째, 위험과 변동성에서도 큰 차이가 있다. 주식은 경제 상황, 기업 실적, 시장 심리에 따라 가격이 크게 출렁인다. 원금 손실 위험도 늘 존재한다. 반면 채권은 만기까지 보유할 경우 원금을 돌려받

● [표 4-1] 기업 신용등급별 의미와 부도율 비교 ●

기준년도: 1998 ~ 2024년, 단위: %

회사채 신용등급	정의	연간부도율		평균누적부도율	
		협의	광의	협의	광의
AAA	원금 지급확실성이 최고수준이며, 현단계에서 합리적으로 예측가능한 장래의 어떠한 환경변화에도 영향을 받지 않을 만큼 안정적임.	0.00	0.00	0.00	0.00
AA	원금 지급확실성이 매우 높지만 AAA등급에 비해 다소 열등한 요소가 있음.	0.00	0.00	0.00	0.00
A	원금 지급확실성이 높지만 장래 급격한 환경변화에 따라 다소 영향을 받을 가능성이 있음.	0.00	0.00	0.39	1.53
BBB	원금 지급확실성은 인정되지만 장래 환경변화로 원금과 지급확실성이 저하될 가능성이 있음.	0.00	0.00	1.57	4.86
BB	원금 지급확실성에 당면 문제는 없지만 장래의 안정성 면에서는 투기적 요소가 내포되어 있음.	0.00	0.00	6.17	9.24
B	원금 지급확실성이 부족하여 투기적이며, 장래의 안정성에 대해서는 현단계에서 단언할 수 없음.	10.00	10.00	14.58	17.64
CCC	채무불이행이 발생할 가능성을 내포하고 있어 매우 투기적임.	0.00	0.00	11.25	19.92
CC	채무불이행이 발생할 가능성이 높아 상위등급에 비해 불안요소가 더욱 많음.	0.00	-	12.87	32.65
C	채무불이행이 발생할 가능성이 극히 높고 현단계에서는 장래 회복될 가능성이 없을 것으로 판단됨.	-	-	41.59	36.84
D	원금 또는 이자가 지급불능상태에 있음.	-	-	-	-

주1: AA등급에서 CCC등급까지는 그 상대적 우열 정도에 따라 +, -기호를 첨부할 수 있음.
주2: 구조화금융 관련 평가의 경우 등급기호 뒤에 "(sf)"를 부기함.
주3: 연간부도율은 2024년 기준이며, 평균누적부도율은 1998~2024년을 기준으로 한 3년차 평균누적부도율임.
주4: 협의 부도율은 금융투자업규정 제8-19조의와 제3항 제2호의 부도 정의에 의해 산정한 부도율임.
주5: 광의 부도율은 신용평가회사 표준내부통제기준 제3조 제1항 제9호의 광의의 부도 정의에 의해 산정한 부도율임.

출처: NICE 신용평가

을 수 있어 상대적으로 안정적이다. 물론 발행한 기업이나 국가가 부도나면 얘기는 달라진다. 그래서 채권을 고를 때는 반드시 신용 등급을 확인해야 한다. 보통 BBB 이상은 투자등급, BB 이하는 투기 등급으로 불린다. 국채처럼 AAA 등급을 받으면 '무사고'에 가까운 안전자산으로 인식된다.

그렇다면 무엇이 더 좋은 투자처일까? 정답은 없다. 주식과 채권은 서로 다른 역할을 수행하며, 투자자의 성향과 목표에 따라 선택이 달라질 뿐이다. 높은 수익을 기대하고, 일정 수준의 위험을 감내할 수 있다면 채권보다는 주식이 적합할 것이다. 시장을 자주 체크하며 기회를 노리는 투자 성향이라면 더욱 그렇다. 반면 원금 보존과 예측 가능한 이자 수익을 선호하고, 투자에 익숙하지 않으며, 장기 안정성을 중시한다면 채권이 더 적합할 수 있다.

물론 주식과 채권을 섞을 수도 있다. 이 두 자산은 서로를 보완하는 특성을 가지고 있기 때문에, 많은 투자자들은 두 자산을 조합해서 포트폴리오를 구성한다. 이 내용은 5장에서 더 자세히 다루게 될 것이다.

주식과 채권은 투자 세계의 뿌리와 같은 존재다. 이 개념만 잘 이해해도 어떤 월배당 ETF를 선택할지, 그 ETF가 어떤 자산에 투자하고 있는지, 변동성의 원인은 무엇인지 명확하게 이해할 수 있다. 이제 여러분은 ETF의 구성과 수익 구조를 분석할 수 있는 기초 체력을 갖추게 됐다. 어떤가? 여러분이라면 회사의 주식을 사겠는가, 아니면 채권을 사겠는가?

주식과 채권은
왜 이렇게 다를까?

어느 날, 은행 마감 시간에 시재가 딱 100만 원 부족했다. 아무리 찾아봐도 나오지 않는 돈… 결국 내 지갑에서 현금을 꺼내 부족분을 채웠다. 그 시절 나의 평달 급여가 100만 원이었다. 그제야 중요한 사실을 깨달았다. "실수하지 않는 것이 중요하구나." 그 이후 시재통에 현금을 넣기 전에는 절대 입금 버튼을 누르지 않는, 나만의 작은 루틴을 만들었다. 그렇게 시행착오를 겪으며 성장해 나갔다.

몇 년 뒤 예비 PB 면접을 거쳐 PB로 보임을 받았다. 이후 PB 팀장이 되면서 내가 책임지고 키워야 할 팀원들이 생겼다. 이제 내가 쌓아온 경험과 노하우를 팀원들에게 나눠줘야 하는, 말 그대로 내 가치를 '배당'해야 하는 시기가 온 것이다.

주식의 개성

기업도 비슷하다. 처음에는 좌충우돌하며 성장하고, 이후에는 탄탄한 가치를 쌓아가다가, 어느 순간 그 성과를 투자자들에게 배당한다. 우리는 이런 기업들을 각각 성장주, 가치주, 배당주로 구분하며, 각자의 투자 성향이나 목적에 따라 주식을 매수한다.

성장주는 내가 은행에서 신입 시절을 보내던 모습과 닮아 있다. 처음에는 실수도 많고 성과도 잘 드러나지 않지만, 하나씩 배우고 고쳐가며 잠재력을 키워나간다. 테슬라나 엔비디아 같은 기업이 대표적이다. 지금은 다소 순이익이 부족해 보여도, 투자자들은 이들의 미래를 믿고 기다리며 지지해 준다. 변동성은 크지만 그만큼 높은 수익을 기대하는 종목으로, 말 그대로 급성장하는 기업의 주식이다. 이러한 기업들은 현재 이익이 크지 않더라도 향후 폭발적인 성장 가능성을 갖고 있기 때문에 투자자들의 기대가 매우 크다.

가치주는 내가 창구에서 근무하던 시절, 예비 PB로 선발되던 순간과 닮아 있다. 이미 충분한 실력과 경험을 갖추고 있었지만, 아직 그 가치를 알아봐주는 사람이 없을 때는 저평가 상태에 놓였던 것처럼 말이다. 가치주는 이렇게 아직 빛을 보지 못한 기업의 내재가치에 주목해 투자하는 방식이다. 언젠가는 정당한 평가를 받을 것이란 믿음으로 접근하며, 워런 버핏이 즐겨 찾는 투자 스타일이기도 하다. 한 예로 꾸준히 이익을 내며 자산도 갖춘 제조업 기업이 경기 침체로 주가가 떨어져 PER(주가수익비율) 5배, PBR(주가순자산비율) 0.5배 수준으로 매우 낮게 거래된다고 생각해 보자. 이런 경우 가치투자자는 "저 기업은 실적에 비해 너무 싸다"라고 판단하고 매수한다. 이후 경기가 회복되거나 기업에 대한 인식이 개선되면, 주가가 상승해 수익을 실현할 수 있다.

배당주는 내가 팀장이 되어 후배들에게 노하우를 전수하던 시기와 닮았다. 이미 충분히 성장해 안정된 수익 구조를 갖춘 기업은 일정한 현금흐름을 투자자에게 돌려준다. 꾸준히 배당을 지급해온 코카콜라나 국내 통신사가 대표적이다. 변동성은 낮지만 안정적인 현금흐름을 제공해 장기 투자자들에게 꾸준히 사랑받는다. 그래서 은퇴자나 안정적인 소득을 추구하는 투자자들이 선호하는 성격의 주식이다. 물론 배당주도 기업 상황에 따라 배당이 줄거나 주가가 하락할 수 있지만, 전반적으로는 '낮은 위험, 안정적 수익'의 성격을 띤다. 그래서 투자자로서는 매년 받는 배당금 덕분에 심리적인 안정감을 얻을 수 있다.

이처럼 주식은 그 성격에 따라 성장주, 가치주, 배당주로 나누어 바라보고 투자하는 것이 일반적이다.

채권의 개성

그렇다면 채권도 '성장채권', '가치채권', '배당채권'처럼 분류할 수 있을까? 정답부터 말하면, 그렇지 않다. 앞서 살펴본 것처럼 주식은 자산의 성격을, 채권은 부채의 성격을 가진다. 주식은 오직 주식회사만 발행할 수 있지만, 채권은 국가·지방자치단체·은행·기업 등 거의 모든 경제 주체가 발행할 수 있다.

그리고 채권 투자자들은 기업의 '성장성'보다 '신용도'를 본다. 이 회사가 미래에 얼마나 커질지보다는 지금 빌린 돈을 제대로 갚을 수 있는지가 핵심인 것이다. 채권자는 회사가 아무리 돈을 많이 벌어도, 정해진 이자만 받을 수 있기 때문이다. 이익이 늘어난다고 배당처럼 더 받을 수 있는 구조가 아니다. 그래서 채권 투자자에게는 이익보다 '부도 안 날 가능성', 즉 신용도가 훨씬 중요하다.

채권에 투자할 때는 크게 두 가지를 참고하면 된다. 하나는 누가 발행했는지를 보는 것이고, 또 하나는 공신력 있는 신용평가사가 부여한 신용등급을 확인하는 것이다. 국가가 발행하는 국채, 은행이 발행하는 금융채, 기업이 발행하는 회사채 등 모든 채권에는 각각의 신용등급이 부여된다. 이 등급은 채권을 발행한 주체가 얼마나 신뢰할 수 있는지, 다시 말해 돈을 제때 갚을 가능성이 얼마나 되는지를 수치로 나타낸 것이다. 그럼 이제 채권의 발행 주체별로 어떤 특징이 있는지 살펴보자.

첫째, 국채다. 정부가 돈을 빌리고 나중에 갚겠다고 약속하는 증서가 국채인 것이다. 국채는 보통 한 나라에서 가장 안전한 채권으로 간주된다. 부모님이나 매우 신용 좋은 친구에게 돈을 빌려주는 상황과 비슷하다. 웬만해서는 돈을 떼일 가능성이 낮으니 마음이 편하다. 이는 신용등급에 그대로 드러난다.

우리나라 국채와 미국 국채는 신용등급 AAA에 가까운 안정성을 지닌다. 물론 안전한 만큼 이자율은 낮은 편이다. 하지만 원금과 이자를 거의 확실히 돌려받을 수 있다는 점에서, 많은 투자자들이 국채를 포트폴리오의 안전자산으로 활용한다. 다만 국채라도 빌려주는 기간이 매우 길어지면 얘기가 조금 달라진다. 이 부분은 이후 챕터에서 상세하게 다룰 예정이다.

둘째, 지방채다. 지방채는 지방자치단체가 자금을 조달하기 위해 발행하는 채권이다. 쉽게 말해 서울시나 부산시 같은 지자체가 돈을 빌릴 때 발행하는 증서라고 이해하면 쉽다. 국채와 비슷하게 정부 성격의 기관이 발행하므로 비교적 안전한 편이다. 하지만 지방자치단체의 재정 상태는 중앙정부만큼 안정적이지 않을 수도 있기 때문에 엄밀히 따지면 국채보다는 위험도가 조금 더 높다.

대부분의 경우 국가가 망하지 않는 한 지방채도 무난히 상환되지만, 아주 드물게 재정 위기로 파산 선언을 하는 도시들이 생기기도 한다. 해외 사례를 예로 들면, 미국 디트로이트시가 한때 재정 파탄으로 채권 상환에 어려움을 겪은 적이 있다. 지방채의 위험도는 국채보다 약간 높은 대신 이자 역시 약간 더 높은 경향이 있다. 그럼에도 지방채도 투자등급의 우량 채권으로 취급되며, 국가가 뒷받침하는 경우도 있어 꽤 안정적인 자산으로 분류된다.

셋째, 금융채다. 금융채는 은행이나 보험사 같은 금융기관이 자금 조달을 위해 발행하는 채권이다. 발행 주체가 금융기관이라는 특성상 비교적 안전하다고 여겨진다. 은행이나 보험사는 국가의 금융 시스템 아래 관리·감독되고 있고, 파산하지 않도록 여러 보호장치가 마련되어 있기 때문이다. 국내의 시중은행이나 산업은행 등이 발행하는 금융채는 국채만큼은 아니어도 신용도가 높은 편이라 투자자들이 많이 찾는다.

다만 금융기관도 경제 위기 때는 위험할 수 있다. 1997년 IMF 외환위기 당시 국내의 동화은행, 보람은행 등 여러 은행이 퇴출되거나 다른 은행에 합병되며 역사 속으로 사라졌다. 2008년 글로벌 금융위기 때는 세계적인 투자은행들이 무너지기도 했었다. 일반적으로는 금융채 금리가 국채보다 약간 높아 조금 더 나은 이자를 주지만, 큰 위험은 감수하지 않아도 되는 중간 성격의 채권으로 볼 수 있다.

넷째, 회사채다. 회사채는 말 그대로 민간 기업이 투자자들로부터 돈을 빌리면서 발행하는 일종의 차용 증서다. 기업들은 주로 공장 건설이나 설비 투자, 인수합병 등 큰 규모의 자금이 필요할 때 은행에서 대출을 받는 대신 직접 채권을 발행해 자금을 조달하기도 한다. 지방채나 금융채의 경우 신용등급 차이가 크게 나지 않지만, 회사채는 발행하는 기업의 신용도에 따라 위험과 수익이 천차만별이다.

국내 굴지의 대기업이나 신용등급 AAA 수준의 글로벌 기업이 발행한 회사채는 금융채만큼이나 안전성이 높아 이자율이 낮은 편이다. 삼성전자나 애플처럼 현금이 풍부한 기업이 발행한 채권이라면 투자자는 원금을 잃을 걱정 없이, 은행 이자보다는 약간 높은 수준의 안정적인 이자를 받을 수 있다. 반면 신용등급이 낮거나 재무 구조가 불안한 중소기업의 회사채는 높은 이자율을 제시해도 투자 자들이 선뜻 투자하기 망설이게 된다. 기업이 부도날 경우 원금을 돌려받지 못할 가능성이 크기 때문이다. 이처럼 회사채는 기업의 신용도에 베팅하는 투자로, 매우 안전한 국채와 금융채 수준에서부 터 주식 투자에 준하는 높은 위험 수준까지 그 범위가 넓다.

마지막으로 하이일드채, 일명 정크본드가 있다. 하이일드채는 신용등급이 낮은 국가나 기업이 발행하는 채권을 의미한다. 즉, 국 채나 회사채와 같은 기존 채권 중에서 신용등급이 BB 이하인 채 권이 하이일드채가 된다. 기업뿐 아니라 국가 역시 신용등급이 BB 이하로 떨어질 수 있다. 대표적인 예로 브라질 국채는 신용등급이 BB[1]로 하이일드채에 속하며, 발행금리가 연 13.4%[2]에 이른다.

겉으로 보면 "이렇게 높은 이자를 준다고? 정말 매력적인데?" 라고 느낄 수 있지만, 세상에 공짜는 없는 법이다. 하이일드채의 높 은 이자율은 그만큼 위험이 높다는 증거이기도 하다. 마치 신용도 가 낮은 친구에게 돈을 빌려줄 때 돈을 못 받을 위험이 있어 망설이 자, 그 친구가 높은 이자를 제시하며 빌려달라고 설득하는 상황과 비슷하다. 따라서 하이일드채는 투자 경험이 많고 위험 감내 능력 이 높은 투자자들이 포트폴리오의 일부로 신중히 편입하는 경우가 많다.

정리하자면, 채권은 돈을 빌리는 주체에 따라 크게 국채, 지방 채, 금융채, 회사채 등으로 나눌 수 있고, 각 채권은 신용등급에 따라 우량채와 하이일드채로 구분할 수 있다. 투자자들은 자신의 투자 성향과 목적에 따라 적합한 채권을 선택하면 된다.

06

주가는 결국
'이것'으로 결정된다

요즘 나는 한 가지 질문에 꽂혀 있다.

"지금 내 회사의 주가는 100원인데, 과연 '적정 주가'는 얼마일까?"

이 질문은 곧 또 다른 질문으로 이어졌다.

"어떻게 하면 내 회사의 주가를 1,000원으로 올릴 수 있을까?"

처음에는 막연했지만, 곧 아이디어가 하나 떠올랐다. 바로 PER로 추정해 보는 것이다.

적정 주가는 어떻게 계산될까?

PER이란, 주식 가격이 기업 이익의 몇 배로 거래되고 있는지를 보여주는 지표이다. 그런데 이 PER이 높고 낮은 것이 단순히 '비싸다', '싸다'를 의미하는 것은 아니다. 왜냐하면 같은 PER이라도 시장 금리에 따라 받아들이는 감정이 달라지기 때문이다.

금리가 낮은 시기에는 예금이나 채권 같은 안전자산의 수익률이 낮기 때문에 PER이 높아도 투자자들은 이를 매력적으로 느끼기도 한다. 그래서 이런 시기에는 PER이 15배 이상이어도 비싸다는 인식이 덜하다. 반대로 금리가 높은 시기에는 안전자산에서도 꽤 괜찮은 수익을 기대할 수 있으니, 투자자들의 시선이 PER이 낮은 주식으로 쏠린다. 이때는 PER 7~8배도 '적정 수준'으로 평가받는다.

또한 PER은 산업의 특성에 따라서도 크게 달라질 수 있다. 성장성이 높은 산업은 PER이 30~50배여도 이상하지 않지만, 성장이 정체된 산업에서는 PER 10배도 부담스럽게 평가될 수 있는 것이다. 이처럼 PER은 고정된 정답이 아니다. 당시의 경제 상황과 시장의 기대치에 따라 비싸게도, 싸게도 해석될 수 있는 '상대적 가치 지표'다.

PER은 주식 가격을 주당순이익^{EPS}으로 나눈 값이다. 거꾸로 말하면, 'EPS×PER=주가'가 된다. 나는 내 회사의 PER을 보수적으로 7배로 가정해 보기로 했다. 사실 PER을 더 높게 적용하고 싶었지만, 아직은 시장에서 그만큼의 평가를 받을 단계는 아니라고 판난

했기 때문이다. 즉, 'EPS×7=적정 주가'라는 계산식이 성립한다.

그렇다면 EPS는 어떻게 구할까? 바로 회사의 순이익을 발행 주식 수로 나누면 된다. 이제 실전 계산에 들어가 보자. 현재 내 회사의 발행 주식 수는 120만 주다. 목표 주가를 1,000원으로 정하고, PER을 7배로 설정해 보자.

'1,000÷7=약 143원'

즉, EPS가 약 143원이 나와야 한다. 이 말은 곧 120만 주×143원=약 1억 7,160만 원의 연간 순이익을 내면, 내 회사의 적정 주가는 주당 1,000원이 된다는 뜻이다. 단순한 수식처럼 보이지만, 이 구조는 모든 상장 기업의 주가 평가에 기본적으로 작동하는 원리다.

투자자들은 'EPS'와 'PER'이라는 용어를 자주 접하지만, 그 본질까지 이해하는 경우는 드물다. 그래서 여기서 두 개념을 다시 한번 정리해 보자.

- EPS(Earnings Per Share): '주당순이익'으로, 한 주당 얼마나 벌었는가를 나타낸다. 예를 들어 연간 순이익이 1억 7,000만 원이고 발행 주식이 120만 주라면, EPS는 약 142원이 된다.

- PER(Price to Earnings Ratio): 주가가 이익의 몇 배인지 보여주는 수치다. PER이 10배라면, 투자자들이 그 회사의 연간 이익 1년치를 기준으로 10년치를 미리 선불로 주고 주식을 샀다는 뜻이다. PER이 높다는 건 현재 이익에 비해 주가가 비싸다는 의미일 수도 있지만, 동시에 투자자들이 미래 성장에 대한 기대가 크다는 신호일 수도 있다.

엔비디아가 보여준 진짜 주가의 법칙

이 개념을 더 생생하게 이해하기 위해 엔비디아의 사례를 살펴보자. 한때 단순히 '그래픽카드 회사'로 알려졌던 엔비디아는 AI 시대의 도래와 함께 폭발적인 성장의 중심에 섰다. 실제로 2023년, 엔비디아의 EPS는 약 0.17달러였다. 그러나 2024년에는 무려 1.19달러로 뛰었다. 1년 사이 약 7배, 증가율로 보면 600%에 달하는 성장을 기록한 것이다.[1]

그런데 흥미로운 점은, 이익이 오르기 전부터 주가는 이미 크게 오르고 있었다는 사실이다. 왜일까? 눈 밝은 투자자들이 미리 알아봤기 때문이다. 이런 현상을 '주가 선반영'이라고 표현한다. 그리고 그 신호는 PER에 담겨 있었다.

2020년과 2021년, 엔비디아의 PER은 80~90배 수준이었다.[2] 겉으로 보면 너무 비싸다고 생각될 수 있지만, 투자자들은 이렇게 판단했다.

"지금 이익은 적지만, 곧 폭발적으로 성장할 테니 PER이 90배라도 산다."

그리고 실제로 엔비디아는 기대를 훌쩍 넘는 실적을 이어가며 2023년 한 해에만 주가가 239% 급등했다. 2024년 6월에는 시가총액 3조 달러를 돌파했고, 2025년 9월 기준 약 4.34조 달러에 이르렀다.[3]

물론 모든 기업이 엔비디아처럼 될 수는 없다. 기대만 앞서 주가만 치솟았다가 실망으로 끝나는 경우도 많다. 하지만 투자자들이 기업의 미래 이익을 예측하고, 이를 주가에 선반영한다는 사실은 부인할 수 없다. 그리고 그 예측의 지표가 바로 PER과 EPS다.

배당도 결국 이익에서 나온다. 우리가 투자하는 월배당 ETF도 마찬가지다. 운용사는 기업의 배당을 받기 위해 주식을 매수하는데, 그 배당의 원천은 결국 기업의 이익인 것이다. 이익이 없으면 배당도 없다. 따라서 배당을 많이 줄 수 있는 기업을 선별하는 것이 운용사의 핵심 역량이다.

그러니 이제 주식형 월배당 ETF에 투자해 배당을 받을 때는 이렇게 생각해야 한다. '이 배당의 뿌리는 기업의 이익이다. 내가 받는 이 배당은 누군가의 영업, 누군가의 기술력, 누군가의 전략이 만들어낸 결과다.' 이 원리는 월배당 ETF뿐만 아니라 개별 종목에 직접 투자할 때도 마찬가지다. PER과 EPS라는 두 숫자를 제대로 해석할 수 있다면, 그 투자는 '근거 있는 자신감' 위에 서게 될 것이다.

07

금리가 떨어지면
돈이 되는 이유

2016년 11월 9일. 횡단보도 앞에 서서 신호를 기다리던 나는 하늘을 올려다보며 깊은 한숨을 내쉬었다. 바로 조금 전, 미국 대선에서 예상을 뒤엎고 도널드 트럼프 후보가 당선 확정되었다는 뉴스가 흘러나왔기 때문이다.

그날, 금융시장은 즉각 반응했다. 특히 채권시장은 민감하게 출렁였다. 트럼프 대통령이 내세운 대규모 경기부양 공약 때문이었다. 정부 지출 확대와 감세가 예고되자 시장은 앞으로 장기 금리가 상승할 것이라고 판단했고, 이 기대는 곧바로 장기채권 금리의 급등으로 이어졌다. 그런데 금리가 급등하면, 채권 가격은 떨어진다.

채권 가격은 왜 오르고 내릴까?

이쯤에서 이런 의문이 들 수도 있다.

"국채는 만기까지 보유하면 원금과 이자를 약속대로 받는다고
배웠는데, 채권 가격이 떨어진다는 말은 무슨 뜻일까?"

미국 정부가 10년간 100만 달러를 빌리기 위해, 연 이자율 5%
로 채권을 발행했다고 가정해 보자. 이때 어떤 투자자가 이 채권을
10만 달러 매수했다면, 그는 10년 동안 매년 5%인 5,000달러의 이
자를 받고, 10년 뒤에는 원금 10만 달러를 상환받는다. 미국 정부의
신용도는 매우 높아 사실상 부도 위험은 없다고 보아도 무방하다.
이 채권을 만기까지 보유한다면 손실 없이 이자와 원금을 받을 수
있다는 뜻이다.

그런데 만약 투자한 지 1년이 지난 시점에서 내가 급하게 자금
이 필요해 채권을 매도하려고 한다면 어떻게 될까? 이때 봐야하는
것이 바로 시장금리다. 현재 새롭게 발행되는 미국채의 이자율이
연 6%로 올라갔다고 가정해 보자. 누가 5% 이자를 주는 내 채권을
10만 달러에 사려고 할까? 아무도 원하지 않을 것이다. 새 채권을
사면 6%를 받을 수 있는데, 굳이 5%짜리를 정가에 사줄 이유가 없
기 때문이다. 결국 투자자는 덜 받게 될 이자만큼 채권 가격을 낮춰
서 팔 수밖에 없다. 반대로, 만약 현재 발행금리가 4%로 내려가 있
다면 어떨까? 이제 내 채권은 현재 발행 채권보다 더 높은 이자를
주는 유리한 상품이 되며, 그만큼 가격을 올려서 팔 수 있다.

이처럼 발행금리에 영향을 받는 시장금리가 상승하면 채권 가격은 하락하고, 시장금리가 하락하면 채권 가격은 상승한다. 이 반비례 관계가 바로 채권 가격의 기본 원리다.

듀레이션으로 금리 민감도를 읽는 법

더 나아가, 같은 금리 변동폭에서도 만기가 긴 채권일수록 가격 변화 폭이 더 크다. 장기간에 걸쳐 받을 이자에 금리 변화의 영향이 누적되기 때문이다. 그래서 우리는 흔히 "장기채는 금리에 민감하다"라고 표현한다. 각각의 채권은 금리 1% 변동에 따라 가격이 얼마나 움직일지를 계산할 수 있는데, 그 값을 듀레이션Duration이라 부른다. 다시 말해 듀레이션이란 금리가 1% 변할 때 해당 채권 가격이 몇 % 변하는지를 보여주는 지표다.

예를 들어 듀레이션이 5년인 채권은 금리 1% 변화에 가격이 약 5% 변동하고, 듀레이션이 10년이면 약 10%, 듀레이션이 17년이면 약 17% 변동한다. 듀레이션이 길수록 금리 변화에 따른 가격 움직임이 더 커진다는 뜻이다. 듀레이션은 채권의 잔존 만기뿐만 아니라 이자율과 시장금리에 따라 매일 바뀌지만, 가장 큰 영향을 미치는 요소는 잔존 만기이다. 만기가 길면 길수록 듀레이션도 길어지는 경향이 있다. 이러한 특성 덕분에 금리 인하기에는 장기채 투자가 유리하고, 금리 인상기에는 단기채 투자가 유리하다. 장기

금리의 방향성을 잘 맞힌다면, 수익 기회가 크다는 뜻이다.

그러나 금리 인하를 예상하고 채권에 투자하고 싶을 때 직접 미국채를 매수하는 것은 일반 개인에게 진입장벽이 있다. 직접 매수 시에는 최소 단위가 커서 자금 부담이 크고, 시장성이 낮아 중간에 팔기 어렵다는 단점이 있기 때문이다. 이럴 때 유용한 것이 채권형 ETF다. 채권형 ETF는 다양한 만기의 채권을 담고 있어서 분산 효과가 있고, 주식처럼 쉽게 사고팔 수 있다.

ETF 역시 구성에 따라 단기채 ETF, 중기채 ETF, 장기채 ETF로 구분되며, 대부분 평균 듀레이션을 공개한다. 미국 장기국채에 투자하는 대표 ETF인 TLT는 평균 듀레이션이 17~18년으로 매우 길다. 2010년대에 금리가 지속적으로 하락할 때는 TLT 가격이 크게 상승하며 수익을 안겨주었지만, 반대로 2020년대 초 금리 인상기에는 170달러에서 100달러 아래로 하락했다. 그 기간 동안 시장금리가 약 2~3%포인트 오르며, TLT 가격은 약 30~40% 하락한 것이다. 이 변동성은 듀레이션 이론과도 잘 맞아떨어진다.

최근 등장한 월배당 ETF 중에는 장기국채를 담은 상품이 많다. 이유는 분명하다. 장기국채는 듀레이션이 길어 금리 인하 시 가격이 크게 상승할 수 있고, 매월 이자 지급(쿠폰)으로 월배당 구조를 만들 수도 있기 때문이다. 여기에 이후에 살펴볼 커버드콜 전략의 기초자산으로도 활용할 수 있다. 하지만 장점이 분명한 만큼 단점도 있다. 금리가 오르면 손실 폭도 커질 수 있다는 점이다. 즉, 장기국채 ETF는 금리 방향성에 따라 고수익 또는 고위험이 될 수 있는 상품이다.

● **[그림 7-1] 금리와 반비례하는 채권 가격** ●

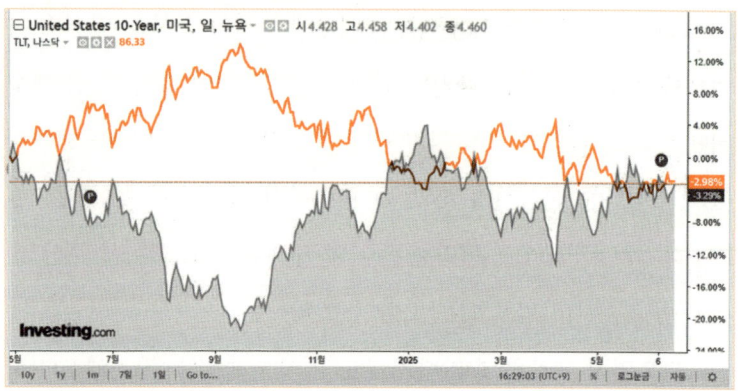

출처: 인베스팅닷컴

　　정리하자면 채권 가격과 금리는 반비례 관계에 있고, 이 민감도를 나타내는 지표가 듀레이션이다. 듀레이션이 길수록 금리 변화에 더 크게 반응한다. 따라서 금리 하락기에는 장기채 ETF가 유리하고, 금리 상승기에는 단기채 ETF가 유리하다.

　　이제 채권형 ETF에 관심이 생겼다면, 이렇게 물어보자.

　　"이 ETF의 듀레이션은 어떻게 되나요?"

　　그 질문 하나로 투자 수준이 한 단계 올라설 것이다.

금값은 왜 세 번 폭등했을까?

2007년, 어느 세미나가 열리던 날이었다. 많은 고객들이 호기심 어린 눈빛으로 나를 바라보고 있었다.

"지지선과 저항선이 대체로 명확합니다. 지금은 지지선에 닿은 시점이니, 진입할 때입니다."

내가 그렇게 말하자, 고객들은 일제히 환호했다.

사실, 금에 관심을 갖기 시작한 건 2006년부터였다. 금은 전통적으로 안전자산으로 분류되며, 그 자체로도 충분히 매력적인 투자처였다. 그런데 차트를 들여다보니, 기술적 분석이 유효하게 작동하는 구간들이 보이기 시작했다. 여기에 기본적 분석까지 결합해 의견을 제시하면 70~80%의 확률로 시장 흐름을 맞힐 수 있었다.

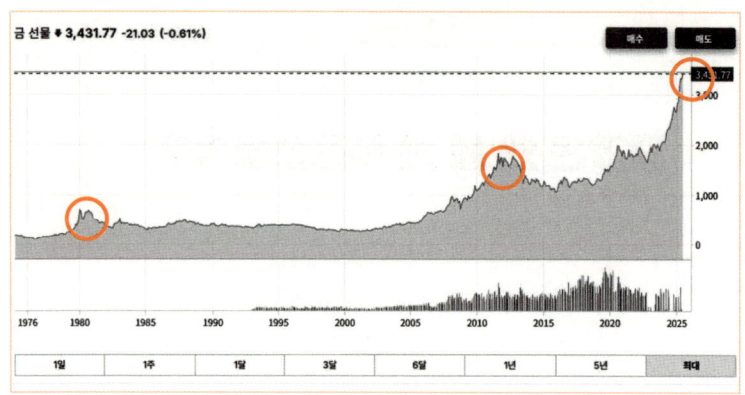

출처: 인베스팅닷컴

당시에는 이것이 운이었는지, 아니면 금 시장을 들여다보며 자연스럽게 쌓인 이해 덕분이었는지 확신할 수 없었다. 다만 그 시기는 금의 두 번째 대폭등기와 맞물려 있었다.

2025년 하반기, 금은 세 번째 대폭등기를 지나고 있다. 2022년 말부터 상승세가 이어지고 있다. 금 가격은 1971년 '닉슨 쇼크' 이후 달러와의 고정환율제가 폐지되면서 자유롭게 변동하기 시작했고, 이후 총 세 차례의 큰 폭등기가 있었다. 첫 번째는 1970년대 후반, 두 번째는 내가 직접 시장과 함께했던 2006년 이후, 그리고 세 번째 폭등기가 바로 2023년 이후부터 2025년까지 이어지고 있는 현재의 흐름이다.

나는 앞으로도 금 가격은 다시 한 번 폭등할 가능성이 충분하다고 본다. 다만 그 과정에서 단기적인 조정기를 거치며 새로운 상승

흐름이 이어질 수도 있다. 그렇다면 우리는 자연스럽게 이런 질문을 하게 된다. "금은 언제 폭등했고, 언제 조정을 받았는가?" 이러한 큰 그림을 파악하면 지금 금이 조정 중인지, 횡보 중인지, 혹은 상승세에 있는지를 가늠할 수 있을 것이다.

결국 월배당 ETF로 금에 투자할지 결정하기 위해서는 금값이 어떤 원리에 따라 움직였는지, 그리고 앞으로 어떻게 움직일지 이해할 필요가 있다. 이것을 함께 살펴보려 한다.

잠깐, 주식과 채권에 대해 먼저 살펴본 뒤 금에 대해서도 알아보는 데는 분명한 이유가 있다. 그 이유는 5장에서 확인하게 될 것이다.

위기가 오면 금이 움직인다

금 가격의 폭등 역사를 이해하려면, 먼저 1971년의 닉슨 쇼크를 짚고 넘어갈 필요가 있다. 그 이전까지 세계 각국의 화폐는 금과 연동된 금본위제 아래 있었으며, 특히 미국 달러는 금 1온스당 35달러로 고정되어 있었다. 그러나 1971년 8월, 미국의 리처드 닉슨 대통령이 달러와 금의 교환을 중단하겠다고 선언하면서, 금과 달러 간 고정환율 시대는 막을 내리게 되었다. 이 충격적인 발표는 전 세계 금융시스템에 큰 파장을 일으켰고, 이후 '닉슨 쇼크'라는 이름으로 불리게 되었다. 이 조치로 인해 달러에 묶여 있던 금값의 고삐가 풀리면서 금은 자유롭게 시세가 변동하는 자산이 되었다. 그리고 그 결과, 약 반세기 동안 금 가격은 1온스당 35달러에서 4,000달러[1] 수준까지 약 100배 가까이 폭등하는 흐름을 보이게 되었다.

그렇다면 금값이 왜 움직였는지를 세 번의 폭등기를 기준으로 살펴보자.

첫 번째 금값 폭등의 절정은 1980년이었다. 당시 오일 쇼크와 스태그플레이션이 주요 원인이었다. 1970년대 오일 쇼크는 전 세계를 경기 침체와 고인플레이션이 동시에 나타나는 스태그플레이션 상황으로 몰아넣었다. 달러의 가치가 급격히 하락하자 투자자들은 자산을 금으로 이동시켰고, 자금 이동이 가속화되면서 1980년 1월 금 가격은 사상 처음으로 온스당 약 850달러를 기록하며 첫 번째 급등기를 맞았다. 그러나 미국 중앙은행이 높은 인플레이션을 억제하고자 금리를 급격히 인상하자, 금값은 약 50%에 달하는 조정을 겪었다.

두 번째 폭등은 2011년으로, 글로벌 금융위기 이후 유동성 폭등이 직접적인 원인이었다. 2008년 금융위기 직후 각국 중앙은행은 대규모 유동성을 시장에 공급했고, 초저금리를 장기간 유지했다. 불확실성이 극심한 환경에서 투자자들은 안전자산을 선호했고, 그에 따라 금 수요가 폭발했다. 결국 2011년 금값은 온스당 약 1,900달러까지 상승하며 두 번째 정점을 기록했다. 이후 유동성 회수와 금리 상승 등의 영향으로 다시 약 50%의 조정을 받았다.

세 번째 폭등은 2022년에 시작되어 2025년까지 이어지고 있다. 팬데믹 이후 각국 정부는 막대한 재정을 투입했고, 그 여파로 물가 상승 압력이 크게 높아졌다. 여기에 더해 2025년 초, 트럼프 대통령의 관세 정책으로 글로벌 무역 긴장이 고조되며 스태그플레이션에 대한 우려가 다시 커졌다. 이러한 배경 속에서 2025년 하반기 들어 금선물가가 온스당 약 4,000달러까지 치솟으며 사상 최고가를 기록했다.

금값이 튀는 순간들의 공통점

이 세 번의 폭등기에는 공통점이 있다. 모두 인플레이션 또는 스태그플레이션 상황이었고, 대규모 유동성 공급이 있었으며, 정치적 혹은 경제적 불확실성이 극대화된 시기였다.

이처럼 금은 단순한 장신구 수요나 공급에 따라 움직이는 자산이 아니라, 거시경제 변화에 민감하게 반응하는 대표적인 거시자산이다. 그러한 금값의 움직임을 간결하게 포착할 수 있는 지표가 있다. 바로 미국 TIPS금리로, 금값은 이 지표와 의미 있는 역의 상관관계를 보인다. 실제로 2025년 기준, 양자 간 상관계수는 약 −0.4 수준으로 나타난다.

TIPS금리는 명목금리에서 물가상승률을 뺀 '실질금리'를 의미하며, 이 지표에는 금값을 움직이는 핵심 요인인 물가·유동성·경기 침체 가능성 등이 종합적으로 반영되어 있다. 그래서 금에 투자할 때는 TIPS금리의 방향성을 유심히 살펴보는 것이 중요한 힌트가 될 수 있다. 다만 연동성은 있으나 완전 역의 관계는 아니므로 수급, 달러, 중앙은행 매입 등의 다른 변수도 함께 고려해야 한다.

- 국채금리 상승 - 물가 상승 = TIPS금리 보합 → 금 보합
- 국채금리 하락 - 물가 상승 = TIPS금리 하락 → 금 상승
- 국채금리 하락 - 물가 하락 = TIPS금리 보합 → 금 보합
- 국채금리 상승 - 물가 하락 = TIPS금리 상승 → 금 하락

정리하자면, 역사적으로 실질금리가 하락하거나 정체된 국면은 네 가지 경기 시나리오 중 세 번에 해당하며, 이때 금값은 보합 또는 상승하는 경우가 많았다. 즉, 단순히 경우의 수만 따져보면 금값이 상승하거나 보합세를 보일 확률은 약 75%에 달한다.

반면 물가 급등 이후 금리가 급격히 인상되고 유동성이 빠르게 회수되면서 실질금리가 플러스로 전환되는 경우는 전체의 25% 수준에 불과하다. 하지만 이 구간에서는 금값이 큰 폭으로 조정을 받는 경향이 있었다.

결국 '과도한 금리 인상기'나 '급격한 유동성 회수기'가 아니라면, 전체 자산의 5~10% 정도를 금에 편입하는 전략은 리스크 관리 차원에서 유효한 선택이라 할 수 있다. 월배당 ETF에 투자할때도 마찬가지다. 배당을 받기 위해 주식, 채권뿐 아니라 금 역시 고려해야 할 자산이다.

월세처럼 벌고 싶다면, 공부가 먼저다

퇴사 후 나의 가장 큰 고민은 단순했다.

"법인이 자리 잡기 전까지 생활비는 어떻게 마련할까?"

매달 고정적으로 들어오던 월급이 끊기면서 안정적인 현금흐름이 필요해졌다. 그래서 나는 월배당 ETF를 선택했고, 실제로 생활비에 보탬이 되는 경험을 하게 되었다.

이 주제를 유튜브 채널 〈머니부띠끄 김정란〉에서 다루자 놀랍게도 가장 인기 있는 콘텐츠가 되었다. 다들 건물 월세나 연금처럼 '매달 들어오는 돈'에 가장 큰 관심이 있었던 것이다.

이처럼 월배당 ETF는 매달 현금흐름을 만들어낸다. 건물이 없어도 월세 받듯 수익이 들어오는 구조는 많은 투자자에게 아주 매

[표 9-1] 부동산과 월배당 ETF 비교

구분	건물 투자	월배당 ETF
장점	• 안정적인 임대 수입 • 실물자산 보유에 따른 심리적 안정감	• 소액 투자 가능 • 높은 유동성 • 관리비 최소화 • 다양한 자산으로 분산투자 가능 • 전문가 운용
단점	• 높은 초기 투자 비용 • 공실 리스크 • 취득세·중개료 부담 • 종부세 등 관리비 부담 • 유동성 제약	• 원금 변동 가능성 • 배당금 변동 가능성

력적이다. 게다가 소액으로도 시작할 수 있고, 글로벌 자산에 분산 투자할 수 있으며, 유동성이 높아 언제든 매매가 가능하다. 또한 운용사가 관리해 주기 때문에 직접 신경 써야 할 번거로움도 적다.

월배당 ETF를 선택한 이유

내가 현금흐름을 위해 건물 대신 월배당 ETF를 선택한 데에는 이유가 있다. 부동산 투자에는 현실적인 어려움이 많이 따르기 때문이다. 취득세와 중개 수수료 같은 비용 부담, 임대가 잘 되지 않을 때 발생하는 공실 리스크, 급전이 필요할 때 매도가 쉽지 않은 낮은 유동성까지 감안해야 한다. 게다가 최근에는 금리 상승과 상가 공실 증가로 인해 과도한 대출 부담에 시달리는 투자자들을 자주 보았던 터라 선뜻 투자에 나서지 않았다. 반면 월배당 ETF는 앞서 설명한 바와 같이 여러 장점을 갖췄다.

물론 ETF라고 해서 무조건 안전한 것은 아니다. 건물주가 공실을 걱정하듯, ETF 투자자에게는 배당 중단과 자산가격 하락이 주요 리스크다. 예를 들어 높은 배당률만 보고 ETF를 선택했다가 자산 가치가 크게 하락한 A 씨, 분산투자했다고 생각했지만 실제로는 비슷한 고위험 ETF에 몰려 있어 큰 손실을 본 B 씨가 있다고 해보자. 이들의 공통점은 ETF 구조에 대한 이해 없이 "좋다더라"라는 말만 믿고 투자했다는 것이다. 뉴스에서 호평을 받는다거나, 지인이 가입했다는 이유로 덥석 따라 가입한 결과다.

실제 상담을 해보면, 보유한 ETF가 10개 이상인데 모두 주식형으로만 구성돼 있는 경우도 많다. "왜 이렇게 많이 나누셨어요?"라고 여쭤보면 대부분 이렇게 답한다.

"분산투자한 거예요."

그러나 미국 주식이 하락하면 전 세계 증시도 함께 하락하는 경우가 많다. 이처럼 종목 수를 늘린다고 해서 반드시 리스크가 분산되는 것은 아니다. 더 중요한 점은 ETF마다 구조와 성과가 다르다는 사실이다. 커버드콜 ETF는 주가가 상승할 때 수익이 제한될 수 있고, 채권형 ETF는 금리 상승기에는 가격이 하락할 수 있으며, 주식 배당형 ETF는 구성 종목에 따라 배당 안정성에 차이가 난다.

결국 월배당 ETF가 건물 투자보다 무조건 더 낫다고 단정할 수는 없다. 겉보기에는 '간편한 투자 수단'처럼 보이지만 구조, 전략, 시장 환경, 세금, 건강보험료까지 고려한 실제 순월배당을 이해한 뒤 접근해야 비로소 의미 있는 자산이 될 것이다.

월배당 ETF 투자 전 반드시 알아야 할 것들

그렇다면 어떻게 해야 할까? 다음의 기준들을 반드시 짚고 넘어가길 권한다.

- 월배당 ETF의 자산 구성과 배당 구조를 이해할 것: 이는 2장에서 다룬다.
- 월배당수익이 발생하면 따라오는 세금과 건강보험료 지출을 점검하고 진짜 월배당을 챙길 것: 이는 3장에서 다룬다.
- 자신에게 유리한 월배당 ETF를 찾을 것: 이는 4장에서 다룬다.
- 상관관계가 낮은 ETF를 조합해 진정한 분산투자를 실현할 것: 이는 5장에서 다룬다.
- 월배당 투자처는 고변동성이 많으므로 투자 편향과 실수를 줄이는 방법을 익힐 것: 이는 6장에서 다룬다.

그리고 무엇보다 중요한 점이 있다. 타인의 추천이나 외부의 의견을 그대로 따르기보다, 반드시 본인이 충분히 이해한 뒤 자신만의 기준으로 투자해야 한다는 점이다.

1장에서 우리는 월배당 ETF가 왜 '월세처럼 들어오는 자산'이 될 수 있는지 그 기본 구조와 개념을 차근히 살펴보았다. 이어지는 2장에서는 월배당 ETF를 제대로 이해하기 위해 꼭 알아야 할 핵심들을 모두 다룰 것이다. 배당이 어떤 구조로 만들어지는지, 자산은 어떻게 구성되는지, 커버드콜 전략의 원리와 세대별 차이는 무엇인지, 그리고 배당락과 미래 전망까지 살펴볼 것이다. 월세처럼 꾸준한 현금흐름을 만들고자 한다면, 반드시 알아야 할 것들을 하나씩 짚어보자.

2장

월배당 ETF, 제대로 이해하기

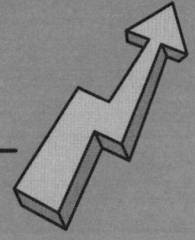

월배당 ETF는 둘 중 하나다

고등학교 2학년, 도서부였던 나는 선배들과 단체 활동을 나갔다. 시내 한복판에 있던, 당시로서는 가장 세련됐던 최신식 볼링장을 들른 뒤 같은 건물 2층에 있던 피자집으로 향했다. 그날은 내 인생에서 처음으로 피자를 먹어보는 날이었다. 겉보기에는 맛있어 보였지만, 새로운 것을 경계하는 마음이 앞섰다. 나는 위에 얹힌 치즈와 토핑을 조심스럽게 모두 걷어내고 빵만 먹었다. 다른 친구들과 선배들이 피자를 맛있게 먹는 모습을 보면서도 나는 그 선택을 끝까지 고수했다. 지금 생각하면, 낯선 것을 피하려는 현상유지 편향이 작동한 순간이었다.

투자에서도 비슷한 일이 벌어진다. 1장에서 설명했듯 주식을 사면 배당을, 채권을 사면 이자를 받는다. 월배당 ETF에 주식이나 채권이 담겨 있다면 그 자산에서 발생한 배당이나 이자가 우리에게 배당금으로 돌아온다. 익숙한 빵을 먹는 일과 같은 셈이다.

하지만 시장은 우리에게 빵 이상의 것을 제안하기 시작했다. 단순한 수익 구조를 넘어 투자자들의 니즈를 충족시키기 위해 정교하게 설계된 새로운 유형의 상품들이 잇따라 출시된 것이다.

월배당 ETF, 어떻게 시작됐을까?

한국에서 월배당 ETF가 본격적으로 등장한 시기는 2022년이다. 내가 유튜브를 시작한 해가 2023년이었는데, 바로 그 전 해부터 월배당 ETF를 국내 시장에서도 접할 수 있게 되었다. 그전까지는 한국 ETF 대부분이 분기배당이었지만, 투자자들이 '매달 받는 현금흐름'을 원하자 자산운용사들이 앞다퉈 월배당 상품을 내놓기 시작했다.

국내 증시에 '월배당' ETF가 처음 등장한 2022년 6월 이후,[1] 새로운 상품들이 잇따라 출시됐다. 일부 기존 ETF는 운용 방식을 아예 바꿔 월배당으로 전환하기도 했다. 이에 힘입어 불과 2~3년 만에 국내 월배당 ETF 시장은 폭발적으로 성장했다. 2025년 10월 기준 국내 증시에 상장된 월배당 ETF는 150종 이상으로 늘었고, 총 순자산 규모도 약 21조 원에 이르렀다.[2] 이처럼 짧은 기간에 시장이 커졌다는 건, 그만큼 많은 투자자들이 월배당 ETF의 매력을 제대로 느끼고 있다는 뜻이기도 하다.

이 시기에 '커버드콜'이라는 유형의 월배당 ETF도 함께 등장했다. 마치 빵 위에 처음 보는 치즈가 얹힌 피자처럼 보였다. 낯선 구조 때문에 선뜻 받아들이지 못하는 투자자도 있었고, 제대로 알지 못해 오해하는 경우도 있었다. 그러나 구조를 이해하면 왜 배당금의 원천이 달라지고, 왜 상승 참여율이 제한되는지가 명확해진다.

월배당 ETF는 크게 전통형과 커버드콜형으로 나눌 수 있다. 이번 장에서는 이 두 유형의 현금흐름 원천, 기대수익과 위험, 배당 방식, 시장 국면에 따른 유불리 등을 차근차근 살펴본다. 낯선 치즈를 걷어내지 않고 제대로 맛보듯, 커버드콜의 구조를 있는 그대로 이해하는 것이 목표이다.

커버드콜 월배당 ETF의 등장은 금융 역사로 보면 꽤 최근의 일이다. 미국에서는 2010년대부터 매달 배당을 주는 ETF가 하나둘 등장하기 시작했고, 특히 은퇴자처럼 매달 일정한 현금흐름이 필요한 투자자들이 큰 관심을 보였다.

예를 들어, 2013년에 출시된 대표적인 월배당 ETF인 Global X사의 QYLD가 있다. QYLD는 나스닥100 지수에 커버드콜 전략을 얹어, 연 10% 내외의 높은 배당률을 꾸준히 제공해왔다.[3] 또 잘 알려진 월배당 ETF 중 하나인 JEPI는 불과 몇 년 만에 운용자산이 수십억 달러에서 수백억 달러로 급성장하며, 지금은 전 세계에서 규모가 가장 큰 액티브 ETF로 자리 잡았다. '매달 꼬박꼬박 들어오는 현금'이라는 콘셉트가 투자자들에게 얼마나 강하게 어필하는지 보여주는 사례다.

전통형 vs 커버드콜형

이제 월배당 ETF의 두 가지 종류를 살펴보겠다. 월배당 ETF는 크게 '전통형'과 '커버드콜형'으로 나눌 수 있다. 전통형은 기존 자산이 만들어내는 수익을 배당 재원으로 삼는다. 주식에서 나오는 배당금, 채권에서 나오는 이자처럼 원래부터 있던 현금 수익을 모아 매달 나눠준다.

쉽게 말해, 전통형 월배당 ETF는 '기존에 있던 수익'을 나누는 방식이다. 주식형 ETF라면 코카콜라, 존슨앤드존슨 같은 글로벌 고배당 우량주나 국내 금융지주사 주식에서 받은 배당금을 모아 매달 지급한다. 채권형 ETF는 국채나 회사채에서 나오는 이자 수익을, 리츠 ETF는 건물 임대료 수익을 배당 재원으로 삼는다. 기초자산이 벌어들이는 범위 내에서 배당이 이뤄지기 때문에 구조가 단순하고 안정적인 편이다.

반면 커버드콜형은 최근 주목받는 신개념 상품으로, 옵션 전략을 활용해 추가 수익을 만들어 배당을 지급하는 상품이다. 기초자산을 보유한 상태에서 그 자산의 콜옵션을 팔아 옵션 프리미엄을 얻는 '커버드콜 전략'을 사용한다. 쉽게 표현하면, 앞으로의 상승 가능성을 일부 포기하는 대신 그 대가로 지금 당장 현금을 받는 전략이다. 이렇게 얻은 옵션 프리미엄이 매달 배당의 재원이 된다.

나스닥100을 추종하는 ETF에 커버드콜 전략을 적용하면, 나스닥 지수의 콜옵션을 팔아 얻은 프리미엄이 월배당으로 지급되는 식이다. 이 구조 덕분에 배당수익률이 상당히 높고, 연 10% 이상의 배당률을 목표로 하는 상품도 많다.

월배당 ETF에 투자할 때 꼭 기억해야 할 점이 있다. 바로 이 투자를 통해 무엇을 목표로 하는지 명확히 인식하는 것이다. 대부분의 투자자가 월배당 ETF를 선택하는 이유는 매달 안정적으로 들어오는 현금흐름을 얻기 위해서다. 이를 '현금흐름 최적화'라고 부른다. 월배당 ETF는 구조상 매달 현금을 만들어내는 데 초점을 맞춘 상품이기 때문에 매달 안정적인 현금흐름을 얻는 대신 자산의 장기 성장 가능성 일부를 내려놓는 셈이다.

반대로, 배당을 적게 주거나 아예 주지 않는 성장주나 일반 주식형 ETF는 당장 현금이 들어오지 않지만, 그 돈이 계속 투자에 남아 있어 장기적으로는 자산 가치가 커질 가능성이 높다. 그래서 어떤 방식이 좋은지는 투자자의 상황과 목표에 따라 다르다. 매달 생활비나 은퇴자금을 마련해야 하거나, 심리적으로 '꾸준히 들어오는 돈'이 중요하다면 월배당 ETF가 잘 맞는다. 반면 당장 현금흐름이 필요 없고 자산을 장기적으로 불리는 데 집중하고 싶다면, 배당을 재투자하거나 성장형 자산에 투자하는 편이 더 유리할 수 있다.

이렇게 보면, 전통형은 마치 우리가 익숙하게 먹는 '빵 본연의

맛'과 같다. 원래 있던 배당금이나 이자라는 재료로 매달 안정적으로 배당을 준다. 반면 커버드콜형은 빵 위에 치즈를 듬뿍 얹은 '피자'에 가깝다. 치즈 덕분에 맛과 풍미, 즉 배당수익률은 훨씬 진해지지만 대신 빵 본연의 고소함, 즉 자산가격 상승의 일부를 내려놓아야 한다.

결국 투자자는 빵을 먹을지, 피자를 먹을지, 아니면 두 가지를 적당히 섞어 먹을지를 스스로 결정해야 한다. 중요한 건 어떤 선택을 하든 그 맛과 결과를 미리 알고 선택하는 것이다. 다음 챕터에서는 전통형 월배당 ETF가 어떤 원리로 매달 배당을 지급하는지 하나씩 살펴보겠다.

전통형 월배당 ETF는
어떻게 돈을 벌까?

어느 날, 상사가 나를 불렀다.

"옆 부서에서 이런 서비스를 만들었는데, 우리도 할 수 있을까?"

개인고객 담당 부서에서 앱을 통해 고객에게 문자 상담을 제공하는 기능을 선보였다는 소식이었다. 나는 속으로 '아니, 이걸?' 하는 생각이 들었지만, 표정을 숨기며 바로 말했다.

"네, 그럼요. 만들 수 있습니다."

사회생활의 기본 룰, 먼저 'Yes'부터 던진 것이다.

자리로 돌아와 구조를 하나씩 뜯어보기 시작했다. 옆 부서는 이 데이터를 어떻게 연결했을까? 서버 구조도를 머릿속에 그려 경로를 따라가 보니 '아하, 이건 '계정 단말'에 저장된 데이터네' 싶었다. 그렇다면 우리는 '정보 단말' 데이터를 활용해도 구현이 가능해 보였다.

확신이 들자 바로 자리를 박차고 청라 데이터센터로 향했다. 문을 열자 특유의 IT 사무실 분위기가 훅 들어왔다. 군데군데 놓인 듀얼 모니터 앞에 직원들이 고개를 파묻은 채 키보드를 두드리고 있었다. 모니터 속에는 복잡한 코드와 로그창이 빼곡했고, 여기저기서 짧고 굵은 엔터 키 소리가 울렸다. 그들 사이를 조심스레 지나 회의실로 향했다. 유리로 된 회의실 안에는 화이트보드에 서버 구조도와 화살표들이 뒤엉켜 있었다.

"이 데이터를 앱으로 바로 끌어올 수 있을까요?"

이처럼 앱에 결과를 띄우려면, 은행 서버 어딘가에 잠들어 있는 데이터를 정해진 절차와 경로를 거쳐 끌어와야 한다. 그냥 하늘에서 뚝 떨어지는 게 아니다.

월배당 ETF의 배당금도 마찬가지다. 배당금은 어디선가 '그냥 생기는 돈'이 아니라, 아주 구체적이고 명확한 재원에서 만들어지는 수익이다. 그 경로를 정확히 알아야 상품의 구조와 위험, 특징을 이해할 수 있고, 시장이 흔들리거나 예상치 못한 상황이 와도 당황하지 않고 대응할 수 있다.

이번에는 전통형 월배당 ETF가 어떻게 매달 배당금을 지급할 수 있는지, 그 원천이 되는 수익 구조를 살펴보겠다.

전통형 월배당 ETF의 세 가지 수익원

전통형 ETF의 재원은 크게 주식 배당금, 채권 이자, 부동산 임대수익이 있다.

첫 번째, 주식 배당금을 재원으로 하는 월배당 ETF는 이름 그대로 높은 배당을 지급하는 기업들의 주식을 ETF가 보유하고, 그로부터 나오는 배당금을 모아 매달 나눠주는 방식이다. 미국의 대표적인 고배당 기업인 코카콜라나 존슨앤드존슨 같은 종목들은 해마다 꾸준히 현금배당을 한다. 마치 명절 때마다 빠지지 않고 용돈을 챙겨주는 친척처럼 말이다. 이런 종목들을 50개나 100개씩 묶어 ETF 포트폴리오에 담아두면, 각 기업에서 받은 배당금을 ETF 운용사가 매달 취합해 투자자들에게 배당한다. 국내에서도 우리금융지주나 하나금융지주처럼 배당수익률이 5% 이상인 금융지주회사 종목을 담아 구성한 월배당 ETF를 어렵지 않게 찾을 수 있다.

주식 배당형 월배당 ETF의 장점은 우량 기업의 이익 배당에 참여해 안정적인 현금흐름을 확보할 수 있다는 점이다. 또한 여러 종목에 분산투자하기 때문에, 특정 기업이 실적 부진으로 배당을 줄이거나 중단하더라도 다른 종목들이 "괜찮아, 우리가 메꿔줄게"하듯 배당 흐름을 보완해줄 수 있다.

하지만 위험 요인도 있다. 가장 큰 리스크는 배당이 영원히 보장되지 않는다는 것이다. 경기가 나빠지거나 기업 내부 사정이 악화되면 배당금은 줄거나 중단될 수 있다. 여기에 주가 변동성도 무시할 수 없다. 매달 배당을 받더라도 주가가 떨어지면 ETF 평가금액은 내려가고, 심지어 주가 하락폭이 배당수익보다 크다면 '받은 배당이 눈 녹듯 사라지는' 경험을 할 수도 있다.

결국 이러한 주식형 월배당 ETF에 투자할 때는 편입 종목이 어떤 업종인지, 재무 건전성은 괜찮은지, 그리고 앞으로도 배당을 계속 줄 수 있을지를 꼭 확인해야 한다. 마치 식품을 구입하기 전, 영양성분표를 꼼꼼하게 살펴보듯 말이다.

두 번째, 채권 이자 수익을 활용한 월배당 ETF가 있다. 채권은 국가나 기업이 자금을 조달하기 위해 발행하고, 정해진 약속에 따라 정기적으로 이자를 지급하는 증권이다. 채권형 월배당 ETF는 국채, 회사채, 우량채, 고위험채 등 다양한 채권에 투자해 얻은 이자 수익을 매달 나눠주는 구조다. 채권은 기본적으로 안정적인 이자를 제공하기 때문에 주식보다 변동성이 낮고, 시장이 불안정한 시기에도 비교적 안정적인 현금흐름을 만들 수 있다는 장점이 있다. 특히 미국이나 해외 채권에 투자하는 월배당 ETF는 매월 이자가 들어오는 구조가 잘 갖춰져 있어, '배당 캘린더'가 빼곡한 걸 좋아하는 투자자들에게 인기가 많다.

그렇다고 채권이 '무조건 안전한 착한 녀석'이라는 건 아니다. 앞 장에서 배웠듯, 채권의 이자율은 크게 두 가지 요인의 영향을 받는다.

첫째는 채권 발행자의 신용등급이다. 신용등급이 낮은 기업이 발행한 채권일수록 투자자들은 "혹시 돈 못 돌려주는 거 아니야?"

하고 불안해하기 때문에 그 불안을 달래주기 위해 더 높은 이자율을 약속한다. 그러니 만약 어떤 월배당 ETF가 유난히 높은 채권 이자 수익을 준다면, 그만큼 '위험한 친구들'을 담고 있을 가능성이 있다. 이 경우 채권 자체의 부도 위험을 함께 안고 가는 셈이다.

둘째는 채권의 기간이다. 일반적으로 만기가 긴 장기채권일수록 투자자들은 그 오랜 시간 묶이는 돈에 대한 대가로 '기간 프리미엄'을 요구하기 때문에 이자율이 더 높아진다. 또한 듀레이션이 길수록 가격 변동성이 커지기 때문에 채권 가격이 하락할 위험도 존재한다. 듀레이션 개념이 잘 떠오르지 않는다면, 잠시 1장으로 되돌아가 복습해 보길 권한다.

정리하자면, 채권형 월배당 ETF의 위험은 크게 두 가지다. 발행자의 부도 위험과 이자율 변동에 따른 채권 가격 하락 위험이다. 겉으로 보기엔 매달 이자라는 달콤한 사탕을 주는 것처럼 보이지만, 그 사탕 안에 매운 고추씨가 숨어 있을 수도 있다는 걸 기억해야 한다.

세 번째 원천은 부동산 임대수익이다. 이는 주로 리츠에 투자하는 월배당 ETF들이 해당된다. 리츠는 부동산 투자신탁으로, 여러 투자자로부터 자금을 모아 오피스 빌딩, 상가, 아파트, 물류센터 같은 부동산을 매입하거나 개발한 뒤 임대료 수익을 투자자들에게 배당금 형태로 돌려주는 구조이다. 건물주가 임대료를 받는 것과 비슷한 모델이다. 월배당 리츠 ETF는 이러한 리츠들을 묶어서 편입하고, 리츠들이 분기 또는 반기마다 내는 임대수익 배당금을 모아 투자자에게 매월 배당한다.

리츠 기반 월배당 ETF의 가장 큰 장점은 소액으로도 부동산 투자 효과를 누릴 수 있다는 점이다. 건물을 한 채 사려면 억 단위의 초기 자본이 필요하지만, 리츠나 부동산 ETF는 몇만 원에서 몇십만 원으로도 건물에 '지분 투자'를 하고 임대료 수익을 배당으로 받을 수 있다. 게다가 전문 운용사가 여러 부동산 포트폴리오를 대신 관리해 주니, 개인이 건물을 직접 운영할 때 겪는 임차인 월세 독촉, 건물 보수, 민원 처리 같은 고단함을 피할 수 있다. 한마디로, 건물주는 되고 싶지만 '밤 11시 수도 고장 전화'는 받고 싶지 않은 사람에게 딱이다.

물론 이 역시 위험 요소가 없진 않다. 대표적인 것이 공실률과 부동산 경기 변동이다. 임대수익은 결국 임차인이 내는 월세에서 나오는데, 경기 침체나 부동산 수요 감소로 임차인을 찾지 못하면 공실이 발생하고 월세 수입이 줄어든다. 그래서 건물은 그대로 있어도, 세입자가 없으면 '그림의 떡'이 된다.

또 하나의 위험은 부동산 자산의 평가가치 하락이다. 부동산 가격은 경기와 금리에 따라 오르내리는데, 특히 금리가 상승하는 시기에는 가치가 떨어지는 경향이 있다. 리츠는 주식처럼 거래소에 상장되어 있어 이런 변화를 실시간으로 반영하며 가격이 출렁인다. 따라서 임대료 배당을 받더라도 리츠 ETF의 시장가격이 하락하면 투자자의 총자산 가치는 줄어든다. 가령 배당수익률 5%를 받았더라도 리츠 가격이 10% 떨어졌다면, 결국 배당보다 가격 하락의 타격이 더 큰 셈이다. 금리 인상기에 리츠형 ETF들이 부진했던 이유도 바로 여기에 있다.

결국 부동산 기반 월배당 ETF의 위험은 임대수익의 공실 위험과 기초자산의 가격 변동 위험 두 가지로 정리할 수 있다. 한쪽에서는 매달 임대료가 들어오지만, 다른 쪽에서는 자산 가치가 빠져나갈 수도 있다는 점을 잊지 말아야 한다.

배당이 없는 자산도 월배당으로 바꾸는 전략

마지막으로 옵션 프리미엄을 활용한 배당 구조를 간단히 짚고 넘어가자. 이는 커버드콜형 ETF의 핵심 수익원으로, 주식이나 지수 같은 기초자산을 보유한 상태에서 콜옵션을 판매하고 받는 대가로 수익을 올리는 방식이다. 흥미로운 점은 금이나 원자재처럼 원래는 배당도 이자도 전혀 나오지 않는 자산조차 이 전략을 쓰면 '배당금 있는 자산'으로 변신할 수 있다는 것이다. 마치 평범한 빵에 치즈를 더해 피자로 변신시키는 것처럼 말이다.

다만 커버드콜형 ETF의 원리는 꽤 복잡하다. 한 챕터를 할애해 설명해야 할 만큼 이해해야 할 요소가 많다. 그래서 이번 챕터에서는 맛보기 정도로만 전체 그림을 훑어보고 있다.

지금까지 월배당 ETF의 배당 재원을 살펴봤다. 실제 시장에 나와 있는 월배당 ETF들은 이 네 가지 수익원을 하나만 쓰기도 하고,

두세 가지를 섞어 '복합 전략'을 펼치기도 한다. 예를 들어 어떤 상품은 주식과 채권을 함께 담아 주식 배당과 채권이자 혼합형 월배당을 추구하고, 또 어떤 상품은 주식형 ETF에 커버드콜 전략까지 곁들여 '하이브리드 월배당'을 만들기도 한다.

또 국내 상장 ETF 중에는 해외의 다양한 월배당 ETF들을 한 바구니에 담아 이른바 펀드 오브 펀드Fund of Funds 형태로 분산투자하는 상품들도 있다. 운용 전략은 이렇게나 다양하지만, 한 가지 원칙은 변하지 않는다. ETF가 배당금을 지급할 때는 대체로 그 ETF가 실제로 벌어들인 수익 안에서 지급한다는 것이다.

이어지는 다음 챕터에서는 커버드콜형 월배당 ETF의 세계로 더 깊이 들어가보겠다. 옵션을 이용한 월배당 전략이 어떻게 돌아가는지, 초코병사와 함께 만나보자.

커버드콜형 월배당 ETF는
어떻게 돈을 벌까?

은행에서 연수를 보내줬다. 모처럼의 힐링 연수였다. 그 시절은 마침 MBTI 검사가 한창 유행하던 때라, 연수 프로그램에 참가자 MBTI 검사도 포함돼 있었다. 결과지를 받아 든 후, MBTI 성향별로 자리를 나누어 앉았는데… 우리 조에서 여성은 나 혼자였다.

'어… 뭐지?'

순간 '내 성향이 이런 조합이었나?'하는 생각이 스쳤다. 참고로 지금은 살짝 변하긴 했지만, 당시 내 MBTI는 ESTJ였다.

난 투자 시장을 전쟁터에 비유하는 걸 좋아한다. 그래서 주식에 투자할지 간을 보기 위해 한 주를 살 때도 "측후병(측면을 지키는 병사)을 보낸다"라고 표현하며, 그 병사를 '초코병사'라고 부른다. 강의를 할 때도 복잡하고 어려운 투자 개념은 이 '초코병사' 비유로 쉽게 풀어낸다.

두 병사의 다른 전략, 다른 결과

이제 상상해 보자. 전쟁터에 초코병사 A와 B가 있다. 두 병사의 몸값은 똑같이 100초코다. A는 후방에서 안전한 임무를 맡는다. 큰 공을 세우지 않지만 맡은 일은 묵묵히 해내서 1년 뒤 몸값이 105초코쯤 될 것으로 보인다. 안정적이지만 짜릿하진 않다.

반면 B는 최전선에서 용감하게 싸운다. 전쟁에서 승리하면 몸값이 130초코, 150초코까지 치솟을 수 있지만, 패배하면 50초코로 반 토막 나거나 아예 '초코가 녹아' 사라질 위험도 있다. 높은 보상과 큰 위험을 동시에 가진 셈이다.

지금 여러분의 주머니에 100초코가 있다면, A와 B 중 누구에게 투자할 것인가? 5% 수익이 확실한 A도 끌리고, 한 방 역전을 노릴 수 있는 B도 솔깃하다. 결국 답은 투자 성향에 달려 있다. 안정 추구형이라면 A, 공격형이라면 B다.

이제 여기에 투자자 세 명을 등장시켜 보자. 김 씨와 이 씨는 둘 다 B의 성장 가능성을 높게 보고, 각자 100초코를 주고 한 개씩 매수했다. 김 씨의 전략은 간단하다. "1년 후 가격이 오르면 그때 팔아 차익을 챙기자." 반면 이 씨는 상황이 다르다. 당장 생활비에 보텔 현금이 필요했다. 그래서 조금 다른 전략을 썼다. 그는 B를 들고 있으면서 박 씨와 이런 계약을 맺었다. "지금 당장 10초코를 받고, 1년 후 원하면 제 B를 120초코에 살 수 있는 권리를 드리겠습니다."

'이게 무슨 소리야?' 싶을 수 있다. 금융시장에는 미래에 '살 권리'나 '팔 권리'를 사고파는 '옵션'이라는 거래가 있다. 이 씨가 한 건 바로 그 권리를 파는 것, 즉 콜옵션 매도를 한 것이다. 이 계약의 핵심은 '원하면'이라는 단어다. 권리를 산 사람은 1년 후 B의 시장가격을 보고 120초코에 사고 싶으면 권리를 행사하고, 그렇지 않으면 권리를 행사하지 않으면 된다. 결국 이 씨는 'B를 120초코에 살 수 있는 권리'를 10초코에 판 셈이고, 그 대가로 지금 당장 10초코를 손에 쥐었다. 이게 바로 옵션 매도 프리미엄이다.

옵션 가격이 결정되는 방식

잠깐 짚고 넘어가자. 이 씨는 현재 100초코인 초코병사를 120초코에 살 수 있는 권리인 콜옵션을 팔았다. 이런 옵션을 OTM 옵션이라고 한다. 만약 같은 가격인 100초코에 살 수 있는 권리를 팔았다면 ATM 옵션, 90초코에 살 수 있는 권리를 팔았다면 ITM 옵션이다.

정리하면, 다음과 같다.

- **OTM**(Out The Money, 외가격): 행사가격이 현재가보다 높아 내재가치가 없음

- **ATM**(At The Money, 등가격): 행사가격이 현재가와 동일

- **ITM**(In The Money, 내가격): 행사가격이 현재가보다 낮아 내재가치가 있음

옵션 프리미엄은 내재가치와 시간가치로 이루어진다.

예를 들어 행사가격이 90초코인 ITM 옵션이라면, 내재가치가 10초코이므로 프리미엄은 최소 10초코다. 여기에 남은 기간에 대한 기대, 즉 시간가치가 더해져 최종 가격이 결정된다. 반대로 OTM 옵션은 내재가치가 0이므로, 프리미엄은 전부 시간가치로만 구성된다.

그렇다면 이 씨가 판 콜옵션을 산 박 씨는 왜 10초코를 주고 이 권리를 샀을까? 그는 B가 1년 뒤 최소 130초코는 될 거라고 예상했기 때문이다. 실제 가격이 130초코 이상이면, 120초코에 사서 시장에 되팔아 옵션 프리미엄을 제외하고도 차익을 남길 수 있다. 반대로 가격이 120초코 아래라면 굳이 살 이유가 없고, 이 경우 박 씨의 손실은 애초에 프리미엄으로 지불한 10초코가 전부다.

이제 1년 후 초코병사 B의 가격에 따라 김 씨, 이 씨, 박 씨의 손익이 각각 어떻게 달라지는지 살펴보겠다.

1년 뒤 B의 몸값이 150초코가 된 상황

- 김 씨: 아무 거래 없이 B만 보유했으므로 100초코가 150초코로 올라 50초코의 이익을 얻는다.

- 이 씨: 박 씨가 당연히 권리를 행사할 것이므로, 이 씨는 약속대로 B를 박 씨에게 120초코에 팔게 된다. 이미 10초코를 프리미엄으로 받았으니, 이 씨의 손에 최종적으로 들어오는 금액은 120+10＝130초코다. 처음에 B를 100초코에 매수했으니 결과적으로 30초코 이익을 낸 셈이다. 다만 B의 실제 시장가격은 150초코까지 올랐지만, 이 씨는 120초코에 팔기로 약정했기 때문에 추가 상승분 30초코를 포기한 결과가 된다.

- 박 씨: 권리를 행사하여 120초코에 B를 산 뒤 즉시 시장에서 150초코에 팔 것이다. 이때 30초코 차익을 얻었지만, 권리 구매 대가로 이미 10초코를 지불했으므로 순이익은 20초코다.

이 경우 수익은 김 씨 > 이 씨 > 박 씨 순이다. 김 씨는 상승 혜택을 온전히 누렸고, 이 씨는 옵션 프리미엄 10초코를 받은 대가로 상승 일부를 양보했으며, 박 씨는 이 씨가 양보한 상승분을 가져갔다.

1년 뒤 B의 몸값이 100초코로 변함없는 상황

- 김 씨: B의 가격이 그대로이므로 이익도 손해도 없다. 다시 말해 손익이 0이다.

- 이 씨: 박 씨는 120초코에 살 이유가 없으므로 권리를 행사하지 않는다. 이 씨는 별다른 일 없이 B를 계속 보유하거나 매도한다. 다만 권리를 넘겨주는 대가로 받았던 10초코가 있으므로

10초코의 이득을 얻은 상태다. 가격 변동은 없었지만 옵션 프리미엄만큼 이익을 본 것이다.

- 박 씨: 권리를 행사하지 않으므로 애초에 지급한 10초코를 고스란히 잃게 된다.

이 상황에서는 이 씨만 10초코 이득을 보고, 김 씨는 본전, 박 씨는 -10초코 손실로 마무리된다. 여기서 이 씨는 자산가격이 오르지 않아도 미리 받은 프리미엄 덕분에 이익을 거두었다는 점에 주목하자.

경우 3 **1년 뒤 B의 몸값이 80초코로 하락한 상황**

- 김 씨: B의 가격이 100초코에서 80초코로 내려가 -20초코 손실을 입었다.
- 이 씨: 박 씨는 권리를 행사하지 않을 것이다. 이 씨는 B를 계속 보유한 채 시가 80초코 기준 -20초코의 평가 손실을 보게 된다. 그러나 처음에 옵션 프리미엄으로 10초코를 확보했기 때문에 실제 손실폭은 -10초코로 완충된다. 즉, 김 씨의 손실이 -20초코라면 이 씨의 순손실은 -10초코로 줄어드는 것이다.
- 박 씨: 권리를 행사하지 않아 애초에 냈던 10초코 프리미엄 비용만 손해 보고 끝난다.

이처럼 가격이 하락한 경우에는 김 씨의 손실이 이 씨, 박 씨보다 크다. 이 씨는 옵션 프리미엄 덕분에 하락을 일부 방어할 수 있었다.

[표 3-1] 세 사람의 수익 구조

참가자	경우 1 (가격 150)	경우 2 (가격 100)	경우 3 (가격 80)	경우 1 비교
김 씨 (현물만 보유)	50	0	-20	100→150, 상승 전부 누림
이 씨 (커버드콜: 현물+콜 매도)	30	10	-10	프리미엄 +10, 상승은 120에서 캡
박 씨 (콜 매수)	20	-10	-10	상승 차익(150-120) -프리미엄 10

여기서 이 씨의 전략에 주목해 보자. 이 씨는 초코병사 B라는 기초자산을 보유한 상태에서, 120초코를 초과하는 상승분을 포기하는 대신 지금 당장의 현금 10초코를 얻는 선택을 했다. 바로 이 구조가 커버드콜 전략이다.

이처럼 자산을 보유하면서 동시에 콜옵션을 매도하는 전략을 커버드콜이라고 부른다. 여기서 '커버드covered'는 옵션을 판 사람이 기초자산을 실제 보유하고 있어 옵션이 해당 자산으로 커버된 상태임을 말한다. 다시 말해, 무제한 손실 위험을 막아주는 구조라는 뜻이다.

만약 이 씨가 B를 보유하지 않은 채 콜옵션만 팔았다면 어떻게 되었을까? 초코병사 B의 가치가 하늘 높은 줄 모르고 치솟을 경우, B 없이 콜옵션을 판 사람은 이 씨처럼 대응할 방법이 없다. 예컨대 B의 가격이 1,000초코나 2,000초코로 폭등한다면, 콜옵션 매도자는 시장에서 B를 그 가격에 사서 120초코에 넘겨줘야 하므로 이론 적으로 무한대의 손실 위험에 노출된다. 그러나 다행히도 이 씨는 애초에 B를 갖고 있었으니 그런 위험에 놓이지 않는다. B의 가격이 오르면 자신이 보유한 B를 그대로 넘겨주면 되니까 말이다.

결국 커버드콜 전략은 '상승 이익 전부를 가져가진 못하지만 무 제한 손실 위험을 막고 당장의 확정 수익을 확보하는 선택'이라 할 수 있다. 천정부지로 솟는 상승 이익을 포기한 것은 손해라면 손해 이지만, 이는 미래의 불확실성 대신 현재의 수익을 선택한 결과로 감수해야 하는 부분이다.

위험을 줄이는 도구에서 전략이 되기까지

여기서 잠시 옵션에 대해 짚고 넘어가자. 옵션은 주가지수나 개 별 종목을 기초자산으로 하는 파생상품으로, 크게 네 가지 거래 형 태가 있다. 바로 콜 매수, 콜 매도, 풋 매수, 풋 매도다.

원래 옵션은 위험을 줄이자는 착한 의도로 태어난 상품이다. 자 산을 들고 있지만 가격 하락이 무섭다면, 팔 권리인 풋옵션을 사서 하락 위험을 방어할 수 있다. 예를 들어 주식을 1만 원에 사 두고 '1만 원에 팔 수 있는 권리'를 함께 사면, 주가가 떨어져도 그 권리 를 행사해 1만 원에 팔 수 있다. 여기서 옵션 매수자는 옵션을 사면 서 프리미엄을 지불한다. 권리를 매수한 것으로 손실은 최대 프리미엄까지만 난다.

반면 매도 포지션은 좀 다르다. 가령 콜옵션을 팔았는데 주가가 천정부지로 오르면 어떻게 될까? 이론적으로는 손실이 무한대로 커질 수 있다. 그래서 옵션 매도는 기초자산을 실제로 보유한 상태에서만 사용하는 것이 안전하다. 이때 활용되는 전략이 바로 커버드콜이다. 기초자산을 들고 있으면서 콜옵션을 함께 매도하는 전략인데, 주가가 크게 오를 때 추가 수익은 포기해야 하지만 무제한 손실을 걱정할 필요는 없다.

즉, 기초자산만 보유하고 있다면 〈그림 3-1〉의 1번 같은 수익 구조가 된다. 가격이 오를수록 수익도 따라간다. 반대로 기초자산 없이 콜옵션만 매도하면, 2번과 같은 수익 구조가 된다. 행사가격 이상으로 기초자산가격이 오르면, 시장가에 매수해 행사가에 매도해야 하므로 이론상 손실이 끝없이 커진다. 1번과 2번 구조를 결합하면, 프리미엄만큼의 추가 수익이 발생하는 대신 수익 상한이 제

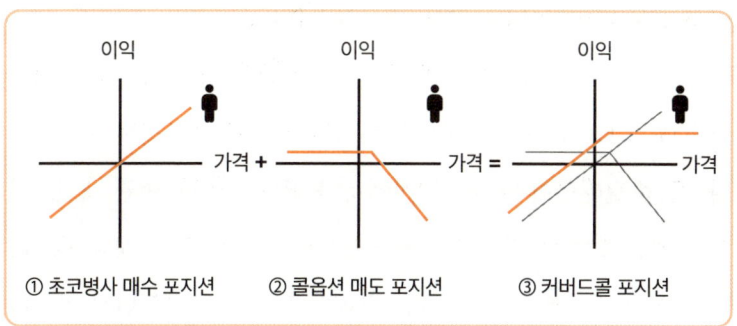

• [그림 3-1] 커버드콜 수익 구조 •

① 초코병사 매수 포지션　② 콜옵션 매도 포지션　③ 커버드콜 포지션

한되는 3번 형태가 된다.

이 전략이 가장 빛을 발하는 무대는 '횡보장'이다. 가격이 박스권에 갇혀 오르내리지 않을 때 그냥 들고만 있는 투자자의 수익은 0원에 가깝다. 하지만 커버드콜 전략을 쓰는 투자자는 매달 프리미엄을 꾸준히 챙길 수 있다. 다만 강세장에서는 초과 수익을 놓치게 되고, 하락장에서는 프리미엄 덕분에 손실폭이 줄어들긴 하지만 완전히 무사할 수는 없다.

이 전략을 ETF에 접목하면 어떨까? 커버드콜형 월배당 ETF는 기초지수나 자산군을 추종하면서 정기적으로 해당 자산의 콜옵션을 매도해 프리미엄을 확보하고, 이를 배당금으로 지급한다. 실제로 나스닥100을 추종하는 QYLD는 매달 나스닥100 지수의 콜옵션을 팔아 얻은 수익으로 월배당을 지급한다. 덕분에 투자자는 지수 상승분을 100% 누리지는 못하지만, 매달 '현금 용돈'을 받는 듯한 효과를 즐길 수 있다. 현재 시중의 커버드콜형 ETF는 연 10% 안팎, 많게는 그 이상의 배당률을 제공한다. 이는 기초자산의 배당이나 이자만으로는 만들기 힘든 수치다. 그 차이를 만드는 핵심이 바로 옵션 프리미엄이라는 '보너스 수입'이다.

그런데 최근 시장이 크게 출렁이면서 지수가 회복해도 커버드콜 ETF의 PR이 지수 회복률을 따라가지 못하는 약점이 도드라졌다. 즉, 순월배당이 마이너스인 경우가 생긴 것이다. 이를 개선하기 위해 최근에는 2세대 커버드콜 상품들이 등장했다. 이 상품들은 더 높은 상승 참여율을 제공하며, '월배당은 놓치지 않으면서 상승에도 참여하는' 방향으로 진화하고 있다.

그래서 이어지는 챕터에서는 왜 커버드콜 ETF가 1세대에서 2세대로 진화해야 했는지, 그리고 그 변화가 실제 투자 결과에 어떤 차이를 만들어내는지 본격적으로 들여다보겠다.

04
더 똑똑해진
커버드콜 ETF의 등장

"이 친구, 경력 좀 쌓이면 일 잘하겠네."

"칭찬은 고래도 춤추게 한다"라는 말처럼, 상사의 한마디는 신입사원이던 나를 춤추게 만들었다. 그 순간부터 나는 고래처럼 덩실덩실 춤을 추듯, 은행이라는 무대에 온 힘을 쏟았다. 그렇게 20년 넘게 쉼 없이 달려왔다.

문제는 에너지를 연속해서 다 써버려서 방전되기 일보 직전에 이르렀다는 점이다. 직장 생활은 한 번으로 끝나지 않아 계속 달리고 또 달려야 하는 긴 여정인데도, 나는 중간에 숨 고르기를 하지 않았다. 충전 없는 질주는 결국 탈을 불렀다. 그 경험을 교훈 삼아 지금은 하고 싶은 일을 하면서도 에너지를 챙기며 시간을 보내고 있다.

투자도 이와 크게 다르지 않다. 월배당 ETF가 매달 배당을 주는 것은 고맙다. 그러나 원금이 계속 깎이기만 하면, 마치 쉬지 않고 달리는 러너처럼 언젠가 쓰러질 수밖에 없다. 증시가 떨어질 때 같이 내려가는 것은 당연하다. 그러나 증시가 오를 때는 ETF도 충전되듯이 같이 올라줘야 한다. 원금 회복은 없이 마이너스만 쌓인다면, 내가 직장에서 숨 한번 고르지 못하고 달리다가 결국 지쳐버린 모습과 다를 바 없는 것이다.

1세대 커버드콜 ETF의 한계

실제로 초기에 출시된 월배당 ETF들의 PR을 살펴보면, 대체로 완만한 미끄럼틀 같은 곡선을 그리고 있다. 대표적인 사례로 미국 나스닥100 '지수를 기반으로 한 1세대 커버드콜 ETF, QYLD의 주가 흐름을 보자. QYLD의 PR은 꾸준히 완만한 하락세를 이어가고 있으며, 배당금을 포함한 TR로 비교해도 나스닥100 지수를 추종하는 QQQ와 차이가 뚜렷하다. 특히 2025년 하락장 이후 나스닥100 지수가 빠르게 반등하며 상승세를 이어가는 반면, QYLD는 TR 기준으로도 여전히 회복하지 못한 상태다.

이유는 간단하다. 시장은 오르락내리락을 반복하는데, 상승장에서 얻을 수 있었던 이익은 제대로 못 챙기고 하락장에서 같이 하락하다 보니 원금이 조금씩 갉아 먹힌 것이다. 이 흐름을 더 명확히

출처: Seeking Alpha

보기 위해 이해를 돕는 조금 극단적인 예를 들어보자. 1세대 커버드콜 ETF는 보유 자산의 100%를 담보로 매달 ATM 콜옵션을 판다. 처음에 100만 원을 투자했다고 가정해 보자. 첫 달, ETF는 이 100만 원을 담보로 콜옵션을 매도하고, 5만 원의 프리미엄을 챙긴다. 그런데 시장이 흔들리며 기초자산이 100만 원에서 70만 원으로 하락했다. 옵션은 행사되지 않았고, 남은 건 70만 원의 자산과 5만 원의 프리미엄뿐이다.

다음 달이 되자 ETF는 줄어든 70만 원을 담보로, 다시 ATM 콜옵션을 팔아 또 5만 원을 받는다. 문제는 그 다음이다. 이번에는 시장이 회복해 기초자산이 100만 원으로 회복됐다고 해보자. 그러나 이미 콜옵션으로 70만 원에 팔기로 약속해놨으니, 70만 원에 넘겨야 한다. 결과적으로 두 달 합쳐 ETF에 남는 금액은 80만 원뿐이다.

지수는 100만 원에서 70만 원으로 떨어졌다가 다시 100만 원으로 회복했지만, ETF 자산은 80만 원에서 멈춰버린다. 마치 에너지가 소진된 상태에서 회복의 기회가 와도 제대로 충전하지 못한 모습과 같다.

이처럼 시장이 '하락 후 반등'할 때, 1세대 커버드콜 전략은 상승분을 따라잡지 못해 총수익률이 계속 뒤처진다. 배당까지 합친다고 해도, 상승장에서 단순히 지수를 추종한 ETF보다 성적이 한참 낮게 나온다.

2세대 커버드콜 ETF, 무엇이 달라졌을까?

이 약점이 드러나자, 운용사들은 대안을 고민했다. 투자자들이 "배당은 좋은데 왜 내 계좌는 말라가냐"라는 불만을 터뜨리자, 해법을 내놓은 것이다. 그것이 바로 2세대 커버드콜 ETF다. 이들은 상승장에서 더 많은 이익을 챙길 수 있도록 옵션 전략을 한층 정교하고 유연하게 손질했다. 크게 세 가지 변화가 있는데, 지금부터 하나씩 살펴보자.

첫 번째 변화는 콜옵션 매도 비중의 조정이다. 1세대 상품들이 보유 자산의 100%에 대해 콜옵션을 매도했다면, 2세대에서는 이 매도 비중을 낮추거나 일정 비율로 고정한다. 일부 상품명에 '고정'이라는 단어가 붙은 것도 이 때문이다. 이는 옵션 매도 비율을 50% 등으로 제한하는 방식을 나타낸다. 옵션을 덜 팔면 그만큼 기초자산의 상승을 더 가져갈 수 있기 때문에, 시장 반등 시에 회복 속도가 빨라진다.

앞서 든 예를 다시 응용해 보자. 2세대 커버드콜 ETF가 동일한 상황에서 옵션을 절반(50%)만 매도했다면 결과는 어떻게 달라질까? 처음 100만 원을 투자해 자산을 보유하고, 그중 50만 원 규모만 콜옵션을 매도한다고 하자. 첫 달에 50만 원어치 콜을 팔아 25,000원의 프리미엄을 받는다. 그달 말 지수가 내려 자산이 100만 원에서 70만 원으로 떨어지면, 투자자의 가치는 자산 70만 원과 프리미엄 25,000원을 합쳐 약 72만 5,000원이 된다.

다음 달에도 남은 자산 70만 원 중 절반인 35만 원만 콜 매도를 한다. 35만 원 행사가격의 콜옵션을 매도해 25,000원의 프리미엄을 받는다. 이후 지수가 반등하여 자산 가치가 다시 100만 원이 되면, 절반은 콜옵션에 담보로 제공되었으므로 35만 원 상당의 자산은 행사가로 확정된다. 나머지 절반(콜옵션을 매도하지 않은 부분)은 시장 상승분을 고스란히 따라가 50만 원으로 회복된다. 결국 자산 50만 원+행사가로 받은 현금 35만 원+두 달간 받은 프리미엄 5만 원을 모두 합치면 약 90만 원이 된다.

1세대 전략의 최종 80만 원 대비 손실 폭이 절반으로 줄어든 것이다. 옵션을 100% 매도할 때보다 50%만 매도했을 때 상승 참여율이 높아져서, 출렁인 시장이 다시 올라올 때 훨씬 더 많이 따라잡을 수 있었다. 요컨대 "옵션을 덜 팔수록 나중에 더 오른다"라는 말로 정리할 수 있다. 이처럼 일부만 콜옵션을 파는 전략은 2세대 커버드콜 ETF의 기본 아이디어 중 하나다.

두 번째 업그레이드 포인트는 콜옵션을 매도할 때의 행사가격을 어떻게 조절하느냐에 있다. 1세대 커버드콜 ETF들은 프리미엄 수익을 극대화하기 위해 주로 ATM 옵션을 매도했다. 예를 들어 현재 지수가 10만 원이면, 행사가 10만 원짜리 콜옵션을 파는 식이다. ATM 콜옵션은 OTM 콜옵션에 비해 옵션 프리미엄을 많이 받을 수 있지만, 기초자산가격이 조금만 올라가도 옵션 매수자가 행사를 하게 되어 상승 이익을 거의 가져갈 수 없게 된다.

반면 OTM 옵션은 현재 가격보다 더 높은 행사가격을 가진 옵션이다. 이를 예로 들자면 지금 주가가 10만 원인데 행사가 11만 원의 콜옵션을 파는 경우가 OTM이다. OTM 옵션을 매도하면 받는 프리미엄은 줄어드는 대신, 옵션 행사가격까지의 상승분은 투자자가 가져갈 수 있다는 이점이 있다. 즉, 일정 범위의 상승 여력을 확보한 채 프리미엄 수익을 얻는 방식이다.

다시 한 번 앞의 상황을 보자. 2세대 커버드콜 ETF가 옵션 매도 비중을 50%로 유지하면서, ATM 대신 OTM 옵션만 매도했다고 하자. 처음 100만 원 중 50만 원어치를 행사가 60만 원인 콜로 매도하고 15,000원의 프리미엄을 받는다. 첫 달 말 지수가 하락해 자산이 100만 원에서 70만 원이 되면, ETF 가치는 약 71만 5,000원이 된다.

다음 달에는 남은 자산 70만 원 중 절반인 35만 원만 다시 OTM 콜옵션으로 매도한다. 이번에는 행사가 45만 원인 콜옵션을 매도하고 15,000원의 프리미엄을 받는다. 이후 지수가 다시 100만 원으로 상승하면, 콜옵션에 담보로 제공된 35만 원어치는 행사가 45만 원에 처분되어 45만 원 현금이 되고, 나머지 절반의 자산은 시장 상승을 모두 누려 50만 원으로 회복된다. 최종적으로 자산 50만 원+현금 45만 원+프리미엄 3만 원으로 총 98만 원의 가치가 된다. 초기 대비 불과 2% 손실에 그친 것이다. 옵션 매도 비중을 줄인 데 더해 행사가격을 높여서 상승 참여 구간을 만들어준 덕분에, 시장이 떨어졌다 올라오는 변동장에서도 거의 원금을 회복할 수 있었던 사례다.

최근 국내에 출시된 일부 커버드콜 ETF들은 이러한 OTM 전략을 활용하고 있다. 상품 이름에 '데일리커버드콜OTM'이라는 표현이 붙은 ETF들이 그 예다. 이들은 하루 단위로 매일 약간씩 외가격 콜옵션을 매도하는 방식이다. 하루에 1% 내외의 상승분까지는 투자자가 가져가고, 그 이상의 상승분만 옵션 프리미엄으로 대체되도록 설계된다. 이렇게 하면 시장이 천천히 꾸준히 오르는 강세장에서도, 매일 일정 범위의 상승 이익을 확보하면서 동시에 프리미엄도 챙길 수 있다.

세 번째 전략은 '타겟 배당률' 개념의 도입이다. 운용사가 연 목표 배당률(예: 연 8% 또는 10%)을 미리 정해두고, 그 목표를 달성하기 위해 옵션 매도 비중을 매월 탄력적으로 조절하는 방식이다. 이를 흔히 타겟 커버드콜 전략이라고 부른다. 한 ETF가 연 10% 배당률을 목표로 한다고 가정해 보자. 시장 상황이 나빠 옵션 프리미엄 수익만으로는 10% 연환산 수익을 내기 어렵다고 판단되는 달에는 옵션 매도 비중을 평소보다 늘려서라도 목표한 배당 재원을 마련한다. 반대로 시장이 크게 올라서 평가이익만으로도 충분한 수익이 발생한 상황이라면, 옵션 매도를 줄여 상승 참여를 극대화한다. 이렇게 함으로써 '배당수익+상승에 따른 자본 수익'의 균형을 맞추려는 것이다.

타겟 배당률 전략은 2세대 커버드콜 ETF의 대표적인 무기다. 투자자에겐 월급처럼 일정한 현금흐름을 기대할 수 있다는 점에서 꽤 매력적이다. 다만 이 전략은 '운용사의 손맛'에 크게 의존한다는 점도 함께 알아두어야 한다. 매달 옵션을 몇 %나 팔지, 어떤 구간에서 조절할지는 운용사의 판단에 따라 달라지므로 투자자가 속속들이 알기는 어렵다. 그래서 구조는 복잡해지는 만큼 운용 난이도가 높아지고, 보수나 성과 차이 역시 커질 수 있다. ETF 이름에 '타겟'이 들어 있다면, 이러한 전략을 쓰는 상품이라고 이해하면 된다. 1세대의 단점을 보완하려는 중요한 시도지만, 투자자는 성과와 리스크를 꼼꼼히 관찰할 필요가 있다.

달라진 성과 구조, 달라진 결과

실제로 2세대 커버드콜 ETF들은 상승장에서 한층 개선된 성과를 보여주고 있다. 예를 들어, TIGER 미국S&P500타겟데일리커버드콜 ETF는 지수 상승분의 90% 이상을 따라가면서도 연 약 10% 수준의 배당금을 지급한다. 1년 성과를 보니 S&P500 지수 대비 수익률 격차는 몇 %포인트에 불과했는데, 목표로 삼은 연 10% 배당률도 꼬박꼬박 챙겨줬다. 나스닥100 기반의 유사 ETF 역시 지수 상승분의 90% 이상을 따라가면서 연 15%에 가까운 배당률을 기록한 적이 있다. 과거 1세대 상품이 상승장에서 이익을 절반도 못 가져가던 것에 비하면 "와, 이제 좀 제대로 에너지가 충전되네?"라고 느껴질 정도다.

물론 대가도 있다. 즉각적인 배당금 수준은 예전보다 살짝 낮아질 수 있다. 하지만 장기적인 TR 관점에서는 오히려 더 유리한 구조다. 2세대 커버드콜 ETF는 '옵션 100% 매도, ATM 행사가'라는 교과서적인 1세대 공식에서 벗어나, 일부만 매도하거나 목표 수익률을 정해 유연하게 조절한다. 덕분에 투자자는 매달 배당을 받으면서도 시장 상승에서 소외되지 않는, 그야말로 두 마리 토끼를 잡을 기회를 얻은 셈이다.

정리하자면, 구조는 복잡해졌지만 투자자 요구에는 훨씬 가까워졌다. 다만 복잡한 만큼 공부가 필요하고, 배당만 바라본다면 예전보다 금액이 줄어들 수 있다는 점도 감안해야 한다. 결국 중요한 건 상품 구조를 제대로 이해하고 장점을 취하는 것이다. 커버드콜 ETF를 어려워서 피한다는 건, 마치 피자가 생소하다는 이유로 입에도 대지 않고 거부하는 셈이다. 일단 맛을 봐야 내 입맛에 맞는지 알 수 있을 텐데 말이다.

배당을 받았는데
왜 내 계좌의 수익률은 빠질까?

최 사장님이 내점하셨다. 얼굴은 밝았고, 들뜬 표정 속에 미소를 숨기지 못하고 계셨다.

"통장 정리 좀 부탁할게요."

통장을 정리해 보니, 꽤 큰 금액이 들어와 있었다. 얼마 전 부동산을 좋은 가격에 매각하신 것이다. "와, 축하드립니다!"하고 인사를 드리자, 그는 웃으며 고개를 끄덕이셨다. 일부는 새 상품을 추천해달라 하셨고, 또 일부는 "세금 낼 돈은 단기 MMF나 정기예금으로 옮겨주세요"라고 하셨다.

그러더니 곧 표정이 살짝 어두워졌다.

"기쁘긴 한데… 세금이 생각보다 너무 많네요."

큰돈이 들어왔지만, 그중 상당 부분 다시 세금으로 납부해야 한다는 사실이 마음에 걸리신 듯 했다. 물론 세금을 내는 것은 당연한 의무다. 하지만 막상 통장에 들어온 돈에서 다시 납부해야 한다고 생각하면, 기분이 썩 유쾌하지 않은 건 사실이다. '내 돈이었는데 왜 또 가져가?' 하는 억울한 마음이 스멀스멀 올라오는 것이다.

사람 심리가 다 그렇다. 한 번 손에 쥔 돈은 '내 돈'이라 느끼며 단단히 붙잡고 싶어 한다. 나갈 돈이라는 합리적인 이유를 이성적으로는 이해하면서도, 막상 돈이 빠져나가거나 수익률에 마이너스가 찍히는 순간 마음은 시원치 않다.

월배당 ETF에 투자할 때도 이와 비슷한 심리를 경험하는 경우가 있다. 투자 시점에 따라 월배당은 받았지만, 계좌의 수익률은 오히려 마이너스로 돌아서는 상황이 생기기도 한다. 이때 배당락 현상을 잘 모르면 "내 돈을 떼어내서 배당을 주는 거 아닌가?"하고 불쾌해하며 오해하기 쉽다. 돈이 나가는 일에 민감한데 돈을 다시 빼앗기는 것처럼 보이는 상황까지 겹치면, 이유를 모르는 만큼 오해는 커지고 불만은 더욱 깊어질 수 있다.

따라서 월배당 ETF 투자자라면 배당락의 의미를 반드시 이해하고 있어야 한다. 그래야 투자 과정에서 맞닥뜨릴 수 있는 혼란을 줄이고, 불필요한 감정 소모 없이 차분하게 대응할 수 있다. 이번에는 월배당 ETF의 배당락이 왜 발생하는지, 그리고 이를 이해하는 데 필요한 중요한 용어들을 하나씩 살펴보겠다.

배당락을 이해하기 위한 기본 개념

우선 배당락을 설명하기에 앞서 알아두어야 할 핵심 용어 네 가지가 있다. 바로 배당기준일, 배당락일, 지급일, 배당률이다. 월배당 ETF에서는 '배당' 대신 '분배'라는 용어를 쓰기도 하는데, 여기서는 같은 의미로 취급하겠다. 하나씩 살펴보자.

첫째, 배당기준일이다. 배당기준일이란 배당금을 받을 수 있는 권리를 결정하는 기준 날짜를 뜻한다. 이 날짜에 해당 ETF를 보유하고 있는 투자자에게 해당 월의 배당금이 지급된다. 만약 어떤 ETF의 7월 배당기준일이 7월 31일이라고 공시되었다면, 7월 31일 장 마감 시점에 그 ETF를 보유한 사람에게 배당금이 주어진다는 뜻이다.

여기서 유의할 점은 국내 주식 거래의 결제 주기다. 국내 ETF를 매수하면 T+2일(영업일 기준 2일 후)에 실제 소유권이 이전되기 때문에, 배당기준일에 주식을 보유한 것으로 인정받으려면 최소 영업일 기준 이틀 전에는 해당 ETF를 매수해야 한다. 즉 7월 31일이 배당기준일이라면 늦어도 7월 29일 영업시간 종료 전에는 매수를 완료해야 7월 31일에 주식을 보유한 것으로 간주되는 것이다.

둘째, 배당락일이다. 배당기준일 전 주식이 배당 권리가 없어지는 날을 말한다. 보통 배당기준일의 전 영업일이 배당락일이 된다. 이날은 해당 ETF를 새로 매수해도 이번 달 배당금을 받을 수 없으며, 시장가격이 배당금만큼 낮아진 상태로 거래를 시작한다. 예컨대 7월 31일이 배당기준일이면 7월 30일이 배당락일이다. 7월 30일에는 전날 종가 대비 배당금만큼 가격이 하락 조정된 상태에서 거래가 시작된다.

배당락일 이후에 ETF를 매수하는 사람은 이미 결정된 7월 배당금을 받지 못하기 때문에, 배당금만큼 가격이 조정된 상태에서 거래가 시작된다고 이해하면 된다. 이때 차트를 보면 갑자기 ETF 가격이 '뚝' 떨어진 것처럼 보이는데, 이것이 바로 배당락이다. 초보 투자자들은 이것을 보고 깜짝 놀라 "배당을 주더니 가격을 떨어뜨려 내 원금을 깎는다"라고 오해하기 쉽다. 하지만 이는 원래 ETF에 반영되어 있던 배당 재원을 떼어내 투자자에게 현금으로 돌려주면서, 그만큼 가격에서 조정하는 정상적인 과정이다.

셋째, 배당금 지급일이다. 말 그대로 배당금이 실제로 투자자의 계좌에 입금되는 날이다. 배당기준일이 지나면 운용사는 확정된 금액을 투자자들에게 지급하는데, 보통 기준일로부터 2~3영업일 후가 된다. 가령 7월 31일이 배당기준일이면, 8월 2일이나 3일쯤 투자자 계좌로 배당금이 입금된다. 실제 지급일은 운용사의 절차나 주말·공휴일 여부에 따라 달라질 수 있다.

넷째, 배당률이다. 해당 배당금이 ETF 가격 대비 어느 정도 비율인지를 나타낸 지표이다. 계산 방법은 간단하다.

배당률(%) = (주당 배당금÷배당락 전날 ETF 기준가)×100

어떤 ETF의 배당락 직전 기준가격이 100달러이고, 주당 배당금이 월 1달러라면, 배당률은 1%가 된다. 이 1%는 월간 수익률이므로, 연환산 배당률로 보려면 여기에 12를 곱해 연 12%로 계산할 수도 있다. 다만 ETF마다 배당금은 매달 달라질 수 있으므로 연환산 수치는 참고용으로 보는 것이 좋다. 일반적으로 월배당 ETF는 연 7~15% 수준의 배당률을 목표로 하는 경우가 많다.

가격이 '뚝' 떨어지는 순간의 진짜 의미

기본 개념들을 배웠으니, 이제 배당락의 실제 의미를 이해해보자. 초보 투자자들이 배당락에 대해 가장 흔히 하는 오해는 "ETF가 내 자산에서 돈을 떼서 나에게 다시 주니, 결국 돌려받는 것 아니냐"라는 것이다. 하지만 제대로 따져보면 자산가격이 하락했을 때는 일부 원금이 포함되어 있을 수는 있으나 수익이 발생한 상황이라면 그렇지 않다. 수익이 꾸준히 우상향하는 ETF를 가정할 때, ETF의 기준가에 이미 배당 재원이 포함되어 있다.

월배당 ETF는 한 달 동안 운용하면서 주식 배당금, 커버드콜 프리미엄 수익, 채권 이자 등을 벌어들인다. 이 수익들은 매일매일 ETF의 기준가에 조금씩 누적되어 반영된다. 그리고 배당기준일이 되면 그 누적된 수익만큼을 투자자들에게 현금으로 배당하고, ETF의 기준가를 그만큼 낮추는 것이 배당락의 정체다. 다만 일부 ETF

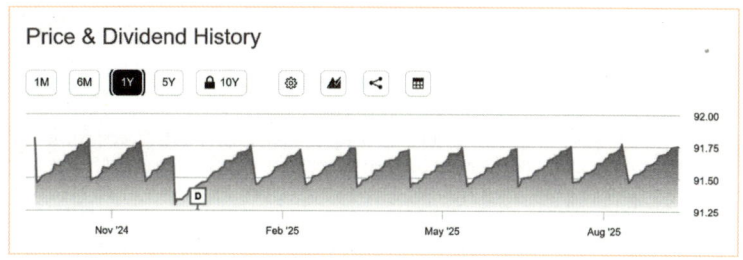

출처: Seeking Alpha

는 투자 원금의 일부까지 배당 재원으로 활용할 수 있다고 투자설명서에 명시되어 있으니, 상품 구조를 반드시 확인해야 한다.

채권형 월배당 ETF인 'SPDR 블룸버그 1~3개월 T-빌 ETF[BIL]'의 사례를 살펴보자. BIL은 미국 단기국채에 투자하여 매달 이자 수익을 배당하는 상품인데, 가격 변동성이 우상향하는 특성이 있어 배당락의 효과를 이해하기에 적합하다.

〈그림 5-1〉의 BIL 가격 움직임을 보면, 한 달 동안 서서히 우상향하다가 배당락일에 뚝 떨어지는 패턴이 반복된다. 이는 매일 국채 이자가 쌓여 가격에 반영되다가, 배당 시점에 그만큼 가격을 떨어뜨려 조정하기 때문이다. 가령 7월 31일이 배당기준일인 BIL을 7월 1일 100달러에 매수했다고 해보자. 한 달 동안 국채 이자가 쌓여서 7월 30일에는 기준가가 105달러가 되었다고 가정하자. 이때 5달러의 배당금이 결정되면, 배당락일인 7월 30일 장 시작 시에 가격이 100달러로 조정되고, 7월 31일 기준 보유자들은 1주당 5달러

의 현금 배당을 받게 된다. 7월 1일부터 7월 말까지 계속 들고 있었던 투자자는 가격 상승분 5달러를 현금으로 받은 것이니, 순이익은 5달러다.

그런데 만약 7월 15일에 이 ETF를 매수한 사람은 어떻게 될까? 7월 15일에는 이미 반달 치 이자가 반영되어 매수 가격이 약 102.5달러였다고 가정하자. 이 투자자는 7월 30일 배당락으로 가격이 100달러로 떨어지면서 약 2.5달러의 가격 손실을 본 것처럼 보일 것이다. 하지만 7월 31일 기준 보유자이므로 5달러의 배당금을 받는다. 결국 가격 손실 2.5달러+현금 수익 5달러=순이익 2.5달러가 된다. 이는 7월 15일부터 보름 동안 보유한 것에 해당하는 정상적인 이자 수익 약 2.5달러와 정확히 일치한다. 즉, 중간에 들어온 사람도 자신이 들고 있었던 기간만큼의 수익만 가져가고, 초과분은 없다는 것을 알 수 있다.

배당락 바로 전날인 7월 29일에 매수한 경우도 살펴보자. 7월 29일에는 거의 한 달 치 이자가 반영되어 매수 가격이 약 104.8달러였다고 하자. 다음 날 7월 30일 배당락으로 100달러까지 떨어져 약 4.8달러의 가격 하락이 발생한다. 그러나 이 투자자도 7월 31일 기준 보유자로서 5달러의 배당을 받으니, 결과적으로 약 0.2달러의 이익을 얻는다. 불과 하루 보유한 대가로 0.2달러 정도의 수익을 얻은 셈인데, 이는 한 달 치 이자 5%의 약 1일 치에 해당하는 수준이다. 결국 보유 기간에 비례한 수익만 가져가게끔 정산되었음을 알 수 있다.

마지막으로 배당락일인 7월 30일에 매수한 경우를 보자. 이 경우 가격이 100달러로 리셋된 다음 매수한 것이므로 7월 배당은 받지 못한다. 대신 8월 한 달 동안 이자가 쌓여 다음 배당을 받을 수 있다.

이 몇 가지 시나리오를 통해 확인할 수 있듯이, 배당락은 ETF를 오래 보유했든 짧게 보유했든 보유한 기간만큼의 수익만 공정하게 배당해 주는 장치다. 배당락 자체로 기존 투자자가 손실을 보는 것도 아니고, 새로 들어온 투자자가 부당한 이익을 얻는 일도 없다.

만약 배당락이라는 개념 없이 기준가 조정을 안 하고 배당금을 준다면 어떤 일이 벌어질까? 모두가 배당금 지급 직전에 ETF를 사들인 뒤, 배당만 챙기고 바로 팔아버릴 것이다. 그렇게 되면 이른바 '공짜 배당'을 노리는 투자자들이 생겨나고, 애써 오래 보유한 투자자들의 몫은 줄어드는 불공정한 상황이 된다. 배당락은 이런 꼼수를 차단하고, 운용 성과를 공평하게 나누는 데 꼭 필요한 절차다.

물론 주식형이나 커버드콜형 ETF는 가격 변동성이 크기 때문에 배당락 효과가 위 예시처럼 딱 떨어지지 않을 수 있다. 시장이 크게 오르면 배당락 하락분이 금세 상쇄되기도 하고, 반대로 시장이 크게 흔들리면 배당금보다 가격 하락이 더 크게 느껴질 수도 있다. 그럼에도 핵심 원리는 같다. 배당락은 ETF 안에 쌓여 있던 수익만큼 가격을 조정하고, 그 수익을 현금으로 꺼내 투자자에게 돌려주는 장치일 뿐이다.

배당락을 알고도 흔들리지 않는 법

배당락의 구조를 이해했다면 월배당 ETF 투자 시 유의할 점도 자연스럽게 보인다. 우선 배당락일에 매수하면 그달 배당금은 받을 수 없다는 사실을 기억해야 한다. 배당을 받으려면 배당기준일 최소 2영업일 전에 매수해 보유하고 있어야 한다.

반대로 그달 배당금이 꼭 필요하지 않다면, 배당락일에 가격이 조정된 뒤 매수하는 것도 하나의 방법이다. 배당락으로 기준가가 낮아진 상태에서 새출발하는 셈이니, 그 후 한 달 치 배당금을 노릴 수 있다.

무엇보다 중요한 건 ETF의 기초자산 가치다. 특히 주식형 ETF나 커버드콜형 ETF는 한 달 배당으로 얻는 수익보다 기초자산가격의 변동폭이 훨씬 크다. 그래서 배당락일 날짜에만 집착하기보다 무엇에 투자하는 ETF인지, 시장 전망을 보고 언제 매수할지를 함께 살피는 것이 훨씬 현명하다.

이제 배당락에 대한 오해가 어느 정도는 풀렸을 것이다. 매수하고 배당을 받은 후 바로 수익률이 마이너스로 찍히면 기분이 썩 좋지 않은 것은 당연하다. 그러나 배당락은 투자자를 공정하게 대우하기 위한 장치라고 생각하면 마음이 한결 가벼워진다. 월배당 ETF에 투자하면서 생길 수 있는 오해들은 이렇게 하나씩 정리해 두면, 계좌를 보며 불필요하게 혈압이 오르는 일이 줄어든다.

우리가 자주 오해하는 월배당 ETF

은행 업무에 온 힘을 쏟던 시절, 나는 실적 목표가 내려오면 마치 사냥감을 노리는 매처럼 집중하며 돌진했다. 결과는 눈부셨다. 승진도 빨랐고, 〈매일경제〉가 선정한 대한민국 대표 PB 타이틀까지 거머쥐었다.

하지만 돌진에는 항상 그늘이 있기 마련이다. 앞만 보고 달리느라 주변을 살피지 못했고, 내 실적이 빛날수록 상대적으로 스트레스를 받거나 피해를 본 사람이 있었을지도 모른다. 그 부분을 세심히 챙기지 못했다.

그러던 어느 날, 이런 말이 들려왔다.

"야, 김정란 곁에도 가지 마라. 독종이래."

순간 머리를 한 대 맞은 듯 멍해졌다.

'나 그렇게까지 독하진 않은데….'

억울했지만, 이미 나에 대한 평가는 오해로 굳어지고 있었다. 그때 비로소 깨달았다. 오해는 쌓이면 벽이 되고, 풀어내면 다리가 된다는 것을. 그 이후 나는 한 발 물러서는 연습을 했고, 상대 업무 영역을 함부로 침범하지 않는 법을 배웠다. 그렇게 오해는 조금씩 풀렸고, 나도 더 단단해졌다.

투자도 마찬가지다. 월배당 ETF 투자에 대해 흔히 이런 오해들을 한다.

"원금에서 떼어 배당을 주는 거 아니야?"

"월배당만 있는 줄 알았는데?"

"배당률만 보면 되는 거 아니야?"

이런 오해를 풀지 못하면 투자 판단이 왜곡된다. 겉으로는 배당이 꼬박꼬박 들어오는 것처럼 보여도, 실제로는 PR이 하락해 자산이 잠식되고 있을 수도 있다.

이번에는 월배당 ETF를 둘러싼 대표적인 오해 세 가지를 짚고, 그 오해의 매듭을 풀어보려 한다. 예전에 독종이라는 오해를 마주하며 나 자신을 돌아봤던 것처럼, 투자에서도 오해를 풀어내는 순간 편안해지며 시야가 명확해질 것이다.

월배당은 원금을 깎아서 주는 것 아닐까?

첫 번째로 흔히 생기는 오해는 "월배당 ETF의 높은 배당금이 원금을 깎아 지급되는 것 아니냐"이다. 배당수익률이 두 자릿수라고 하면 괜히 수상해 보이기도 한다. "이거 내 돈 돌려주는 거 아니야?"하는 속마음이 슬며시 올라온다.

그러나 배당은 기본적으로 ETF가 운용 과정에서 벌어들인 수익을 현금화해 투자자에게 나누어 주는 것이다. 주식 배당금, 채권이자, 옵션 프리미엄, 심지어 부동산 임대료까지, 말하자면 ETF가 땀 흘려 번 돈이다. 특히 커버드콜형 ETF는 콜옵션을 매도해 얻는 옵션 프리미엄이 핵심 재원이다. 예를 들어 나스닥100을 기반으로 한 QYLD는 연 10% 내외의 배당률을 기록하고 있다.[1] 반면 같은 지수를 추종하는 QQQ의 평균 배당수익률은 1%에도 못 미친다.[2] 이 차이는 단순히 기업 배당만으로는 설명되지 않는다.

다만 투자설명서를 들여다보면, 일부 ETF는 '자본 환급(원금의 일부 사용)'을 통해 배당 재원을 충당할 수 있다고 명시하고 있다. 자산가격이 하락해 운용 수익이 부족한 경우에는 원금에서 보태 일부 배당에 활용될 수 있다는 뜻이다. 하지만 무리하게 원금을 헐어서 주는 '제 살 깎아먹기' 식으로 오해해서는 안 된다. 오히려 시장 등락에 상관없이 투자자에게 약속한 현금흐름을 일정하게 유지하려는 운용 전략의 일부로 이해하는 편이 맞다.

실제로 일본은 1990년대 후반, 월배당 펀드 과열 경쟁 속에 무리하게 배당금을 지급하다가 원금을 과도하게 갉아 먹는 사태가 발생했다. 겉으로는 배당을 잘 주는 펀드처럼 보였지만, 결국 투자자들의 신뢰는 무너졌다. 반면 우리나라 자산운용사들은 기준가를 투명하게 조정·공시하고 있어서, 당시 일본의 실패를 그대로 반복할 가능성은 낮아 보인다.

배당 ETF는 모두 월배당이다?

두 번째로 자주 듣는 오해는 "배당금을 주는 ETF는 모두 월배당이지, 분기배당으로 주는 상품은 없다"이다. 월배당 ETF가 최근 큰 주목을 받다 보니, 인컴형 ETF라고 하면 다들 매달 돈을 주는 상품처럼 느끼곤 한다. 하지만 사실 배당 ETF의 '원조'는 대부분 분기배당이었다.

미국 시장을 보면 이 점이 더 두드러진다. 미국 기업들은 대체로 3개월에 한 번씩 실적을 발표하고, 그에 맞춰 배당도 지급한다. 이런 기업들로 구성된 ETF 역시 3개월 주기로 배당금을 지급하는 것이 일반적이었다. 월배당 상품들이 등장하기 전까지는 분기배당 ETF가 배당형 ETF의 주류 역할을 맡고 있었다.

분기배당 ETF의 장점은 비교적 직관적이다. 한 번에 모아서 주니 액수가 큼직하고, 투자자가 이를 재투자하기에도 편리하다. 마치 용돈을 매일 받는 대신 한 달에 한 번 두둑하게 받는 기분과 비숫하다. 그래서 분기배당 ETF들은 장기 운용이나 배당 재투자 전략에 적합하다. 게다가 오랜 역사 덕에 종류도 다양해서, 선택의 폭이 넓다는 것도 강점이다.

그렇다고 월배당 ETF가 분기배당 ETF보다 열등하다는 건 아니다. 월배당 ETF의 가장 큰 매력은 매달 현금흐름이 들어온다는 점이다. 은퇴 후 생활비처럼 매달 고정 지출이 있는 사람들에게는 더할 나위 없이 좋은 구조다. 다만 매달 나누어 주는 만큼 금액이 시장 상황에 따라 조금씩 들쭉날쭉할 수 있고, 특히 커버드콜 전략을 쓰는 ETF는 상승장에서 초과 수익을 일부 포기해야 한다는 제약도 함께 따른다.

결국 중요한 건 어느 쪽이 더 '좋으냐'가 아니라, '투자자의 상황과 목적에 무엇이 더 맞느냐'다. "매달 용돈처럼 조금씩 받고 싶다"라면 월배당이, "석 달에 한 번이지만 묵직하게 받고 싶다"라면 분기배당이 어울린다. 월배당만 존재하는 게 아니고, 분기배당 ETF 역시 여전히 건재하며 꾸준히 활용되고 있다는 사실을 잊지 말아야 한다.

요약하자면, 월배당 ETF는 최근 떠오르는 신세대 스타고, 분기배당 ETF는 묵묵히 자리를 지켜온 장수 베스트셀러다. 둘 다 나름의 장단점이 있어서, 굳이 우열을 가릴 필요는 없다. 결국 어떤 배당 주기가 내 라이프스타일과 투자 계획에 잘 맞는지 판단하는 게 관건이다.

ETF 성과는 배당률만 보면 된다?

세 번째로 흔한 오해는 "ETF의 수익성을 배당률만 보고 판단하는 것"이다. 월배당 ETF를 홍보할 때 연 10% 이상 같은 높은 배당률이 크게 부각되다 보니, 많은 투자자가 "배당률이 높으니 수익도 높겠지"하고 단순하게 생각하기 쉽다. 물론 배당률은 무시할 수 없는 중요한 지표다. 그러나 그것만 보고 ETF의 성과를 판단하는 것은 큰 착각이다.

투자에서 진짜 중요한 것은 TR이다. 즉 '자본손익+배당금'을 모두 합친 전체 성과를 봐야 한다. 배당률이 아무리 높아도 ETF 가격이 하락하면 총수익률은 낮아지거나 심지어 마이너스가 될 수 있다. 반대로 배당률이 낮아도 ETF 가격이 꾸준히 상승한다면 총수익률은 훨씬 높아질 수 있다. 결국 배당률만 볼 게 아니라, 가격 흐름과 배당금을 합친 TR을 보는 것이 맞다.

대표적인 월배당 ETF인 QYLD는 연 10%가 넘는 배당률로 큰 인기를 끌었다. 하지만 운용 전략상 주가 상승이 제한되다 보니, 장기 총수익률은 시장 평균을 밑돌았다. QYLD는 2025년 기준, 설정 후 배당금을 재투자해도 총수익률이 연이율 기준 약 7.64%[3]에 그쳤다. 같은 기간 나스닥100 추종 ETF인 QQQ는 연평균 약 19.4%[4] 수준의 총수익률을 기록했다. 즉, QYLD는 매달 배당은 두둑했지만 정작 계좌 잔고는 생각보다 더디게 불어났다. 반대로 QQQ는 배당은 적었지만, 가격 상승으로 총수익을 크게 끌어올렸다. "배당은 현금으로 챙겼지만, 장기 수익에서는 뒤처진다"라는 전형적 사례다.

이처럼 월배당 ETF를 볼 때 단순히 배당률만 보고 좋고 나쁨을 판단하는 것은 위험하다. 높은 배당률 자체가 나쁘다는 뜻이 아니라, 배당률만 떼어 놓고 보는 시각이 위험하다는 뜻이다. 배당금 규모뿐만 아니라 그 ETF가 어떤 자산에 어떻게 투자하는지, 가격 변동성과 장기 성장성은 어떤지, 결과적으로 TR이 어떻게 쌓였는지를 함께 보는 시야가 필요하다.

이렇게 월배당 ETF를 둘러싼 세 가지 대표적인 오해를 살펴보았다. 오해를 풀고 나면 불필요한 두려움은 사라지고, 월배당 ETF의 장점과 한계를 보다 차분하게 이해할 수 있게 될 것이다.

월배당 ETF,
다음 스텝으로 진화하다

그동안 수없이 고치고 다듬어온 분당 이사 계획을 마침내 실행에 옮긴 것은 2014년 5월, 홍콩 여행길에서였다. 여행 중 불쑥 배우자에게 물었다.

"분당으로 이사하면 안 돼?"

돌아온 대답은 의외로 단순했다.

"그래, 이사해."

순간 머릿속에 불이 켜졌다. "지금이다" 싶어서 배우자의 생각이 바뀌기 전에 곧바로 실행 버튼을 눌렀다. 5월에 홍콩에서 동의를 받고, 8월에는 수도권 발령을 받았고, 9월에 드디어 이사를 마쳤다. 일사천리였다.

수도권으로 인구가 집중되는 이유는 다양하다. 자녀 교육, 일자리, 부동산 가치 등 다양한 요인이 작용한다. 결국 사람이 몰리는 곳에는 그만한 필요와 매력이 있다는 점은 부정하기 어렵다.

ETF 시장도 비슷하다. 국내에 월배당 ETF가 등장했을 때, 투자자들의 관심은 순식간에 몰렸다. 매달 꼬박꼬박 현금흐름을 만들어주는 상품이라는 점에서 '은퇴자들의 용돈 통장'이라 불리며 인기를 끌었고, 2024년에는 1세대 커버드콜 상품들이 큰 붐을 일으켰다. 하지만 여기서 멈추지 않았다. 투자자들의 불만과 요구가 쌓이자, 운용사들은 전략을 바꿔 2세대 커버드콜 ETF를 내놓았다. 상승장에서 더 많은 수익을 따라갈 수 있도록 고안된 업그레이드 버전이었다.

그리고 지금, 시장은 또 다른 변화를 준비하고 있다. 투자자들은 이제 단순히 배당만 원하지 않는다. 배당도 받고, 상승장에서도 소외되지 않길 바란다. 그 요구를 반영한 상품들이 하나둘 출시되면서, 마치 사람들이 수도권으로 몰리듯 투자자들의 발걸음은 자연스레 월배당 ETF로 향하고 있다.

사람이 몰리는 데는 이유가 있듯, 자금이 몰리는 데에도 이유가 있다. 그래서 월배당 ETF의 미래는 단순히 "밝다"라는 표현을 넘어, 이미 그 길 위에 올라타 있다고 말하는 편이 더 정확하다.

3세대 커버드콜 ETF의 등장

2024~2025년에 접어들며 월배당 ETF 시장은 경쟁이 격화되며 새로운 진화 단계에 들어섰다. 흔히 '3세대'라 불리는 이 상품들의 핵심 키워드는 더 유연한 옵션 전략, 똑똑한 배당 정책, 그리고 멀티에셋 구성이다.

기존 커버드콜 ETF의 가장 큰 약점은 상승장에서 초과 수익을 따라가지 못한다는 점이었다. 이를 극복하기 위해 신상품들은 옵션 매도 비중을 더 세밀하게 조절했다. 즉, 1세대가 옵션을 100% 매도하던 단순한 전략이었다면, 2세대와 3세대는 시장 상황에 따라 옵션 매도 비중과 행사가를 유연하게 바꾸며 기민하게 대응한다. 똑같이 콜옵션을 판다고 해도, 이제는 '운전대 잡고 코너링 제대로 하는 ETF'로 진화한 셈이다.

또한 3세대 ETF는 주식과 옵션 프리미엄에만 의존하지 않는다. 채권, 심지어 특정 테마주와 국공채를 섞는 멀티에셋 구조로 수익원을 다변화한다. 예를 들어 한 운용사의 테슬라 커버드콜 혼합 ETF는 테슬라 주식에 커버드콜 전략을 약 30%, 안정적인 국공채 약 70%를 조합해 월배당을 만든다. 변동성이 큰 테슬라에서 프리미엄과 성장성을 얻고, 채권에서 안정적인 인컴을 확보하는 식이다. 투자자에겐 '롤러코스터는 타되, 안전벨트도 단단히 매는 구조'라 할 수 있다.

배당 방식도 변하고 있다. 과거 ETF들은 수익이 생기면 거의 그대로 배당으로 지급했다. 투자자 입장에서는 매달 현금이 들어오니 좋았지만, 그만큼 펀드 안에 남아 재투자되는 몫이 적어 장기적으로 자산이 불어나기는 어려웠다. 그러나 최근에는 목표 배당률을 정해 두고, 그 이상은 펀드에 재투자하는 스마트 배당 모델이 늘고 있다. 예컨대 연 12% 배당 한도를 설정해서, 그 이상의 수익은 배당하지 않고 기초자산에 다시 쌓아두는 방식이다. 이렇게 하면 원금 잠식 걱정 없이 안정성과 성장성을 동시에 챙길 수 있다.

정리하면, 3세대 월배당 ETF는 옵션 운용을 유연하게 해서 상승장 대응력을 높이고, 여러 자산을 섞어 배당의 안정성을 키우며, 배당금을 전략적으로 조절해 장기 성장까지 잡으려는 상품들이다. 결국 월배당 ETF는 배당도 받고, 성장도 놓치고 싶지 않다는 투자자들의 욕심을 정직하게 반영하며 진화하고 있다.

월배당 ETF, 이렇게 골라야 손해를 줄인다

월배당 ETF의 인기가 높아지면서 상품도 다양해지고 복잡해졌다. 이제는 단순히 배당률 숫자만 보고 결정하기보다, 여러 요소를 따져 자신에게 맞는 상품을 고르는 안목이 필요하다. 다음은 월배당 ETF를 고를 때 반드시 확인해야 할 현실적인 기준들이다.

첫째, 지나치게 높은 배당률을 내세우는 상품이라면 속을 꼼꼼히 들여다봐야 한다. '연 15~20%'라는 문구는 달콤하지만, 실제로는 파생 프리미엄 같은 변동성이 큰 수익원에 의존하는 상품일 수 있다. 시장이 흔들리면 배당금이 줄거나 성과가 저조해질 위험도 크다. 지난 성과표와 배당 이력, 총수익률까지 함께 체크해야 한다. 결국 질문은 하나로 귀결된다. "이 펀드가 앞으로도 꾸준히 배당을 줄 힘이 있는가?"

둘째, ETF가 어떤 자산을 담고 있는지, 어떻게 배당을 만들어 내는지를 반드시 확인해야 한다. 같은 나스닥100 커버드콜 ETF라도 어떤 곳은 100% 옵션 매도를, 어떤 곳은 10%만 매도한다. 당연히 상승장에서 결과는 크게 달라진다. 멀티에셋 ETF라면 주식·채권 비중, 채권의 신용등급까지 꼼꼼히 살펴야 한다. "내 계좌에 들어오는 배당이 어디서 나오고 있는가?"를 이해하는 게 핵심이다.

셋째, 생활비 보조가 필요하다면 안정적 배당을 제공하는 상품이 적합하다. 반대로 장기 성장을 목표로 하며 배당은 재투자할 계획이라면, 굳이 월배당 ETF를 고집할 이유는 없다. 성장형 ETF가 더 효율적일 수도 있다. 둘 다 갖고 싶다면 배당형과 성장형을 적절히 섞어 균형을 맞추는 것도 방법이다. 결국 정답은 '나의 투자 목적'에 달려 있다.

넷째, 비슷한 상품이라면 보수가 낮은 상품이 유리하다. 장기투자에서는 작은 비용 차이가 큰 성과 차이로 이어지기 때문이다. 또한 횡보장이나 완만한 상승장에서는 커버드콜 전략이 유효하지만, 강세장이 예상된다면 상승을 포기하는 구조는 아쉬움이 남는다. 그럴 땐 부분 커버드콜이나 배당성장주 ETF가 대안이 될 수 있다.

마지막으로 세금도 중요하다. 국내 주식형 ETF는 매매 차익이 비과세지만, 해외 자산이나 채권이 섞이면 과세 대상이 된다. 대부분 배당소득세도 부과되므로 ISA, IRP, 연금저축 같은 절세 계좌를 활용하는 것이 현명하다.

월배당 ETF는 숫자 하나로 판단하기에는 너무 입체적이고, 상품별로 전략과 구조가 크게 다르다. 결국 관건은 겉으로 보이는 배당률이 아니다. '세후, 건보후, PR까지 반영한 진짜 월배당'을 챙기는 것이다.

3장

진짜 월배당은 세금과 건강보험료에서 갈린다

1원의 배당이 월배당 71만 원을 깎는다면?

추운 겨울, 사무실은 유난히 더 추웠다. 책상 아래 히터 없이는 발이 시려 앉아 있기조차 힘들었다. 그날도 히터에 손발을 녹이며 박 사장님과의 미팅을 준비하고 있었다. 금융소득에 유난히 민감한 고객이었던 만큼, 나는 그의 금융소득 전반을 고려한 설계를 끝낸 상태였다.

잠시 뒤, 매서운 겨울바람을 뚫고 박 사장님이 사무실 문을 열었다. 코트에서 찬 기운이 그대로 밀려들었고, 그는 자리에 앉자마자 본론을 꺼냈다.

"김 PB, 금융소득 2,000만 원이 넘어가면 세금이 49.5%까지 올라가잖아요. 리스크를 감수하며 운용하고 싶지 않으니 안정적인 방향으로 적당히 운용해 주세요."

"근데 최 사장은 금융소득이 1,000만 원 넘었다고 건강보험료 폭탄 맞았다고 하더라고요. 그건 또 무슨 뜻이죠?"

나는 히터에 대어 겨우 온기를 되찾은 손으로 자료를 넘기며 차분히 설명을 시작했다.

강남에서 PB로 일할 당시, 나는 약 150명의 고객과 총 2,000억 원 규모의 자산을 관리했다. 고객들의 가장 큰 관심사는 '수익'보다 '절세'였다. 투자엔 리스크가 따르지만, 절세는 미리 준비하면 리스크 없이 지출을 줄일 수 있기 때문이다. 금융소득이 영향을 주는 주요 지출 항목은 소득세와 건강보험료로, 절세의 핵심은 바로 금융소득 관리였다.

2025년 12월, 이자와 배당소득은 지방소득세를 포함해 15.4%의 세율이 적용된다. 이자와 배당을 합쳐 '금융소득'이라 부르며, 개인의 연간 금융소득이 2,000만 원 이하라면 이 15.4%(지방소득세 포함)로 과세가 종료된다. 우리가 별도로 이 세금을 낸 기억이 없는 이유는 은행이나 증권사에서 이자나 배당을 지급할 때 원천징수하고 지급하기 때문이다. 즉, 이자나 배당을 줄 때 미리 세금을 떼고 지급하는 것이다.

종합과세의 문이 열리면 세금 구조가 달라진다

금융소득이 2,000만 원을 초과하면 상황은 달라진다. 금융소득이 개인의 다른 소득과 합산되어 종합소득세 과세 대상이 되며, 소득 수준에 따라 최고세율인 49.5%(지방소득세 포함)까지 적용될 수 있다.

비록 최고세율 구간이 아니더라도 종합소득세 과세표준이 일정 구간을 넘으면 15.4%(지방소득세 포함)를 훌쩍 넘어선다. 예를 들어 근로·사업소득 등으로 이미 과세표준이 5,000만 원을 초과한 상태라면, 실효세율은 26.4%(지방소득세 포함)부터 시작한다. 따라서 금융기관에서 이미 15.4%(지방소득세 포함)를 원천징수했더라도, 종합

● [표 1-1] 종합소득세 과세표준 및 기본세율 ●

과세표준	기본세율
1,400만 원 이하	과세표준의 6%
1,400만 원 초과~5,000만 원 이하	84만 원+(1,400만 원 초과금액의 15%)
5,000만 원 초과~8,800만 원 이하	624만 원+(5,000만 원 초과금액의 24%)
8,800만 원 초과~1억 5,000만 원 이하	1,536만 원+(8,800만 원 초과금액의 35%)
1억 5,000만 원 초과~3억 원 이하	3,706만 원+(1억 5,000만 원 초과금액의 38%)
3억 원 초과~5억 원 이하	9,406만 원+(3억 원 초과금액의 40%)
5억 원 초과~10억 원 이하	17,406만 원+(5억 원 초과금액의 42%)
10억 원 초과	38,406만 원+(10억 원 초과금액의 45%)

소득에 합산되면 그 차이인 약 11% 이상의 세금을 추가로 내야 한다. 배당은 받았지만 세금 부담이 커지면서 실제 손에 들어오는 진짜 월배당, 즉 순월배당은 크게 줄어들 수 있다.

박 사장님의 연간 사업소득은 12억 원으로, 이미 종합소득세 최고세율(과세표준 10억 원 초과, 세율 45%) 구간에 해당한다. 여기에 배당소득 1억 2,000만 원이 추가로 발생하면 연간 금융소득이 2,000만 원을 초과하므로, 금융소득 전액이 종합과세된다.

이에 따라 공제 항목이 없다고 가정하면, 종합소득 금액은 13억 2,000만 원이 되며 추가된 금융소득에 대한 종합소득세 산출세액은 약 5,940만 원(지방소득세 포함 49.5%)이다. 다만 지급 시점에 15.4%(지방소득세 포함)가 이미 원천징수되어 있으므로 이를 기납부세액으로 공제하면, 실제 추가 납부세액은 약 4,092만 원이 된다.

'리스크를 감수하고 겨우 수익을 냈는데 절반 가까이 세금으로 낸다면… 굳이 그런 투자를 해야 할까.'

그가 걱정하는 이유였다.

"사장님, 그렇다면 금융소득 종합과세에서 포함되지 않는 상품으로 운용해 보는 건 어떨까요?"

그는 이 말에 반응했다. 이후 나는 비과세 상품과 분리과세 상품 위주로 포트폴리오를 설계해드렸고, 절세 효과는 즉시 나타났다. 이 전략은 단지 소득세 절세에만 그치지 않는다. 또 다른 '폭탄'인 건강보험료 인상도 함께 막을 수 있기 때문이다.

'절세'는 혜택이 아니라 정보의 차이다

건강보험료는 여러 종류의 소득을 기반으로 부과되며 여기에는 이자·배당소득이 포함된다. 즉, 금융소득은 건강보험료에 직접적인 영향을 준다. 중요한 점은 금융소득이 1,000만 원 이하일 경우 건강보험료 산정 시 전액이 소득에 포함되지 않는다는 것이다. 그러나 1,000만 원을 단 1원이라도 초과하면 전체 금융소득이 건강보험료 계산에 반영된다. 이처럼 소득세법과 건강보험 제도의 기준선이 다르므로 반드시 별도로 확인해야 한다.

예를 들어, 지역가입자의 일반과세 대상 금융소득이 정확히 1,000만 원이라면 종합소득세와 건강보험료 모두에 영향이 없다. 그러나 1,000만 1원이 되는 순간 이야기가 달라진다. 종합소득세에는 변화가 없지만, 건강보험료는 연간 약 71만 원(장기요양보험료 제외, 2026년 기준)이 추가로 부과된다. 이 지점이 바로 건강보험료에 반영되는 배당소득 관리가 필요한 순간이다. 건강보험 가입자 유형별로 구체적인 순월배당 증가 전략은 다음 챕터에서 자세히 살펴보자.

세금과 건강보험료는 국민으로서 당연히 부담해야 할 몫이며, 이는 아플 때 기댈 수 있는 중요한 사회안전망의 재원이 된다. 그러나 제도를 충분히 이해하고 이에 맞춰 미리 대비한다면, 정보 부족으로 인한 불필요한 지출을 줄일 수 있다. 배당소득 관리는 바로 이런 맥락에서 '합리적인 절약'의 기술이다.

특히 일반 계좌를 통해 월배당 ETF에 투자하는 경우, 대부분이 배당소득으로 분류되어 금융소득에 포함된다. 사전 준비 없이 수익만 늘리면, 예상보다 높은 소득세와 건강보험료를 부담하게 될 수 있다.

이 장을 통해 세법과 건강보험료 제도의 핵심을 익히고, 내 손에 들어오는 순월배당을 더 크게 늘려보자. 결국 월배당의 진짜 가치는 '얼마를 버느냐'가 아니라 '얼마를 지켜내느냐'에서 완성된다.

02

건강보험 3대 가입자 유형별 금융소득 전략

23층 사무실. 창밖으로 빗방울이 흘러내렸다. 건너편에는 롯데백화점 본점이, 대각선으로는 한때 외환은행 본사였던 건물이 보인다. 흐린 유리창 너머로 보이는 익숙한 풍경이지만, 그날따라 오래도록 그 풍경을 바라보며 생각에 잠겼다.

'저 바깥세상은 어떤 곳일까? 나도 저런 세상에 문을 두드려봐도 될까?'

생각은 꼬리에 꼬리를 물었다. '나는 무엇을 준비해야 할까? 어떻게 세상에 나를 알릴 수 있을까…?' 그런 질문 끝에 문득 하나의 생각이 떠올랐다.

'책을 써볼까?'

나는 결정을 오래 끌지 않는 편이다. 한 번 방향을 정하면 곧바로 실행에 옮기는 데 강점이 있다. 그렇게 나의 첫 번째 책이 세상에 나올 수 있었다. 책이 출간되던 날, 이런 생각이 떠올랐다.

'세상은 책을 한 번도 안 쓴 사람과 한 번이라도 써본 사람으로 나뉘겠구나.'

그 이후 나는 어떤 주제를 접하든 개념화하고 분류하는 습관이 생겼다. 두 가지 유형으로 나눠보기도 하고, 세 가지로 구분해 보기도 한다. 이렇게 나누어 보면 인사이트가 더 또렷해지고, 개념을 이해하거나 전달하기도 훨씬 쉬워진다.

유튜브 채널을 운영할 때도 마찬가지였다. 어떤 현상을 설명할 때면 늘 '두 가지 특징', '세 가지 구분'처럼 조금 더 이해하기 쉬운 구조로 정리해 보려 했다. 그렇게 나눠보면 내가 전달하려는 포인트도 더 분명해졌다.

건강보험 3인3색, 월배당 설계의 출발점

건강보험의 세계에도 세 가지 유형의 사람들이 살고 있다. 바로 직장가입자, 직장가입자의 피부양자, 그리고 지역가입자다. 건강보험료를 누가, 어떻게 부담하느냐에 따라 세 가지 유형으로 나뉘고, 각각 보험료가 계산되는 방식과 기준이 다르다.

이쯤에서 이런 의문이 들 수 있다. "월배당 ETF를 공부하러 책을 펼쳤는데 왜 건강보험료까지 알아야 하지?"라고 말이다. 그 이유는 간단하다. 월배당 ETF는 매달 배당금이라는 '소득'을 만들어내는 상품이며, 그 소득이 건강보험료를 움직이기 때문이다. 게다가 내가 어떤 건강보험 유형에 속해 있느냐에 따라 그 영향력이 다르다. 소득이 같더라도 직장가입자인지, 피부양자인지, 지역가입자인지에 따라 연간 지불하는 건강보험료가 수십만 원까지 차이 날 수 있다.

즉, 건강보험의 유형을 모른 채 월배당 ETF에 투자했다가는 건강보험료 '폭탄'을 맞을 수도 있다. 그래서 미리 알고 대비해야 한다. 결국 이런 구조를 이해하는 것이 월배당을 오래 가져가는 데 꼭 필요한 기본기라고 믿는다.

이제 건강보험료를 결정짓는 세 가지 가입 유형이 어떤 특성을 지니는지 하나씩 살펴보자.

직장인은 '본업+보수외 소득' 부터 체크해야 한다

첫 번째 유형은 직장가입자다. 직장가입자란 직장에서 근로하며 급여를 받는 사람을 말한다. 이들은 직장을 통해 자동으로 건강보험에 가입되며, 본인과 회사가 보험료를 50%씩 나누어 부담한다. 건강보험료는 월급을 기준으로 산정된다. 이를 '보수월액'이라 부르며, 월급여에 건강보험료율인 7.19%(장기요양보험료 제외 2026년 기준)를 적용한 금액이 보험료로 책정된다.

구체적인 사례를 들어보면, 월급이 400만 원인 직장인의 건강보험료는 7.19%(장기요양보험료 제외, 2026년 기준)를 적용한 월 약 28만 7,600원이다. 이 중 절반인 약 14만 원은 회사가, 나머지 절반인 약 14만 원은 본인이 부담한다.

직장가입자의 보험료는 전적으로 직장에서 받는 급여에만 연동된다. 직장인 본인은 이 보험료만 신경 쓰면 되기 때문에 계산이 비교적 단순하다. 또한 직장가입자는 자신의 배우자, 자녀, 부모 등 소득이 적은 가족을 피부양자로 등록하여 함께 보험 혜택을 받을 수 있다. 피부양자로 등록된 가족들은 별도 보험료를 내지 않고 동일한 의료 혜택을 받을 수 있다. 다만 피부양자가 될 수 있는 조건은 소득과 재산이 일정 기준 이하일 때로 한정되는데, 이에 대해서는 직장가입자의 피부양자를 설명할 때 자세하게 다루겠다.

그런데 직장인이 부업을 한다면 어떨까? 혹은 투자를 잘해서 3,000만 원의 배당소득이 발생했다면 건강보험료에는 영향이 없을까? 정답은 '소득 금액에 따라 영향이 있다'이다. 직장가입자의 소득은 크게 '보수월액'과 '보수외 소득월액'으로 구분되며, 보수외 소득월액이 2,000만 원을 초과할 경우 초과분에 대해 별도의 건강보험료가 부과된다. 즉, 부업이나 투자 소득이 연간 2,000만 원 이하라면 기존 급여에 대한 보험료만 내면 되지만 이를 초과하면 그 초과분에 보험료율을 적용한 금액만큼 추가로 건강보험료를 내야 하는 것이다.

소득월액에는 근로소득, 사업소득, 금융소득(이자·배당), 연금소득, 기타소득이 모두 포함된다. 그런데 이 중에서 이자소득과 배당소득에는 예외 조항이 있다. 바로 비과세 금융소득은 소득월액에 합산되지 않고, 과세 대상 이자·배당소득의 합산 금액이 연간 1,000만 원 이하라면 전체 금액이 소득월액에서 제외된다는 점이다.

문득 어떤 금융상품이 비과세 혜택을 받는지 궁금해질 수 있다. 비과세가 적용되는 상품에서 금융소득이 발생하더라도 건강보험료 산정 시 해당 소득은 소득월액에서 제외되므로 전략적으로 매우 유리하다. 또한 과세가 미뤄지는 금융상품에서 발생한 소득 역시 소득월액에 포함되지 않기 때문에 과세가 이연되는 기간에는 보험료 산정에서 제외된다.

30대 A 씨는 월급 350만 원을 받는 직장인이다. 건강보험료율 7.19%(장기요양보험료 제외, 2026년 기준)를 적용하면 월 건강보험료는 약 25만 1,650원. 이 중 절반인 약 12만 5,000원은 회사가 부담하고, 나머지는 급여에서 원천징수된다. A 씨는 주말마다 영상 편집 부업을 하고 있어 한 달에 150만 원, 연간 약 1,800만 원의 사업소득이 있다. 여기에 ETF 배당소득이 연 1,000만 원 추가로 발생한다고 가정해 보자.

이 경우 A 씨의 건강보험료는 얼마나 추가될까?

정답은 0원이다.

직장인의 경우 본업 외 소득(보수외 소득)이 2,000만 원을 초과할 때만 초과분에 대해 추가 보험료가 부과된다. 그런데 이 사례에서는 금융소득 1,000만 원이 예외 조항에 따라 보수외 소득에서 전액 제외되므로, A 씨의 보수외 소득은 '영상 편집 부업 소득 1,800만 원'만 계산된다. 따라서 총합이 2,000만 원을 넘지 않기 때문에 추가 보험료가 발생하지 않는다.

만약 A 씨의 금융소득이 1,000만 원+1원이라면 어떻게 될까?

이 경우, 예외 조항이 적용되지 않기 때문에 금융소득 전액이 보수외 소득에 포함된다. 즉, 영상 편집 부업 소득 1,800만 원에 금융소득 1,000만 1원이 더해져 총보수외 소득은 2,800만 1원이 된다. 여기서 2,000만 원을 초과한 800만 1원에 대해서 건강보험료가 부과된다. 적용 요율은 7.19%(장기요양보험료 제외, 2026년 기준)이므로, 800만 1원×7.19%=약 575,200원의 추가 건강보험료가 발생하며, 이는 A 씨 본인이 전액 부담해야 한다.

그래서 우리는 전략적으로 접근할 필요가 있다. 보수외 소득이 금융소득만 있다면, 금융소득을 2,000만 원 이하로 유지하는 것이 건강보험료 측면에서 유리하다. 반면 부업 등으로 보수외 소득이 있는 경우에는 금융소득을 1,000만 원 이하로 관리하는 것이 유리하다.

그러나 부업 등의 보수외 소득이 있다고 해서 무조건 금융소득을 1,000만 원 이하로 관리해야 유리한 것은 아니다. 보수외 소득에 금융소득을 합산해도 전체 보수외 소득이 2,000만 원을 넘지 않으면 추가 건강보험료는 없다. 예를 들어 부업 소득이 800만 원이라면, 금융소득을 1,200만 원까지 확보하더라도 총합이 2,000만 원을 넘지 않아 건강보험료가 추가로 부과되지 않는다. 즉, 보수외 소득이 있는 경우에도 그 소득 수준에 따라 금융소득의 여유 한도를 계산할 수 있으며, 이 범위 안에서는 건강보험료 부담 없이 수익을 늘리는 전략이 가능하다.

물론 건강보험료를 줄인다는 이유로 과도하게 수익 기회를 포기하라는 의미는 아니다. 50만 원의 보험료를 아끼려다 500만 원의 수익을 놓친다면, 본말이 전도된 것이다. 하지만 배당 지급 시기를 다음 해로 미룬다거나 비과세 상품을 활용하는 등 미세한 조정은 충분히 고려할 만하다. 참고로 직장가입자는 공적 연금소득이 있는 경우 보수외 소득으로 공적 연금 소득의 50%만 반영되니, 이 부분도 기억해두자.

보험료 0원의 세계, 피부양자의 반전

두 번째 유형은 직장가입자의 피부양자다. 피부양자란 건강보험료를 직접 납부하지 않으면서도, 직장가입자인 가족의 보험으로 의료 혜택을 받는 사람을 말한다. 주로 소득이 거의 없거나 매우 적은 전업주부, 은퇴한 부모님, 미취업 성인 자녀 등이 해당된다.

피부양자로 등록되면 부담하는 보험료가 없다는 엄청난 장점이 있지만, 그만큼 까다로운 요건과 유지 기준을 충족해야 한다. 소득과 재산이 조금만 넘어도 즉시 피부양자 자격이 상실되고, 지역 가입자로 전환되어 본인이 직접 보험료를 납부해야 한다. 자격을 한 번 얻으면 끝나는 영구적인 것이 아니다.

피부양자가 되기 위한 요건은 크게 두 가지다.

첫째, 연간 총소득이 2,000만 원 이하여야 한다. 여기서 말하는 총소득에는 근로소득, 사업소득, 금융소득(이자·배당), 연금소득, 기타소득이 모두 포함된다. 2,000만 원을 단 1원이라도 초과하면 다음 해부터 피부양자 자격을 잃게 된다.

둘째, 재산세 과세표준액이 9억 원을 초과하면 피부양자가 될 수 없다. 재산이 5.4억 원 초과~9억 원 이하라면, 소득 요건이 더 엄격하게 적용되어 연간 소득이 1,000만 원 이하여야 피부양자 자격을 유지할 수 있다. 재산이 5.4억 원 이하라면 연소득이 2,000만 원 이하까지 허용된다.

소득 산정 시 비과세 금융소득은 포함되지 않으며, 금융소득이 1,000만 원 이하일 경우 전액이 반영되지 않는다. 이 기준은 직장가입자와 동일하게 적용된다. 하지만 피부양자는 소득과 재산 조건을 동시에 충족해야 하기 때문에, 직장가입자나 지역가입자보다 훨씬 더 정밀한 금융소득 관리가 필요하다.

피부양자인 D 씨는 재산세 과세표준액 6억 원을 보유하고 있다. 어느 날 친구가 월배당 ETF로 연 12%의 수익을 올렸다고 자랑하자, 연 3% 정기예금을 해지하고 1억 원을 월배당 ETF에 투자했다. 그 결과 매달 100만 원씩 배당금을 받았다. 하지만 1년 후 피부양자 자격이 제외되었다는 통보를 받았다. 재산세 과세표준액으로 6억 원을 보유하고 있으면 피부양자 자격 유지를 위한 소득 기준이 연 1,000만 원 이하로 축소되는데, 연간 배당소득이 1,200만 원 발생해 기준을 넘겼기 때문이다.

이로 인해 D 씨는 피부양자 자격을 상실하고 지역가입자로 전환되어, 2026년 기준 연간 약 331만 원의 건강보험료를 부담하게 됐다. 소득 기준인 1,000만 원을 관리하지 못한 것이 결정적이었다. 연간 1,200만 원의 배당소득을 벌면서 보험료 331만 원을 부담해야 했고, 결과적으로 손에 남는 금액은 869만 원에 그쳤다.

- 소득보험료: 1,200만 원×7.19%=약 86만 원/연
- 재산보험료: (재산세 과세표준 6억-공제 1억 해당 가정) 기준 약 812점× 211.5원=약 206만 원/연
- 장기요양보험료=약 38만 원/연
⇨ 총 연간 보험료: 약 331만 원(월평균 약 27만 원)

이미 발생한 배당소득은 되돌릴 수 없다. 만약 사전에 비과세 상품을 활용하거나 금융소득을 약간만 조정하여 1,000만 원 이하로 유지했다면 충분히 피할 수 있었던 결과다.

추가로 피부양자 자격과 관련해 꼭 알아둬야 할 두 가지 요건이 있다.

첫째, 사업소득이 단 1원만 발생해도 피부양자 자격이 즉시 박

탈된다는 점이다. 이는 연소득 합계와 무관하게 작동하는 별도 기준이다. 둘째, 연금소득이 100% 반영된다는 점이다. 직장가입자와 지역가입자는 연금소득의 50%만 건강보험료 산정에 반영되지만, 피부양자는 전액 반영된다.

결국 피부양자 제도는 건강보험료를 내지 않고도 혜택을 받을 수 있는 제도인 만큼, 자격 유지 기준이 매우 엄격하다. 특히 재산 규모에 따라 인정되는 연소득 기준이 2,000만 원 또는 1,000만 원으로 달라지므로, 금융소득으로 이 기준을 넘지 않도록 더욱 세밀한 관리가 필요하다.

지역가입자는 왜 더 세심하게 관리해야 할까?

마지막으로 살펴볼 유형은 지역가입자다. 지역가입자는 앞서 설명한 직장가입자나 직장가입자의 피부양자에 해당하지 않는 모든 건강보험 가입자를 말한다. 자영업자, 프리랜서, 은퇴자, 무직자 등이 해당된다.

지역가입자는 직장에 소속되어 있지 않기 때문에 건강보험료 전액을 본인이 부담해야 한다. 또한 지역가입자의 보험료는 개인 단위가 아닌 '세대 단위'로 산정된다는 점이 가장 큰 차이다. 세대 내 모든 구성원의 소득과 재산을 합산해 한 번에 계산한 뒤, 기본적으로 세대주 명의로 고지서가 발부된다. 세대원이 원할 경우 다른 납부자를 지정하는 것도 가능하다.

이렇게 산정된 보험료에 대해서는 세대 구성원 전원이 연대하여 납부할 의무를 지게 된다. 즉, 한 명이 미납할 경우 다른 구성원에게도 납부 책임이 돌아갈 수 있다는 의미다.

지역가입자는 소득과 재산을 기준으로 건강보험료가 산정된다. 소득월액에 해당하는 소득은 근로소득, 사업소득, 금융소득(이자·배당), 연금소득, 기타소득이 모두 포함된다. 이는 직장가입자의 보수외 소득월액 기준과 동일하다. 지역가입자 역시 비과세 금융소득은 제외되고, 일반과세 금융소득이라도 연 1,000만 원 이하라면 소득월액에서 제외된다. 공적 연금소득 또한 50%만 소득으로 반영된다. 소득에 적용되는 보험료율 역시 직장가입자와 동일하게 7.19%(장기요양보험료 제외, 2026년 기준)다.

하지만 직장가입자가 소득만을 기준으로 보험료를 산정하는 것과 달리, 지역가입자는 재산도 함께 반영한다. 본인 명의의 부동산, 토지, 전세 및 월세 보증금 등이 모두 건강보험료 부과 대상이다. 이 재산들은 과세표준액 등의 기준으로 점수화되어 보험료에 추가된다. 즉, 소득이 낮더라도 재산 규모가 크면 보험료가 상당히 높아질 수 있다는 점이 지역가입자의 특징이다.

한편 건강보험료 납부 금액에는 월별 하한액과 상한액이 정해져 있다. 최소 얼마 이상, 최대 얼마 이하의 범위 안에서만 보험료가 결정된다는 뜻이다. 2026년 기준, 건강보험료 하한액은 월 20,160원이다.[1] 이는 보험료율 7.19%(장기요양보험료 제외, 2026년 기준)를 기준으로 계산했을 때 보수월액이 약 28만 원 이하인 경우 적용되며, 직장가입자와 지역가입자 모두에게 동일하게 적용된다.

반면 상한액은 항목에 따라 다르다. 2026년 기준, 지역가입자 전체 및 직장가입자의 보수외 소득월액에 대한 보험료는 월 4,591,740원이 상한이다. 직장가입자의 보수월액보험료(근로소득 기준)는 사업주 부담분까지 포함하여 월 9,183,480원이 상한이다.[2] 이처럼 직장가입자는 보수와 보수외 소득에 대한 상한액이 각각 적용되기 때문에 직장가입자 개인이 부담하는 최대 상한액은 약 918만 원 수준이다.

이제 질문을 던져보자. 금융소득에 포함되는 이자소득과 배당소득, 이 두 가지는 정확히 어떤 개념일까? 이 개념을 제대로 이해해야만 전략이 보이고, 설계의 방향이 선명해진다. 이어서 그 핵심을 풀어보겠다.

이자소득과 배당소득, 수익의 성격부터 이해하자

다섯 살이었던 나는 바쁜 엄마와 오랜만에 외출을 나섰다. 엄마 손을 꼭 잡고 들어간 건물은 은행이었다. 엄마는 나에게 소파에 잠깐 앉아 기다리라고 했다. 주위를 둘러보다 의자 아래로 고개를 숙여보았는데 손 닿는 곳에 500원짜리 동전이 있었다. 그 순간의 짜릿함과 보물을 발견한 듯한 들뜬 감정은 지금도 생생하다. 아마 어린 나이에 처음 경험한 강렬한 도파민이었을 것이다.

이처럼 은행은 우리의 어린 시절과 자연스럽게 엮여 있다. 초등학생 때는 매주 용돈을 저금했고, 졸업할 땐 저축한 금액과 함께 이자도 받았다. '이자'라는 단어는 그렇게 어릴 때부터 익숙했다. 그런데 사회에 나와 재테크를 시작하면서부터는 '배당'이라는 단어가

새롭게 등장한다.

앞서 살펴본 것처럼 금융소득은 크게 이자소득과 배당소득으로 나뉜다. 재테크를 처음 시작한 사람들에게는 둘 다 '수익'으로 들리기 때문에 비슷하게 느껴질 수 있다. 하지만 실제로는 개념과 구조에서 뚜렷한 차이가 있다. 이번에는 이자와 배당의 차이를 정리해 보자.

비슷해 보이지만 완전히 다른 두 개의 소득

이자는 내 돈을 누군가에게 빌려준 대가로 받는 금액이다. 흔히 '돈의 사용료'라고 부르는 이유가 여기에 있다. 은행에 예금을 하면 은행은 내 돈을 활용하는 대가로 약속된 이자를 준다. 은행은 이 돈을 다시 다른 고객에게 대출해 주고 더 높은 이자를 받는다. 채권도 마찬가지다. 국채나 회사채에 투자한다는 건 정부나 기업에 돈을 빌려주는 것이고, 그 대가로 정해진 이자를 받는 구조다. 이자의 핵심은 사전에 정해진 이율에 따라 정해진 시점마다 돈이 지급된다는 점이다.

반면 배당은 내가 투자한 기업이 수익을 냈을 때, 그 이익의 일부를 지분 비율만큼 나눠 갖는 것이다. 주식을 100주 보유한 회사가 주당 1,000원의 배당을 결정하면, 10만 원의 배당금을 받게 된다. 배당은 회사의 이익 여부와 경영 판단에 따라 결정되기 때문에 수익이 없거나 배당을 줄이기로 하면 받을 수 없기도 하다. 즉, 배당은 불확실성을 안고 있지만, 기업의 성장과 함께하는 수익이라는 점에서 매력이 있다. 요약하면 채권 투자로 얻는 수익은 이자, 주식 투자로 얻는 수익은 배당이다.

어떤 투자에서 어떤 소득이 발생하는가?

이자와 배당의 개념을 명확히 알게 되었으니, 이제 흔히 접하는 투자 수단별로 어떤 종류의 수익이 발생하는지 살펴보자.

첫째, 은행 예금이다. 은행에 예금하면 이자를 받는데, 가장 전형적인 이자소득이라 할 수 있다.

둘째, 채권을 직접 매수한 경우다. 채권은 단위가 크고 매입 절차가 번거롭지만, 직접 매수할 수 있다. 국고채나 회사채를 직접 사면 3~6개월마다 정기적으로 이자가 지급되는데, 이 역시 이자소득으로 분류된다.

셋째, 주식을 직접 매수하여 보유하는 경우다. 기업이 영업을 통해 수익을 창출한 후 주주에게 배당을 지급한다. 이때 얻는 수익은 배당소득이다.

넷째, 리츠도 배당소득이 발생하는 대표적인 상품이다. 리츠는 여러 투자자의 자금을 모아 상업용 부동산, 물류센터, 호텔 등에 투자하고, 그로부터 나오는 임대료나 매각 수익을 주기적으로 배당하는 구조다. 이 수익 역시 기본적으로 배당의 형태로 지급되기 때문에, 배당소득에 해당된다.

다섯째, ETF다. ETF는 주식, 채권, 부동산, 원자재 등 다양한 자산에 간접적으로 투자할 수 있는 종합 투자 수단이다. ETF에서 발생하는 수익은 '배당금'이라는 형태로 지급되며, 이 배당금은 실제로 배당에서 나올 수도 있고, 이자에서 나올 수도 있다.

그렇다면 ETF의 배당금은 이자소득일까, 배당소득일까? 처음 접하는 투자자라면 헷갈리기 쉽다. 여기에서 중요한 힌트는 ETF가 펀드를 주식처럼 거래할 수 있는 투자 수단이라는 점에 있다. ETF를 주식처럼 본다는 것인데, 주식에서는 배당이 발생한다. 그러므로 국내 ETF는 이자든 배당이든 상관없이 전액이 배당소득으로 분류된다. 이는 ETF가 펀드이면서도 주식처럼 취급되기 때문에 나타나는 현상이다.

그런데 이자소득과 배당소득은 모두 '금융소득'에 포함되기 때문에, 이처럼 세부적으로 구분하지 않아도 세금이나 건강보험료에 미치는 영향은 비슷하다. 그래도 내가 어떤 구조로 수익을 얻고 있는지를 정확히 이해하면 투자 판단의 깊이가 달라질 것이다.

이렇듯 같은 자산이라도 직접투자인지, ETF 투자인지에 따라 서로 다른 소득이 발생한다는 점을 살펴보았다. 직접투자를 통해서도 이자소득과 배당소득을 얻을 수 있지만, 여러 요소를 고려했을 때 월배당 ETF를 포함한 ETF 투자를 더 선호한다. 안정적인 현금 흐름, 분산투자 효과, 그리고 운용의 편리함 덕분이다. 종목을 종일

들여다볼 필요도 없다. ETF는 다른 투자 방법에 비해서 훨씬 더 매력적인 선택지인 셈이다.

그래서 다음 챕터에서는 ETF의 과세 방식을 보다 깊이 파헤쳐 보려 한다. 배당소득으로 과세된다고 설명했지만, 비과세가 적용되는 ETF도 있고 ETF를 담는 그릇에 따라 과세가 이연되는 구조를 가질 수도 있다. 이 차이를 이해하는 순간, 같은 ETF라도 손에 남는 수익은 완전히 달라질 수 있다. 앞으로 이어지는 내용에서 이러한 구조를 정확히 파악해 월배당 전략의 완성도를 높여보자.

04

ETF의 진짜 월배당, '그릇'에 달려있다

둘째 아들이 중2였을 무렵 예민한 시기를 보내고 있었다. 나까지 화를 내면 아들이 집을 나가버릴 것 같아, 마음을 다독이며 이야기를 들어주는 시간이 많았다. 그러던 어느 날, 둘째가 눈물을 글썽이며 말했다.

"엄마, 강아지가 너무 키우고 싶어요."

그 눈물에 마음이 흔들렸고, 결국 아들의 손을 잡고 반려견을 입양하러 갔다. 예방접종을 맞히고, 반려견 등록까지 마쳤다. 둘째 덕분에 우리 집에는 매일 꼬리가 안 보일 정도로 반겨주며 웃음을 주는 소중한 가족이 생겼다.

반려견이 가족으로 등록되는 순간 고유번호가 생기듯, ETF도

태어나는 순간 '세금 꼬리표'가 붙는다. 등록증을 스캔하면 보호자의 연락처가 나오듯, ETF에서 수익이 발생하면 그것이 비과세인지 배당소득인지, 양도소득인지 분류된다. 이 소득은 나를 따라다니며, 각종 세금과 건강보험료를 늘릴 수 있다. 그래서 우리는 ETF에서 발생하는 소득의 성격을 정확히 이해하는 것이 중요하다.

ETF를 매수하려면 먼저 증권사에서 계좌를 개설해야 한다. 이때 선택지는 다양하다. 일반 계좌를 열 수도 있고, ISA, IRP, 연금저축 계좌를 선택할 수도 있다. 마치 음식을 담을 '그릇'을 먼저 고른 후 그 안에 어떤 재료를 넣을지 결정하는 것과 같다. 일반 계좌라는 그릇에는 국내 ETF와 미국 ETF를 모두 담을 수 있지만, ISA·IRP·연금저축 계좌에는 국내 ETF만 담을 수 있다.

왜 같은 ETF도 계좌에 따라 세금이 달라질까?

국내외 ETF의 과세는 크게 네 가지로 구분할 수 있다. 양도소득 과세, 과세이연, 비과세, 배당소득세 과세다. 중요한 점은 '어떤 그릇에 담았는지'에 따라 동일한 ETF라도 세금이 완전히 달라질 수 있다는 것이다. 이를테면 배당소득으로 과세되는 ETF라도 ISA에 담으면, 비과세나 분리과세가 적용된다.

또한 양도소득세 과세와 비과세되는 경우는 건강보험료 산정 시 소득월액에 반영되지 않는다. 반면 배당소득은 건강보험료 산정 시 소득월액에 그대로 포함된다. 즉, 배당소득은 다른 금융소득과 합산해 연간 2,000만 원을 넘으면 종합과세 대상이 되며, 금융소득이 1,000만 원을 1원이라도 초과하면 그 전체 금액이 건강보험료 산정에 반영된다. 따라서 일반 계좌에서 배당소득이 발생해 금융소득이 2,000만 원을 넘으면 다음 해 종합소득에 합산되고, 1,000만 원을 초과하면 건강보험료까지 오를 수 있다.

결론은 명확하다. 투자자는 양도소득으로 분류되어 건강보험료에 영향을 주지 않는 ETF를 챙기거나, 과세이연·분리과세·비과세 혜택을 누릴 수 있는 '그릇'을 활용하여 배당소득의 영향을 줄이는 전략이 필요하다.

먼저, 양도소득으로 별도 과세되는 경우부터 보자. 가장 대표적인 예가 미국 ETF 매매 차익이다. 매매 차익이 발생하면 22%(지방소득세 포함)의 양도소득세를 내고 과세는 여기서 끝난다. 종합소득에 합산되지 않고, 건강보험료 산정 소득에도 반영되지 않는다. 세율만 보면 배당소득세 15.4%(지방소득세 포함)보다 약간 높지만, 종합소득세율이 높은 구간에 있는 투자자나 건강보험료 부과 기준선 근처에서 아슬아슬하게 버티고 있는 투자자라면 꽤 매력적인 선택지가 될 수 있다.

다만 유의해야 할 포인트가 있다. 매매 차익은 22%(지방소득세 포함)로 별도 과세되지만, 미국 ETF의 배당은 여전히 배당소득으로 분류된다는 사실이다. '매매차익은 양도소득, 배당은 배당소득'인 것이다.

다음은 과세가 이연되는 경우다. 연금저축이나 IRP처럼 연금 계좌에서 발생한 이자·배당·매매 차익은 즉시 과세되지 않고, 연금 수령 시점으로 과세가 미뤄진다. 이후 연금으로 받을 때는 3.3~5.5%의 낮은 연금소득세율이 적용된다. 물론 연간 수령액이 1,500만 원을 넘으면 종합과세로 전환될 수 있지만, 적립·운용 기간에는 금융소득세와 건강보험료 부담이 없다. 배당이 발생해도 마찬가지다. 세금과 건강보험료가 "나중에 보자"라며 잠시 대기실에 앉아 있는 셈이다.

마지막은 비과세로, 말 그대로 세금이 0원인 경우다. 대표 주자는 ISA다. ISA 계좌에서 발생한 수익은 200만 원(서민형은 400만 원)까지 비과세이며, 초과분은 9.9% 분리과세가 적용된다. 이 수익은 종합과세 대상에서 제외될 뿐 아니라, 건강보험료 산정 소득에도 포함되지 않는다.[1] 즉, ISA에서 ETF를 굴리면 배당이 발생하더라도 비과세 또는 낮은 세율로 처리되기 때문에, 종합소득세와 건강보험료 부담 모두에서 벗어난 '무풍지대'를 만들 수 있다.

결국 ISA, IRP, 연금저축 같은 '세금과 건강보험료 방패막이 계좌'를 잘 활용하면 ETF 운용 과정에서 다양한 혜택을 누릴 수 있다.

계좌는 그대로, 세금만 가벼워지는 ETF 선택법

나아가 일반 계좌로 운용하더라도, ETF 자체에서 비과세되거나 분리과세되는 ETF를 선택한다면 세금과 건강보험료 측면에서 상당 부분 절세 계좌와 유사한 이점을 누릴 수 있다. 소득세법 시행령 제26조의2 제4항에 따르면, 집합투자기구가 특정 조건을 충족하는 증권 또는 장내파생상품을 거래 및 평가하여 발생한 손익은 이익에 포함하지 아니한다고 되어있다. 여기에 해당하는 것이 바로 증권시장에 상장된 증권 및 위의 증권을 대상으로 하는 장내파생상품, 국내 커버드콜 옵션에서 발생한 이익이다.[2]

따라서 이 조항에 해당하는 ETF를 선택하면 일반 계좌에서도 일정 부분 비과세 혜택을 볼 수 있다. 예를 들어 주식형 ETF와 리츠형 ETF의 매매 차익은 비과세이며, 이는 ETF가 아닌 직접투자에서도 동일하다. 또한 ETF에서 발생하는 커버드콜 프리미엄 수익도 비과세다. 다만 커버드콜 ETF의 배당금에는 주식 배당금도 섞여 있을 수 있으며, 이 부분은 과세 대상임을 잊지 말아야 한다.

한편 직접투자에서 비과세되는 자산이지만, ETF로 담는 순간 과세가 발생하는 자산도 있다. 대표적으로 두 사례가 있다.

첫째, 채권이다. 개인이 채권을 직접 보유했다가 매도해 얻은 매매 차익은 비과세지만, 채권형 ETF에서는 채권 가격 상승분에 해당하는 자본차익이 배당소득으로 분류되어 15.4%(지방소득세 포함)를 납부해야 한다. 즉, 직접투자 시 비과세였던 채권 매매 차익도 ETF에 담기는 순간 과세 대상이 된다.

둘째, 환차익이다. 직접 환전을 통해 얻는 환차익은 비과세지만, 통화 ETF를 통해 동일한 환차익을 얻으면 15.4%(지방소득세 포함)의 배당소득세가 부과된다. 즉, 실물자산 직접투자에서는 비과세였던 소득도 ETF로 '포장'되는 순간, 자산에 따라 과세될 수 있다는 점을 유의해야 한다.

ETF의 국적이 바뀌면 세금도 달라진다

이제 국내 ETF와 미국 ETF의 수익 구조와 과세 방식을 살펴보자.

국내 상장 ETF는 국내 펀드로 분류되며, ETF의 배당·이자 등에 대해 15.4%(지방소득세 포함)의 세율로 원천징수된다. 다만 국내 주식 매매 차익 및 국내 장내파생 커버드콜 프리미엄 등은 앞서 설명한 대로 과세에서 제외된다.

해외 자산에 투자하는 국내 상장 ETF는 국내에 상장되어 있지만 해외 자산에 투자하는 ETF를 말하는데, 이 역시 매도 차익에 동일한 세율이 적용된다. 따라서 일반 계좌에서 국내 상장 ETF를 운용할 경우, 배당소득이 일정 금액을 넘으면 종합소득세에 합산되고 건강보험료 산정 소득월액에도 반영될 수 있다.

반면 미국 증시에 직접 상장된 미국 ETF에 투자하면 이야기가 달라진다. 이는 해외주식 투자로 분류되어, 한국 거주자가 미국 상장 ETF를 매도해 얻은 매매 차익에는 22%(지방소득세 포함)의 양도소득세가 부과된다. 다만 250만 원까지는 기본공제로 면세가 적용된다. 이 양도소득세는 앞서 설명한 것처럼 금융소득 종합과세나 건강보험료에는 영향을 주지 않는다.

그러나 배당은 예외다. 미국 상장 ETF에서 나오는 주식 배당은 미국에서 15%를 원천징수한 뒤 지급된다. 한국의 배당소득세율인 14%(지방소득세 제외)보다 미국에서 납부한 세금이 더 많기 때문에 추가로 납부할 세금은 없다. 다만 세금을 더 내지 않을 뿐, 국내에서는 세법상 여전히 배당소득에 포함된다. 또한 주식이 아닌 채권이자처럼 미국에서 세금을 떼지 않고 들어오는 배당금은 국내에서 배당소득세로 15.4%(지방소득세 포함)가 부가된다.

결국 ETF를 일반 계좌에서 매수하더라도 비과세되는 ETF를 잘 활용하고, 미국 ETF의 세금에 대해서 잘 이해한다면 소득세와 건강보험료가 달라질 수 있는 것이다. 특히 ISA, IRP, 연금저축 같은 절세 계좌를 활용하면 그 부담을 크게 줄일 수 있다. 다음 챕터에서는 이 세 가지 계좌를 어떻게 활용해야 하는지, 그리고 상황별로 어떤 전략이 진짜 월배당인 순월배당을 높이는 데 유리한지 구체적으로 살펴보겠다.

순월배당을 높이는 ISA, IRP, 연금저축 활용법

나는 어린 시절, 칭찬을 잘 듣지 못했다. 그나마 들었던 몇 안 되는 칭찬 중 하나가 바로, "복스럽게 잘 먹네"였다. 어린 마음에는 그 말이 진짜 칭찬처럼 들렸다. '잘 먹는 게 좋은 거구나.' 그렇게 믿고 자란 결과 초등학생 때부터 통통했고, 고등학교 2학년 때는 체중이 60kg까지 늘었다. 다행히 고3 때 13kg을 감량하는 데 성공하긴 했지만 그 이후로도 다이어트는 내 평생 숙제처럼 남았다.

다이어트를 하면서 나는 중요한 교훈 하나를 얻었다. 냉장고 곳곳에 있는 간식을 무심코 집어 먹고, 아무 그릇이나 골라 반찬이나 밥을 덜어 먹는 순간 '내가 얼마나 먹고 있는지'에 대한 감각이 완전히 사라진다는 사실이었다. 결국 이것이 과식으로 이어지는 가장 큰 지름길이었다. 다이어트에 성공하려면 매 끼니를 정해진 그릇에 담고, 눈으로 확인하며 칼로리를 계산해 먹는 습관이 무엇보다 중요하다는 점을 깨달았다.

ETF 투자도 다르지 않다. 비과세, 분리과세 같은 '좋은 그릇'이 있는데도 아무 계좌에 담아두고 수익이 났을 때 무심코 실현해버리면 그 순간엔 맛있는 음식을 마음껏 먹는 것처럼 달콤하게 느껴질 수 있다. 하지만 그 결과는 체중 증가처럼 무겁게 돌아온다. 세금 부담이 늘고, 건강보험료까지 오르며 수익을 갉아먹는 것이다.

ETF 수익을 지키는 가장 쉬운 방법, 계좌부터 바꿔라

ISA, IRP, 연금저축 같은 좋은 절세 '한 그릇'에 ETF를 담는다면 이야기가 달라진다. 세금은 늘지 않고 건강보험료도 오르지 않으며, 실질 수익은 더 커질 수 있다. 어떤 계좌에 담느냐에 따라 합리적인 절세와 절약으로 이어지는 셈이다.

강남에서 상담했던 고객, 박 사장님을 기억할 것이다. 추운 겨울날, 히터로 손을 녹이며 그의 금융소득 설계를 마무리하던 그 장면 속 박 사장님 말이다. 박 사장님은 나의 조언대로 비과세나 분리과세가 적용되는 절세 그릇에 투자 상품을 담는 전략을 택했다. 그로 인해 해당 계좌에서 발생한 수익은 종합과세 대상에서 제외되었다. 세금을 추가로 낼 필요도, 건강보험료가 오를 걱정도 없었다.

이처럼 절세 계좌를 통한 ETF 투자를 하지 않을 이유가 없다. 특히 월배당 ETF를 활용할 때도 ISA 계좌를 통해 배당을 수령하는 방식을 택하면 세금과 건강보험료 측면에서 유리한 구조를 만들 수 있다.

그렇다면 실제로 ISA, IRP, 연금저축 계좌를 통해 월배당 ETF를 운용하면 어떤 방식으로 세금과 건강보험료를 절약할 수 있는지 하나씩 살펴보겠다.

ISA가 월배당 투자자에게 특히 유리한 이유

ISA(개인종합자산관리계좌)는 이름 그대로 '만능통장'이라 불릴 만한 강력한 절세 수단이다. 2016년에 도입된 ISA는 하나의 계좌 안에서 예금, 펀드, 주식, ETF까지 자유롭게 운용하며 세금 감면 혜택을 누릴 수 있도록 설계됐다. 가입 후 3년 이상 유지해야 혜택을 받을 수 있으며, 가입자의 조건에 따라 '일반형'과 '서민형(농어민형 포함)'으로 나뉜다.

ISA의 가장 큰 장점은 운용수익 200만 원까지 비과세가 적용된다는 점이다. 서민형과 농어민형은 그 한도가 400만 원까지 늘어난다. 이를 초과한 수익은 9.9%(지방소득세 포함)의 낮은 세율로 분리과세가 적용된다. 참고로 일반적인 이자와 배당소득세율은 15.4%(지방소득세 포함)이므로, ISA는 세율을 거의 '다이어트 수준'으로 낮춰주는 셈이다. 게다가 종합소득에 합산되지 않으니, 금융소득 종합과 세나 건강보험료 산정 소득에서도 제외된다.

예를 들어 ISA에서 예금이자 100만 원과 ETF 배당소득 150만 원이 발생했다면 총 250만 원 중 200만 원은 세금 0원, 나머지 50만 원에만 9.9% 세금이 붙는다. 일반 계좌였다면 250만 원 전액에 15.4%(지방소득세 포함) 세금이 부과됐을 텐데, ISA 덕분에 세 부담이 확 줄어드는 것이다. 납부한 세금을 확인했을 때 기분이 좋아지는 이유가 바로 여기에 있다.

건강보험료 측면에서도 ISA는 '효자통장'이다. 한 고객이 ISA에 매년 2,000만 원씩 5년간 총 1억 원을 납입하고, 5년 차에 월배당 ETF로 연 1,200만 원의 수익을 올렸다고 해보자. 이 중 200만 원은 세금과 건강보험료 모두 면제다. 나머지 1,000만 원도 9.9%(지방소득세 포함)의 분리과세만 내면 끝이고, 건강보험료 산정에는 역시 반영되지 않는다. 금융소득 1,000만 원 또는 2,000만 원의 마지노선을 지키고 싶은 투자자에게 ISA만큼 전략적인 수단도 드물다.

물론 제약도 있다. ISA의 연간 납입 한도는 2,000만 원이어서 1억 원을 한 번에 넣을 수 없다. 다만 미사용 한도는 다음 해로 이월 가능하다. ISA는 가능하면 '일찍 개설하여 오래 쓰는 것'이 유리하며, 배우자와 자산을 나눠 관리하는 전략도 꽤 효과적이다.

다만 ISA에서는 배당금만 따로 빼 쓰는 건 어렵고, 원금을 인출한 뒤 배당을 재투자하는 식으로 운영해야 한다. 조금 번거롭지만 절세 효과를 생각하면 충분히 감수할 만한 불편이다.

장기투자에서 가장 강력한 절세 도구, 연금저축과 IRP

ISA가 중·단기 자금을 위한 절세 계좌라면, 연금저축과 IRP는 장기 자산 증식과 절세 전략의 핵심 도구이다. 두 상품 모두 사적연금 형태이며, 납입·운용·수령 전 과정에서 세제 혜택을 제공한다.

연금저축과 IRP의 장점은 크게 두 가지다.

첫 번째 장점은 세액공제 혜택이다. 연금저축은 연 600만 원까지, IRP는 연금저축을 포함해 최대 연 900만 원까지 세액공제가 가능하다. 세액공제율은 소득 수준에 따라 13.2%(지방소득세 포함) 또는 16.5%(지방소득세 포함)가 적용된다. 가령 한 근로자가 IRP에 연 900만 원을 납입했다면 최대 148만 5,000원의 세금을 돌려받을 수 있다. 세금 환급 금액을 확인하는 순간, 미소가 절로 나오는 이유다. 그러니 이 한도는 가능하면 꼭 채우는 편이 유리하다.

두 번째 장점은 운용 중 발생한 수익에 대한 과세이연 효과다. 연금 계좌 안에서는 ETF 배당소득, 예금이자 등이 발생해도 세금을 바로 내지 않는다. 전부 계좌 안에서 재투자할 수 있어 복리 효과가 극대화된다. 이 차이는 시간이 지날수록 눈에 띄게 벌어진다. 일반 계좌는 수익이 날 때마다 세금을 떼가지만, 연금 계좌는 "잠깐만, 나중에 받을게"라며 이자를 불릴 시간을 벌어준다. 결국 연금 계좌는 세액공제와 과세이연이라는 장점을 갖춘 계좌다.

물론 주의할 점도 있다. 이 혜택은 55세 이후 일정 기간에 걸쳐 연금 형태로 받을 때만 유지된다. 또한 연금 수령액이 연 1,500만 원을 넘으면 종합과세 또는 분리과세를 선택해야 하고, 중도 해지 나 조기 인출 시에는 기타소득세 16.5%(지방소득세 포함)를 내야 한 다. 따라서 55세 이전에 자금을 사용할 계획이라면, ISA가 더 현명 한 선택이 될 수 있다.

마지막으로, 계속 강조한 것처럼 세금이나 건강보험료를 아끼 는 것도 중요하지만, 그 과정에서 수익 기회를 과도하게 포기해서 는 안 된다. 핵심은 미리 구조를 알고 준비하여 합리적 전략을 세우 는 데 있다. 같은 금융소득이라도 어떤 '그릇'에 담느냐에 따라 내 손에 남는 몫이 달라지기 때문이다.

절세 계좌와 월배당 ETF, 최적의 조합은 무엇일까?

오랜 기간 마일리지를 모아 처음으로 비즈니스 클래스 비행기를 예약했다. 설렘을 안고 탑승을 기다리는데, 방송이 울린다.

"싱가포르행 비행기, 비즈니스 클래스 먼저 탑승합니다."

탑승 안내 방송이 울리자마자 줄을 설 필요 없이 바로 탑승 구역으로 들어섰다. 특별 혜택이 있으니 기다릴 이유가 없었다.

ETF에도 이렇게 특별한 혜택이 적용되는 상품이 있다. 매매 차익이나 배당에 대해서 비과세가 적용되는 ETF가 바로 그것이다. 국내 주식형 ETF, 리츠형 ETF, 그리고 커버드콜형 ETF가 여기에 해당한다.

그렇다면 이런 질문이 나올 수 있다.

"이 ETF를 ISA, IRP, 연금저축 같은 절세 계좌에 담으면 더 유리할까?"

비즈니스석 티켓을 가지고 있으면서도 굳이 이코노미 줄에 서는 건 시간 낭비다. 이미 세금이 0%인 상품을 절세 계좌에 넣으면, 소중한 절세 한도만 낭비하는 것이다. 그 한도는 세금을 꼬박꼬박 떼어가는 ETF에 양보하는 것이 현명하다.

국내 커버드콜 ETF는 왜 일반 계좌가 더 유리할까?

KODEX 200타겟위클리커버드콜 등 국내 주가지수를 기초자산으로 하는 커버드콜 월배당 ETF가 지급하는 배당금 가운데, 커버드콜 전략에서 발생한 수익은 일반 계좌에서도 비과세 혜택이 적용된다.

물론 배당금 중 주식 자체에서 발생한 배당소득에는 15.4%(지방소득세 포함)의 배당소득세가 부과된다. 하지만 커버드콜 월배당 ETF의 배당 중 주식 배당이 차지하는 비중은 높지 않다. 말하자면 '메인 요리'가 아니라 '곁들임 반찬'에 가깝다.

실제로 KODEX 200타겟위클리커버드콜 ETF는 2025년 기준, ETF의 총 배당금 중 과세로 잡힌 비율이 전체 배당금의 약 12%에 불과하다.[1] 이런 구조를 고려하면 ISA에 이미 비과세 성격을 갖춘 커버드콜 ETF를 넣는 것은 절세 효과가 거의 없다. 연간 입금 한도만 차지하는 셈이다. 다만 위안이 되는 지점은, ISA의 비과세와 분리과세는 '과세 대상 이익'에만 적용되므로, 원래 비과세인 수익은 절세 한도는 깎아먹지는 않는다는 점이다.

연금저축이나 IRP는 사정이 더 심각하다. 운용할 때는 세금이 없지만, 인출할 때는 연금소득세(3.3~5.5%)가 부과되기 때문이다. 일반 계좌에서는 세금을 내지 않아도 될 수익이 연금 계좌에 넣는 순간 과세 대상으로 변신하는 셈이다.

예컨대 KODEX 200타겟위클리커버드콜 ETF를 연금저축에 넣었다고 해보자. 은퇴 후 연금으로 받을 때 3.3~5.5% 세금이 불쑥 붙는다. 일반 계좌였다면 애초에 세금 부담이 거의 없었을 텐데 말이다.

"그럼 절대 넣으면 안 되는 걸까?"

꼭 그렇진 않다. 앞서 살펴본 바와 같이 국내 주식형 커버드콜 ETF라도 일부는 주식 배당소득이 있을 수 있기 때문에, ISA나 연금 계좌에 넣으면 배당소득세 15.4%(지방소득세 포함)를 줄이는 절세 효과는 있다. 다만 그 규모가 크지는 않다.

정리하면, 국내 주식형 커버드콜 월배당 ETF는 이미 '세금과 건강보험료의 효자상품'이다. 굳이 ISA나 연금저축에 넣기 보다는, 일반 계좌에서 운용하는 것이 효율적이다. 세금이 거의 0%인 배당을 굳이 연금 계좌로 넣어 나중에 세금 '3.3~5.5%'를 낼 이유가 없기 때문이다.

해외 커버드콜 ETF는 절세 계좌에서 빛난다

반면 미국 등 해외 자산에 투자하는 국내 커버드콜 ETF는 구조가 다르다. 국내형과 달리 해외형은 세금 측면에서 일반 계좌에서는 '배당소득세'라는 벽을 정면으로 마주해야 한다. 이 차이를 정확히 이해하는 게 핵심이다.

TIGER 미국나스닥100타겟데일리커버드콜 ETF를 국내 증권사의 일반 계좌에서 샀다고 가정하자. 나스닥100 종목에 투자하며 커버드콜 전략으로 매달 배당을 지급하지만, 문제는 국내 세금이다. 월배당이 국내에서 '배당소득'으로 인식되어 15.4%(지방소득세 포함)의 세금이 원천징수된다. 게다가 배당 규모가 커져서 연간 2,000만 원을 넘는다면? 종합과세에 포함되어 더 높은 세율을 맞을 가능성까지 생긴다.

그러나 ISA, IRP, 연금저축 같은 절세 계좌를 쓰면 상황이 달라진다. 커버드콜 배당금의 상당 부분은 '옵션 프리미엄'이 차지하는데, 미국 세법상 외국인 투자자에게 원천징수하지 않는 경우가 일반적이다. 그래서 이 배당을 일반 계좌로 받을 때는 국내 세법에 따라 15.4%(지방소득세 포함)가 과세되어 입금되지만, 절세 계좌에선 과세 없이 전액이 계좌에 쌓인다.

다만 해외 '주식' 배당은 ISA, IRP, 연금저축에서 운용하더라도 미국에서 15%가 원천징수된다.[2] 외국납부세액공제를 활용하여 이중과세는 막을 수 있지만, 이미 빠져나간 세금만큼 복리 효과는 줄어드는 셈이다. 즉, 미국 투자 커버드콜형 ETF는 절세 계좌에서 운용할 때 복리 효과가 극대화되는 것이다.

정리하면 이렇다. 국내 커버드콜 ETF는 이미 세제 혜택이 있으니, 일반 계좌에 두는 게 더 효율적이다. 반면 해외 커버드콜 ETF는 일반 계좌에서 15.4%(지방소득세 포함)의 배당소득세가 부과되니, 절세 계좌(ISA, IRP, 연금저축)가 유리하다. 이처럼 같은 월배당을 받더라도 세금이 과도하게 붙고, 건강보험료까지 늘며, PR마저 마이너스가 된다면, 겉으로는 남는 것처럼 보여도 실제로는 남는 게 없다.

하지만 이제는 다르다. 절세 방법과 건강보험 가입자 유형별 금융소득 임계치를 알게 되었고, 3세대 커버드콜 전략까지 이해했으니 순월배당을 크게 키울 수 있는 무기를 손에 쥔 셈이다. 남은 일은 단 하나, 그 무기를 들고 자신에게 맞는 ETF를 선택해 나서는 것이다.

4장

미국 ETF와 국내 ETF, 수익을 가르는 진짜 변수

01

달러와 원화, 통화 선택이 수익을 바꾼다

3장에서 이야기한, 은행 의자 밑 500원 동전의 짜릿함. 그날 느낀 강렬한 도파민은 내 기억 속에 오래 남았다. 아마도 그때부터 은행이라는 공간이 내게 특별한 의미로 자리 잡았던 것 같다.

그래서였을까. 학교를 졸업하고 선택한 첫 직장은 은행이었다. 지금은 역사 속으로 사라졌지만, 당시만 해도 은행 이름에 '외환'이라는 단어가 붙어 있었다. 이국적인 그 이름 덕분에 자연스럽게 외환 관련 업무와 상품을 접했고, 달러로 투자하는 역외 펀드를 소개하는 일도 어렵지 않게 해낼 수 있었다.

특히 시장이 흔들리며 원화 가치가 약세로 기울 때 달러 투자 펀드는 포트폴리오의 든든한 보험 역할을 했다. 지금도 은행 창구에서 역외 펀드를 가입할 수 있지만 요즘 투자자들은 훨씬 더 직접적이고 효율적인 길을 택한다. 바로 미국 ETF다. 달러로 투자한다는 점에서는 역외 펀드와 비슷하지만, 미국 ETF는 투명한 구조, 상대적으로 낮은 보수, 편리한 매매라는 ETF의 장점을 한꺼번에 누릴수 있다.

달러로 사는 월배당 ETF, 미국 ETF의 등장

2024년 말 기준, 한국 투자자들의 해외 주식 계좌 잔액은 약 1,200억 달러로 집계된다.[1] 해외 주식 계좌 수는 710만 개 안팎,[2] 월간 거래대금은 무려 90~100조 원에 이른다.[3] 성인 인구의 약 15%가 해외 주식 계좌를 보유하고 있는 셈이다. 이제 해외 투자는 더 이상 일부 마니아의 선택이 아니라, 일상적인 선택지가 되었다.

월배당 ETF도 마찬가지다. 국내 증시에 상장된 상품을 택하는 투자자도 많지만, 본고장인 미국 시장의 ETF를 직접 매수하는 이들도 늘고 있다. 클릭 몇 번이면 뉴욕 증시와 연결되는 시대가 됐다.

물론 앞서 언급한 대로 미국 ETF에 직접 투자해 본 사람이라면 달러로 거래해야 한다는 사실을 이미 알고 있을 것이다. 원화가 아니라 달러로 투자하는 만큼, 원화를 달러로 환전하는 과정이 필요하다. 예컨대 미국의 인기 월배당 ETF인 QYLD, JEPI, TLTW 등을 사려면 원화를 달러로 바꿔 매수해야 한다. 반면 국내 증시에 상장된 월배당 ETF인 TIGER 미국나스닥100타겟데일리커버드콜, KODEX 200타겟위클리커버드콜 ETF 등은 원화로 바로 거래할 수 있다.

다만 여기서 하나 짚고 넘어가야 할 점이 있다. 국내 운용사는 투자자로부터 원화로 ETF 자금을 받지만, 실제 투자 단계에서는 그 원화로 달러를 사서 미국 자산에 투자한다. 투자자 입장에서는 직접 환전하느냐, 운용사를 통해 간접 환전하느냐의 차이만 있을 뿐 결국 달러로 자산에 투자하고 있다는 점은 같다.

같은 10% 수익, 환율에 따라 다른 결과

이 차이는 최종 수익률에 꽤 큰 흔적을 남길 수 있다. 바로 환율 때문이다. 미국 월배당 ETF에 투자한다는 건 곧 환노출 포지션을 함께 떠안는다는 의미다. 달러 가치가 오르면 환차익이 붙어 수익이 커지지만, 달러 가치가 떨어지면 환차손이 발생해 수익이 줄어든다.

다음의 경우를 보자. 환율이 1달러에 1,300원일 때 1만 달러를 투자해 10% 수익을 거뒀다고 하자. 달러 기준으론 1,000달러 이익이다. 그런데 환율에 따라 원화로 손에 쥐는 금액은 달라진다.

- 환율이 1,200원으로 내려가면 → 1,000달러 이익은 약 1,200만 원

(예상했던 1,300만 원보다 줄었다.)

- **환율이 1,400원으로 오르면 → 1,000달러 이익은 약 1,400만 원**
  (환율 덕분에 수익이 더 불어났다.)

같은 달러 수익이라도 환율 변화에 따라 원화 기준 수익은 이렇게 널뛰기를 한다. 달러 강세 땐 기분 좋지만, 달러 약세 땐 괜히 억울해지는 이유다.

그렇다면 국내 월배당 ETF는 환율을 전혀 신경 쓰지 않아도 될까? 정답은 "경우에 따라 다르다"이다. 국내 자산에 투자하는 ETF라면 환율을 의식할 필요가 없다. 국내 주식이나 채권은 애초에 원화로 가치가 매겨지니, 달러가 1,200원이든 1,400원이든 내 수익률에는 영향을 주지 않는다.

하지만 국내 상장 ETF라도 해외 자산에 투자한다면 이야기가 달라진다. 바로 환헤지 여부 때문이다. 어떤 상품은 환율 변동을 막아주고, 어떤 상품은 그대로 노출된다. ETF 이름을 잘 들여다보면, 괄호 속에 'H'가 붙은 상품과 그렇지 않은 상품이 있다. 이름에 '(H)'가 붙어 있다면 환헤지형으로, 원·달러 환율 변동이 ETF 수익률에 미치는 영향을 상당 부분 차단해 준다. 반면 이름에 '(H)'가 없다면 환노출형으로, 달러 가치가 오르내린 만큼 ETF 가치도 같이 움직인다.

예를 들어 'TIGER 미국나스닥100타겟데일리커버드콜 ETF'를 보자. 이름에 H가 없다. 이 경우 기초지수는 달러로 계산되지만,

ETF 가격은 원화로 책정된다. 즉 환노출형으로, 원·달러 환율 변동까지 고스란히 가격에 반영된다. 투자자는 H가 없는 ETF를 선택했을 뿐인데, 사실상 달러 자산에 투자한 효과까지 얻게 되는 셈이다.

정리하면 이렇다. 미국 ETF에 직접 투자하면 달러로 거래하므로 기본적으로 환노출 포지션이다. 환헤지를 원한다면, 투자자 본인이 별도의 FX 거래로 환헤지를 해야 한다. 반대로 국내 상장 ETF를 통해 해외 자산에 투자한다면, 상품 이름에 H가 있냐 없냐로 환율 노출 여부가 결정된다. 환헤지 여부를 투자자가 처음부터 선택할 수 있는 구조인 것이다.

국내 ETF와 미국 ETF, 무엇을 선택할까?

그렇다면 미국 달러로 직접 사는 월배당 ETF가 유리할까, 아니면 원화로 거래하는 국내 월배당 ETF가 유리할까? 안타깝지만 "둘 중 하나가 무조건 낫다"라고 단정할 수는 없다. 각각 부담해야 하는 비용과 환헤지의 번거로움, 그리고 거래 편의성에서 차이가 나기 때문이다. 다음의 차이점을 살펴보고 자신의 투자 스타일에 맞게 선택하면 된다.

먼저 환헤지부터 보자. 미국 상장 ETF는 기본적으로 환율 변동에 그대로 노출된다. 달러 노출이 마음에 들지 않는다면, 투자자가 별도로 헤지 포지션을 잡아야 한다. 달러 가치가 떨어질 때 수익이

나는 통화 ETF나 FX 파생상품을 활용해 달러선물을 매도하는 식이다. 문제는 이 과정이 생각보다 단순하지 않다는 데 있다. 거래는 복잡해지고, 관리해야 할 자산이 하나 더 늘어나며, 당연히 추가 자금도 필요하다. 그럼에도 불구하고 환율 변동이 너무 신경 쓰인다면, 직접 환헤지를 병행할 수밖에 없다.

두 번째는 거래 비용이다. 미국 ETF를 사려면 원화를 달러로 바꿔야 한다. 이 과정에서 환전 수수료가 발생한다. 은행 창구 기준으로 왕복 1.8% 정도의 비용이 붙을 수 있지만, 다행히 대부분의 증권사와 은행은 환율 우대를 해준다. 환율 우대를 50%만 받아도 왕복 비용은 0.9% 수준으로 뚝 떨어진다. 그러니 미국 ETF를 살 계획이라면, 절대 '환율 우대 쿠폰'을 놓치지 말아야 한다.

비교해 보자. 환전 우대를 전혀 받지 못해 왕복 1.8%를 그대로 낸다면, 사실상 국내 환헤지형 ETF의 연간 환헤지 비용(약 2%)과 비슷해진다. 반대로 환율 우대를 잘 챙긴다면, 미국 ETF의 추가 비용은 꽤 줄어든다.

- 미국 ETF → (환율 우대 50% 기준) 왕복 약 총 0.9% 환전 수수료 발생
- 국내 환노출 ETF → 환전 수수료 없음
- 국내 환헤지형 ETF → 연 2% 내외 환헤지 비용 발생

세 번째는 환전의 자율성이다. 미국 ETF는 환전 타이밍을 투자자가 직접 정할 수 있다. ETF를 매도해 달러로 이익이 생겼더라도

군이 그날 원화로 환전하지 않아도 된다. 환율이 불리하면 달러로 들고 있으면서 '환율 반등'을 기다릴 수도 있다.

반면 국내 환노출 ETF는 이런 선택권이 없다. ETF를 매도하는 순간, 환율이 즉시 반영되어 원화로 정산된다. 그래서 자산가격과 환율을 따로 보고, 각각 유리한 타이밍을 고르는 '투트랙 전략'이 불가능하다.

물론 환전 시기의 자율성 측면에서 늘 미국 ETF가 유리한 건 아니다. 미국 ETF 투자자는 자산 매도 시점과 환전 시점을 모두 고민해야 한다. 시장 흐름과 환율 흐름을 동시에 예측해야 한다는 부담이 따른다. 그러나 잘 맞히면 두 마리 토끼를 잡을 수도 있다. 반대로 국내 환노출 ETF는 환율과 자산 가치가 동시에 반영되어 '자동 완충 작용'이 일어날 때도 있다. 미국 주식이 급락했지만 원·달러 환율이 급등하면서 환차익이 자산가격 하락분을 일부 상쇄해 주는 경우가 대표적이다. 이럴 땐 "환율 덕 좀 봤네"라고 말할 수 있다.

결국 달러로 직접 투자하는 미국 ETF냐, 원화로 투자하는 국내 ETF냐는 투자자의 성향과 상황에 달려 있다.

- 환율 전망에 자신 있고 추가 관리도 감수할 수 있다면 → 미국 ETF+ 직접 환율 관리
- 환율 변동의 스트레스를 줄이고 싶다면 → 국내 환헤지형 ETF
- 환노출로 포트폴리오 보험 효과를 누리면서도 원화로 편리하게 거래하고 싶다면 → 국내 환노출 ETF

미국과 국내 월배당 ETF의 가장 큰 차이는 결국 투자 통화가 달러냐, 원화냐의 문제다. 같은 자산에 투자하더라도 환율과 비용, 편의성에 따라 내 손에 남는 수익은 달라진다. 중요한 건 "어떤 방식이 유리하냐"가 아니라 "내가 어떤 방식을 감당할 수 있느냐"다. 달러냐 원화냐의 방향을 정했다면, 이제는 언제, 어디서, 어떻게 거래할지를 고민할 차례다.

국내 vs 미국 월배당 ETF,
무엇이 나에게 맞을까?

신용카드를 긁고 또 긁어모은 마일리지는 아들과 함께 대륙을 넘나들 수 있을 만큼 쌓여 있었다. 2023년 7월, 나는 드디어 뉴욕의 월스트리트를 직접 보기 위해 비행기에 올랐다. 뉴욕에 도착했을 때만 해도 설렘이 시차 따위는 가뿐히 이겨낼 것 같았다. 몸도 금세 적응한 듯했다. 그런데 웬걸, 여행 내내 오후 두세 시만 되면 어김없이 눈꺼풀이 무겁게 내려앉았다. 시차 적응은커녕 매일 졸음을 이기느라 진땀을 빼야 했다.

이 경험은 투자에도 그대로 겹친다. 우리가 미국 월배당 ETF에 투자한다는 건, 비행기에 몸을 싣지 않아도 시차를 몸소 감수해야 한다는 뜻이다. 미국 정규장은 서머타임 적용 시 한국 시간으로 밤 10시 30분부터 다음날 새벽 5시까지, 서머타임 해제 후에는 밤 11시 30분부터 다음날 오전 6시까지 열린다.

밤에 움직이는 시장, 낮에 움직이는 시장

낮에는 일하고 밤에는 자는 평범한 사람들에게, 이 시간대에 미국 ETF를 매매한다는 건 결코 간단한 일이 아니다. 말 그대로 '밤샘반 투자자'가 되어야 한다. 이를테면 인기 있는 미국 월배당 ETF인 JEPI를 매수하려면 한국 시각으로 밤 11시쯤 컴퓨터나 모바일을 켜야 한다. 평소 밤 10시에 자고 아침 6시에 일어나는 생활 패턴이라면 이 시간대는 이미 깊은 잠에 빠져 있을 때다. 결국 억지로 수면시간을 줄이거나 알람을 맞춰 야간 알바 가듯 깨어나 거래해야 한다.

나 역시 미국 ETF를 거래할 땐 미리 마음을 다잡고 밤 시간을 비워두거나 차라리 프리마켓에 미리 주문을 넣어두고 잠든 적도 있다. 문제는 이런 야간 거래가 생활 패턴을 흔들어놓는다는 점이다. 수면 사이클이 깨지고, 반쯤 졸린 상태에서 매매 버튼을 누르다 보면 "내가 방금 뭘 샀지?"하는 아찔한 순간을 맞을 수도 있다.

게다가 시장 상황을 실시간으로 모니터링하기 어렵다는 점도 부담이다. 거래량이 가장 몰리는 시간은 미국 정규장인데, 이 시간대에 깨어 있지 못하다면 시장 접근성은 그만큼 떨어진다. 말 그대로 미국 ETF는 야행성 투자자에게 유리한 시장인 셈이다.

이러한 불편을 줄이기 위해 국내 증권사들은 미국 ATS인 '블루오션'의 데이 마켓$^{Day\ Market}$을 연계해 우리나라 낮 시간에도 미국 주식과 ETF를 거래할 수 있도록 서비스를 제공했었다. 하지만 2024년 8월 5일, 급락장에 블루오션 측이 약 6,300억 원 규모의 체결 주문을 일괄 취소하는 사태가 발생했고, 국내 증권사들은 같은 달 중순을 전후해 주간 거래 서비스를 전면 중단했다. 이후 2025년 11월부터 투자자 보호 장치를 강화하고 체결처를 다변화하는 방식으로 거래가 재개되었다. 주간 거래가 다시 열렸지만 체결·정정·취소 리스크는 구조적으로 여전히 존재하므로, 주문 실행 경로와 체결 규칙을 확인하고 활용하는 것이 중요하다.[1]

반면 국내에 상장된 월배당 ETF는 훨씬 편하다. 한국 증시는 평일 오전 9시부터 오후 3시 30분까지 열리므로, 직장인도 점심시간에 커피 한 잔 들고 거래할 수 있다.

KODEX 200타겟위클리커버드콜 ETF 같은 국내 상장 월배당 ETF를 갖고 있다면, 낮 시간에 매도하거나 추가 매수하는 관리가 한결 수월하다. 무엇보다 밤에 알람을 맞추거나 일상의 리듬을 깨뜨릴 필요가 없다. 정리하자면, 미국 ETF는 '밤샘반 투자자'를 요구하지만, 국내 ETF는 '주간반 투자자'에게 친화적이다.

투자 난이도를 가르는 요소들

사실 통화와 거래 시간 외에도 중요한 두 가지 차이점이 있다.

첫 번째는 투자 정보의 접근성이다. 미국 월배당 ETF는 공시, 뉴스, 리포트 등 대부분이 영어로 제공된다. 따라서 미국 ETF 투자자는 글로벌 경제뉴스를 꾸준히 챙겨보고, 영어 자료를 해석할 수 있어야 한다. 특히 운용전략 변경이나 배당 정책 변화 같은 예기치 못한 이슈가 생겼을 때, 빠르게 해외 뉴스나 관련 공시 등의 자료를 해석해 대응해야 한다. 운용사에 직접 문의할 때도 영어로 소통해야 한다. 그런 점에서 "정보는 있는데, 내 눈에는 안 보인다"라는 장벽이 존재하는 것이다.

반면 국내 월배당 ETF는 모든 정보가 한국어다. 상품 설명서, 투자보고서, 배당금 공시까지 부담 없이 접근할 수 있고, 각종 국내 커뮤니티에서도 정보 교류가 활발하다. 궁금한 점이 있으면 검색 몇 번으로 쉽게 답을 얻을 수 있고, 운용사나 증권사 고객센터에 전화하면 한국어를 바로 안내받을 수 있다. 초보 투자자로서는 이만큼 든든한 환경도 없다. 언어 장벽이 없다는 것만으로도 투자 판단의 피로도는 크게 낮아진다.

두 번째는 거래 비용이다. 투자 관리에서 무시할 수 없는 부분이 바로 거래 비용이다. 미국 ETF와 국내 ETF는 이 비용 구조부터 다르다.

국내 ETF의 매매 수수료는 보통 0.01~0.15% 수준이고, 신규

구분	미국 ETF	국내 ETF
거래 시간	야간 거래 중심 (수면·생활 패턴 영향 큼)	주간 거래 가능 (일상 리듬 안에서 거래 용이)
통화	해외주식 계좌 개설 및 달러 환전 필수	국내 계좌만으로 원화 투자 가능
정보 접근성	영어 자료 중심으로 글로벌 이슈 파악 필요	한국어 자료 풍부, 국내 커뮤니티 활성화
거래 수수료	대체로 높은 편	비교적 낮은 편(이벤트 시 0.01%~ 무료)
환전 비용	환전 수수료 발생(왕복 0.4~0.9% 수준) 및 환율 변동 리스크	환전 비용 없음 (환헤지형은 ETF 내 비용 발생)
상품 다양성	상장 종목·전략·테마 매우 다양	상장 종목 증가 중이나 미국 시장 대비 제한적
대응	변동성·호가·전략 폭 넓지만 야간 실시간 대응 부담	국내 시장 변동 시 즉각 대응 가능하지만, 야간 글로벌 이슈 대응에 시차 발생

고객에게는 몇 달간 무료 혜택을 주는 증권사도 많다. 예컨대 키움 증권의 경우, 온라인 거래 시 국내 주식 수수료는 0.015%다. 반면 미국 ETF는 0.25%로, 국내 대비 10배 이상 비싸다.

다행히 요즘은 증권사들이 경쟁적으로 해외 주식 수수료 할인 이벤트를 제공한다. 하지만 이 이벤트 기간이 끝나면, 다시 높은 수 수료를 내야 한다는 점을 잊지 말자. 결국 '미국 ETF 직구'는 배송 비 대신 수수료가 붙는 구조라고 보면 된다.

월배당 ETF 정보,
어디서 무엇을 확인할 것인가?

퇴사를 결심할 즈음, 나는 처음으로 챗GPT를 접했다. 여러 기능을 시험해 보던 중 GPTs가 출시되었다는 소식을 들었을 때 심장이 두근거렸다.

'이제 나를 AI PB로 만들 수 있겠구나!'

그 기대감에 나는 곧장 '머니부띠끄 GPTs'를 만들기 시작했다. 각종 규칙을 빼곡히 적어 넣고 학습시킨 후 질문을 던졌다.

"뭘 도와줄 수 있어?"

그러자 AI는 기다렸다는 듯 막힘 없이 대답을 내놓았다. 하지만 곧 깨달았다. 정보는 빠르게 가져오지만 정확도는 생각보다 들쭉날쭉하다는 사실을. 그래서 잠시 학습을 멈췄다. 물론 ETF 정보가 궁금할 때 챗GPT 같은 생성형 AI를 활용하는 것은 매우 유용하다. 다만 AI를 활용하는 것만으로는 충분하지 않다. AI의 정보는 편리한 첫걸음일 뿐, 스스로 탐색해 확인하는 과정이 반드시 필요하다. 그 과정에서 더 많은 인사이트를 얻을 수 있기 때문이다.

ETF 정보, 어디서 어떻게 확인할까?

월배당 ETF 정보를 직접 확인할 수 있는 가장 실용적인 방법은 크게 세 가지다.

첫째, 금융 포털 사이트를 활용하는 방법이다. 네이버페이[Npay] 증권, Yahoo Finance에서는 ETF 기본 정보, 배당 내역, 수익률 등을 쉽게 확인할 수 있다. 특히 네이버페이 증권은 국내 투자자에게 가장 익숙한 플랫폼인데, 국내 증시에 상장된 ETF 정보를 한눈에 확인할 수 있다. 여기에서는 ETF 종목명을 검색하면 현재 가격과 차트는 물론 배당락 일정, 배당금 내역, 펀드 기본 정보인 보유 종목 구성, 총보수 등을 한 번에 확인할 수 있다.

예를 들어 'ETF 분석' 탭에서는 해당 ETF가 어떤 종목으로 구성돼 있는지, 최근 배당금 기준일은 언제였는지 등을 바로 확인할 수 있다. 다만 월배당 ETF만 따로 모아 보여주는 기능은 없다. 결국 월배당 ETF를 찾으려면 직접 상품명을 검색하거나 업종·테마별로 하나씩 눌러 확인해야 한다. 조금 귀찮긴 해도, 투자자는 결국 발품

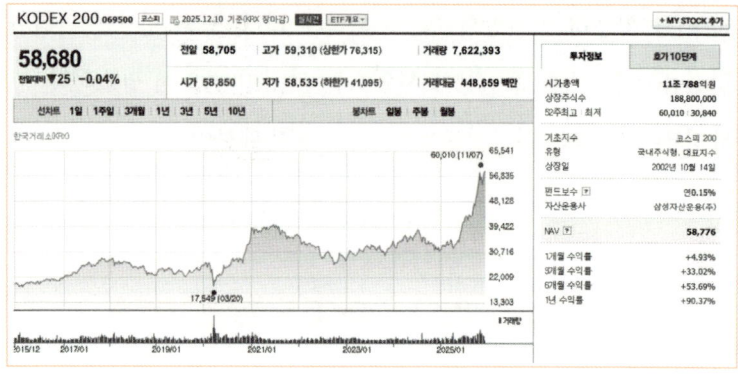

출처: 네이버페이 증권

을 팔아야 한다는 교훈을 주는 셈이다.

　미국 상장 ETF도 네이버페이 증권에서 티커로 검색하면 가격과 차트 같은 기본 정보는 볼 수 있다. 하지만 배당수익률이나 TR 같은 핵심 지표는 제공되지 않는다. 그래서 미국 ETF는 다른 전문 플랫폼을 병행하는 것을 추천한다.

　둘째, 미국 월배당 ETF를 다룰 때 가장 유용한 정보 플랫폼은 단연 Seeking Alpha다. 매달 전 세계 2,000만 명 이상이 이용하고, 18,000여 명의 애널리스트가 활동하는 미국 대표급 투자 정보 사이트다.[1] ETF 개요, 성과, 구성 종목, 배당 정보까지 탭별로 깔끔하게 정리돼 있어서 유용하다.

　특히 내가 자주 확인하는 기능은 성과 비교 차트다. PR과 TR을 손쉽게 비교할 수 있어, 월배당 ETF의 전체 성과를 한눈에 파악할

수 있다. 예컨대 포트폴리오에 ETF를 추가하면 단순 가격 상승분뿐
아니라 배당수익까지 반영한 TR 그래프가 제공되는데, 월배당 ETF
처럼 꾸준히 배당금을 지급하는 상품의 진짜 성과를 평가할 때 매
우 도움 된다. 이 밖에도 배당수익률, 과거 배당금 추이, 관련 뉴스,
투자자들의 분석 글까지 폭넓게 제공해 미국 월배당 ETF를 공부할
때 필수 도구다.

참고로 Yahoo Finance나 Investing.com과 같은 글로벌 금융 사이
트에서도 전 세계 ETF 정보를 검색할 수 있다. 하지만 네이버페이
증권, 미국 ETF는 Seeking Alpha만 잘 활용해도 웬만한 정보는 얻을
수 있다.

셋째, 증권사의 HTS(홈트레이딩시스템)와 MTS(모바일트레이딩시스
템)를 활용하는 방법이다. 직접 투자하는 계좌에서 ETF 배당 공시
와 운용사 리포트를 실시간으로 확인할 수 있다. 한 가지 더 덧붙이
자면, 관심 있는 ETF의 운용사 공식 홈페이지에 들어가 보는 것도

● [그림 3-3] 증권사 MTS 내 ETF 거래 화면 ●

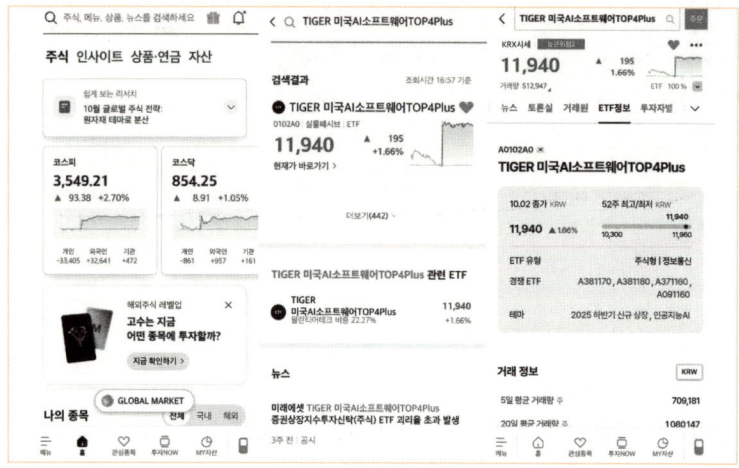

출처: 미래에셋증권 MTS

추천한다. 포털이나 HTS·MTS에서 다루지 않는 배당 재원, 운용 전략, 위험 요인 등이 상세히 공개되어 있기 때문이다. 마치 뒷이야기를 들려주는 감독판을 보는 느낌이라고 할까.

　좀 더 구체적으로 증권사 HTS나 MTS를 살펴보자. 사실 대부분의 증권사 거래 프로그램은 ETF 정보를 상당히 꼼꼼하게 제공한다. 내가 이용하고 있는 미래에셋증권 MTS에서는 국내 상장 ETF는 한글명으로, 해외 상장 ETF는 티커로 검색할 수 있다. 검색 결과에서 해당 ETF의 정보 페이지로 들어가면, 지금까지 살펴본 주요 지표들이 정리되어 있다. 현재가, 차트, 기초지수 대비 성과, 보유 종목 구성, 배당금 지급 내역 같은 기본 사항은 물론, 총보수(운용보수 포함), 설정액과 순자산 규모, 추적오차율까지 투자자가 궁금해할 만한 세부 지표도 제공한다.

특히 월배당 ETF라면 앱에서 '배당금 지급일 알림'을 설정해 두는 것도 좋다. 배당금이 입금되는 날짜에 맞춰 푸시 알림이 오면, 마치 월급날을 알리는 문자가 오는 것처럼 꽤 기분 좋은 순간을 맞이할 수 있다.

결국 평소 사용하는 증권사 앱을 잘 활용하면, 매매를 하는 동시에 ETF 관련 정보를 손쉽게 모니터링할 수 있다. 관심 ETF를 미리 관심종목에 등록해 두고 배당 일정이나 공시 변동사항을 챙긴다면, 바쁜 일상에서도 말 그대로 '투자 매니저'를 주머니에 넣어 다니는 셈이다.

ETF에 대해 더 깊이 파고들고 싶을 때는 해당 ETF를 만든 운용사의 공식 홈페이지를 찾아가는 것이 가장 확실하고 정확한 방법이다. 삼성자산운용^{KODEX}, 미래에셋자산운용^{TIGER}, KB자산운용^{RISE}, 한국투자신탁운용^{ACE} 등 국내 주요 운용사들의 사이트에는 각 ETF의 공식 자료가 모두 공개되어 있다. 예를 들어 삼성자산운용의 KODEX 홈페이지에서 월배당 ETF를 찾아보면 합성 총보수(예: 연 0.2783%), 위험등급(예: 2등급, 높은 위험), 그리고 최근 배당금 현황까지 상세히 확인할 수 있다.

운용사 공식 자료의 장점은 뭐니 뭐니 해도 정확성이다. 네이버나 증권사 앱에서는 간단히 요약된 보수 체계가 제공되지만, 운용사 자료에서는 운용보수, 기타 비용의 세부 내역, 파생상품 활용 여부, 기초지수와 운용 전략 등이 훨씬 상세한 설명을 제공한다. 덕분

[그림 3-4] 삼성자산운용 공식 홈페이지

출처: 삼성 KODEX ETF

에 "아, 이 ETF가 이런 전략으로 굴러가는구나" 하고 ETF의 큰 그림을 이해하게 된다.

정리하자면 포털은 개요를, 증권사 앱은 편의를, 운용사 홈페이지는 디테일을 책임진다. 투자를 시작하기 전에 한 번쯤은 공식 자료를 꼭 열어보기를 권한다. "남의 말보다 숫자가 더 정직하다"라는 진리는 여기서도 통한다.

마지막으로 짚고 싶은 점이 있다. 월배당 ETF만 따로 모아 보여주면서 추천해 주는 전문 플랫폼은 아직까진 없다는 것이다. 그래서 투자자 스스로 상품 내용을 하나하나 공부해 분류해야 하는 것이 현실이다.

이름만 보고는 월배당 상품인지 알기 어려운 경우가 많다. 이럴 때 ETF 상세 정보를 직접 확인하며 이 펀드가 어떤 자산에 투자하는 상품인지, 어떤 운용 전략을 쓰는지를 꼼꼼히 살펴야 한다. 물론 상품명에 '월배당', '커버드콜', '우선주', '리츠' 같은 단어가 들어가면 어느 정도 짐작은 할 수 있다. 하지만 투자 세계에서 어림짐작은 늘 위험하다. 제대로 확인하는 습관이야말로 가장 확실한 안전장치다. 그렇게 기본기를 갖추고 나면, 이제는 '어떤 상품을 선택할지'라는 다음 고민이 자연스럽게 남는다.

한 달에 한 번, 국내에서 꽂히는 월급통장 ETF 6선

PB로 일하던 시절, 최 사장님께 '10년 비과세 1억 저축성 보험'을 설명한 적 있다. 흔히 보험은 별로라고들 하지만, 그 상품만큼은 예금보다 금리가 높고 비과세 혜택까지 있었다. 5년 정도 지나면 예금보다 유리해지고, 10년을 채우면 손에 쥐는 이득이 확실히 커지는 구조였다. 게다가 금리가 변동형인 경우가 많아 저금리에서 금리 상승기를 바라보는 시점이라면 매력은 더욱 커진다.

물론 이런 목소리도 들려온다.

"보험은 수수료가 비싸고, PB 실적 때문에 권하는 거 아니야?"

하지만 냉정하게 비교해 보자. 연 3% 수익을 기대하면서도 원금 손실 가능성이 열려 있는 ELS 같은 상품과 비교해 보면, 저축성

보험은 리스크 대비 수익이 훨씬 안정적이다.

결국 금융에서 중요한 것은 상품을 얼마나 화려하게 포장하느냐가 아니다. 그 상품이 고객에게 꼭 필요한지, 그리고 시간이 지나 실제로 수익을 가져다줄 수 있는지를 따져보는 태도다.

나 역시 진정성과 본질을 중시한다. 그래서 이번에도 본질로 돌아가고자 한다. ETF의 기본 정보에 대해 충분히 공부한 지금, 독자들이 가장 궁금해할 질문은 아마 이것일 것이다.

"그래서, 어떤 월배당 ETF를 먼저 살펴봐야 할까?"

이번 챕터와 다음 챕터에서는 그 질문에 답하기 위해 국내 ETF와 미국 ETF를 선별해 하나씩 살펴본다. 먼저 국내 월배당 ETF는 투자 지역을 국내와 미국으로 나누고, 자산군을 주식·채권·금 등 다양하게 가져가며, 전통형과 커버드콜형 구조까지 고루 선별했다.

KODEX 200타겟위클리커버드콜 ETF

'KODEX 200타겟위클리커버드콜 ETF'는 삼성자산운용이 2024년 12월에 내놓은 국내 최초의 타겟 커버드콜 월배당 ETF다. 이름은 길고 복잡해 보이지만, 구조는 간단하다. 코스피200 지수를 따라가면서 매주 콜옵션을 일부만 팔아 꾸준한 배당을 만들어내는 구조다. 매달 월급처럼 들어오는 인컴과 주가 상승의 과실을 동시에 챙겨보겠다는 발상이다.

운용 방식도 흥미롭다. 연 15%의 배당을 목표로 하고, 주간 단위로 매도하는 콜옵션의 비중을 탄력적으로 조절함으로써 연 15% 수준의 옵션 프리미엄을 확보한다.[1] 여기에 코스피200 구성 종목들의 연 2% 내외의 배당이 더해지면서, 연간 17% 안팎의 배당률이 가능해진다. 실제 성과도 목표치와 크게 다르지 않았다. 매월 15일에 맞춰 월 1.4% 정도의 배당금이 꼬박꼬박 나왔는데, 1만 원 투자 시 매달 140원이 현금으로 들어오는 셈이다.[2] 게다가 국내 주식형 ETF라서 옵션 프리미엄 수익에는 세금이 붙지 않는다. 투자자 입장에서는 세금이 거의 없는 월급을 받는 느낌에 가깝다.

또 다른 매력은 인컴과 상승장 추종력 사이의 균형이다. 기존 커버드콜 ETF는 상승장에서 늘 천장에 막히는 답답한 느낌이 있었는데, 이 상품은 옵션 매도 비중을 낮추는 타겟 전략 덕분에 지수 상승 시 높은 비율로 상승을 따라간다. 실제로 2025년 코스피200이 크게 상승했을 때, 지수 상승분 대부분을 따라가며 기존 커버드콜보다 괜찮은 성적을 거뒀다. 1세대 커버드콜 전략이 천장에 한참 못 미쳤다면, 이 ETF는 최소한 천장 가까이까지 손을 뻗는 셈이다.

총보수는 연 0.39%로, 전략형 ETF라는 점을 감안하면 무난한 수준이다. 매달 1~2% 수준의 현금흐름을 확보하면서 코스피200 상승분도 상당 부분 누리고 싶다면 꽤 매력적인 선택지다. 특히 은퇴 후 매달 안정적인 현금흐름을 원하면서도 국내 대표지수의 성장 과실은 놓치고 싶지 않은 투자자에게 잘 맞는 상품이다.

PLUS 고배당주 ETF

'PLUS 고배당주 ETF'는 한화자산운용이 2012년 8월 상장한 이후 꾸준히 성장해온 장수 상품으로, 국내 대표 고배당주에 투자하는 월배당 ETF다. 이 ETF는 FnGuide 고배당주 지수를 추종하며, 국내 시가총액 상위 200개 종목 중 배당수익률이 높은 30개 기업으로 구성되어 있다. 은행, 보험, 통신 같은 전통적인 고배당 업종이 비중이 커서 비교적 안정적인 현금흐름을 기대할 수 있다. 운용사에서는 매년 6월과 12월 정기 리밸런싱을 통해 종목과 비중을 조정하며 지수를 충실히 추적한다.[3]

이 ETF의 가장 큰 장점은 꾸준한 배당 성장이다. 처음에는 분기배당만 하던 상품이었지만, 2024년 5월부터 월배당으로 전환하면서 투자자들에게 매달 월급봉투를 쥐여 주듯 안정적인 현금흐름을 제공하고 있다. 전환 직후 주당 63원을 지급했으나, 2025년 5월부터 73원(약 15.9% 인상), 8월에는 78원으로 추가 인상되었다.[4] 2025년 9월 기준, 연환산 배당수익률은 5.7~5.8% 수준으로, 미국 대표 배당 ETF인 SCHD의 3~4%를 가뿐히 뛰어넘는 수준이다.

높은 배당의 매력은 투자자들을 끌어모았고, 그 결과 2025년 6월에는 국내 배당 ETF 최초로 순자산 1조 원을 돌파했다.[5] '국내 대표 배당 ETF'라는 간판을 달기에 손색이 없는 기록이다. 오랜 운용 경험 덕분에 2025년 9월 기준 최근 1년 수익률이 30%를 웃돌며, 배당뿐 아니라 중장기 투자에서도 경쟁력 있는 성과를 보여주

고 있다. 총보수는 연 0.28%로 저렴한 편이라, "밥값은 하는 ETF"라는 평을 듣기 충분하다.[6]

물론 기억해야 할 점도 있다. 금융업 비중이 높기 때문에 특정 업종 쏠림에 따른 변동성 리스크가 존재한다. 하지만 시각을 달리하면 이는 훌륭한 헤지 자산의 역할을 수행하기도 한다. 대부분의 투자자가 기술주나 성장주 위주의 포트폴리오를 구성하고 있는 상황에서, 금융주는 시장 성격이 바뀔 때 포트폴리오 전체의 방어력을 높여주는 역할을 하기 때문이다. 따라서 이 특징을 단순한 단점으로 보기보다는 내 자산의 섹터 분산을 돕는 전략적 도구로 활용하는 것이 바람직하다. 더불어 주식형 ETF이므로 시장이 급락할 때는 원금 손실 가능성이 있다는 점도 간과해선 안 된다.

그럼에도 불구하고 최근 정부의 주주환원 정책 강화와 국내 기업들의 배당 확대 흐름에 힘입어 꾸준한 현금배당과 적절한 자본차익을 동시에 노리는 투자자에게는 매력적인 코어 자산이 될 만하다. 결국 이 상품은 '배당은 매달 꼬박꼬박, 성장도 덤으로' 챙길 수 있는 한국형 월급통장 같은 ETF라고 표현할 수 있다.

TIGER 미국 S&P500 타겟데일리커버드콜 ETF

'TIGER 미국S&P500타겟데일리커버드콜 ETF'는 미래에셋자산운용이 2024년 5월에 내놓은 해외 주식형 월배당 ETF다. 이름이

다소 길지만 핵심은 분명하다. 미국 S&P500 지수를 기초로 대형주에 투자하면서, 매일 콜옵션을 일부 매도해 꾸준한 인컴을 만들어내는 구조다.

포트폴리오에는 S&P500 지수의 대형주들이 담기고, 매일 만기가 돌아오는 지수 콜옵션을 약 10% 비중으로 판다.[7] 이처럼 옵션 매도 비중을 낮게 유지한 덕분에 시장이 상승할 때는 지수 상승분의 약 90% 수준까지 따라가도록 설계되어 있다. 다시 말해, 지수의 상승은 놓치지 않으면서도 매달 월급처럼 현금흐름을 챙기겠다는 전략이다.

실제 성과를 보면 이러한 설계 의도가 그대로 드러난다. 2024년 5월 상장 이후 1년간 S&P500 지수가 약 23% 오르는 동안, 이 ETF는 약 21% 상승하며 지수의 90% 이상을 충실히 따라갔다. 동시에 매월 0.82~0.90% 수준의 배당금을 꾸준히 지급해 연간 목표치인 10% 인컴 목표를 정확히 달성했다. 숫자로 바꾸면, 1억 원을 투자했을 때 매월 세전 약 82만 원의 현금이 들어온 셈이다.[8]

은행 정기예금 이자로는 도저히 맛볼 수 없는 수준이라 개인 투자자들의 자금이 꾸준히 유입되며 순자산은 어느새 3,000억 원을 넘어섰다. 총보수도 연 0.25%에 불과해 "싸게 잘 굴러가는 상품"이라는 평가를 받고 있다.

물론 한계가 없는 건 아니다. 커버드콜 ETF의 숙명처럼, 시장이 가파르게 오르면 100%의 상승을 다 챙기지는 못한다. 반대로 시장이 급락할 때에도 옵션 프리미엄이 약간의 완충 역할을 해주긴 하지만, 원금 하락을 완전히 막지는 못한다. 게다가 이 상품은 해외 주식형 ETF라서 배당금에 15.4%(지방소득세 포함)의 배당소득세가 원천징수된다는 점도, 국내 주식형 커버드콜 ETF와 비교했을 때 아쉬운 점이다. 환헤지도 하지 않기 때문에 환율에도 그대로 노출된다. 그래서 달러 강세 국면에서는 수익률에 플러스 요인이 되지만, 달러 약세에는 역풍이 될 수 있다.

그럼에도 이 ETF는 매달 일정한 현금흐름과 함께 미국 대형주의 장기 성장을 동시에 노릴 수 있다는 점에서 매력적이다. 은퇴자나 연금 투자자라면 매월 안정적인 생활비 같은 소득을 확보하면서 S&P500이라는 글로벌 대표지수의 성장 과실을 누릴 수 있는, 말 그대로 일석이조의 효과를 얻을 수 있는 상품이다.

RISE 미국 AI밸류체인데일리고정커버드콜 ETF

'RISE 미국AI밸류체인데일리고정커버드콜 ETF'는 KB자산운용이 2024년 10월, RISE 브랜드로 선보인 해외 테마형 월배당 ETF다. 이름이 길어 살짝 숨이 차지만 구조는 의외로 단순하다. 엔비디아, 마이크로소프트, 알파벳(구글) 등 글로벌 AI 밸류체인 핵심 기업 15개에 분산투자하면서, 나스닥100 지수 기반의 콜옵션을 매일 10%만 매도하는 '데일리 고정 커버드콜' 전략이다.

비중을 늘렸다 줄였다 하지 않고 항상 10%로 고정해 두었기 때문에 시장 상황과 상관없이 옵션 프리미엄을 꾸준히 확보하면서도 나머지 90%는 AI 성장주의 잠재력을 그대로 가져간다.[9] 쉽게 말해, AI 성장주의 상승을 90% 이상 유지한 채, 남은 10%로 매달 배당 재원을 마련하는 구조다.

성과는 화려하다. 운용사 자료와 언론 보도에 따르면, 2025년 상반기 연환산 배당수익률은 대략 16% 내외이며, 국내 배당형 ETF 중 최상위권의 월배당률을 기록했다. 상장 후 약 9개월 누적 분배금은 2,089원으로, 당시 기준 연환산하면 15~17%대가 산출된다.[10] 1좌당 월 150~170원 수준인데, 1억 원을 투자하면 매월 세전 150만 원 이상의 현금이 들어오는 셈이다. 총보수는 연 0.25%로 저렴한 편이라 비용 부담이 적은 월급통장 같은 상품이라는 평도 가능하다.[11]

이 ETF는 말 그대로 '핫한 테마+인컴'을 결합한 상품이다. AI 기술의 성장성을 믿는 투자자라면, 핵심 기업들에 분산투자하면서 월급처럼 배당을 받을 수 있으니 두 마리 토끼를 잡는 전략이라 할 수 있다. 실제로 상장 이후 2025년 9월까지의 성과를 보면, AI 테마주들이 강세를 보이면서 연간 수익률 +62.44%를 기록했다.[12]

물론 "공짜 점심은 없다"라는 말처럼 주의할 점도 있다. 편입된 AI 성장주는 변동성이 크다. 시장 분위기에 따라 등락폭이 심하고, 환헤지가 없어 환율 변동에도 직접 노출된다. 따라서 이 상품은 포트폴리오의 일부로 분산투자하며 인컴 자산으로 활용하는 것이 바람직하다. 장기적으로 AI 성장성을 믿는 투자자에게는 매력적일 수 있지만, 높은 월배당률 뒤에 숨어 있는 변동성과 리스크도 함께 감내할 수 있어야 한다.

KODEX 미국30년국채타겟커버드콜 ETF(합성 H)

'KODEX 미국30년국채타겟커버드콜 ETF(합성 H)'는 삼성자산운용이 출시한 해외 채권형 월배당 ETF다. 이름 그대로 미국 20년 이상 장기국채에 투자하면서 커버드콜 전략으로 매월 인컴을 챙기는 상품이다. 한마디로 '미국 장기국채+월급형 배당'을 결합한 형태라고 할 수 있다.

이 ETF는 연 12% 수준의 옵션 프리미엄 수익을 목표로 설계되었다. 구체적으로는 미국 30년 국채선물의 콜옵션을 30% 정도 매도한다. 매도 비중을 타겟 프리미엄 12%에 맞춰 조절하기 때문에 금리가 하락할 때 국채 가격이 상승하면 그중 최소 절반 이상은 수익으로 가져갈 수 있도록 설계된 것이 특징이다.[13]

실제 운용 결과를 보면 2024년 4월 말 상장 이후 매월 약 1% 수준의 배당금을 꾸준히 지급하며, 누적 주당 826원을 배당했다. 목표했던 연 12% 내외의 배당률을 충실히 달성한 것이다. 덕분에 상장 9개월 만인 2025년 1월에 순자산 5,000억 원을 돌파했고, 6월에는 6,000억 원을 넘어서는 자금이 몰렸다. 총보수도 연 0.25%로 동종 상품 대비 낮은 편이라, "가성비 좋은 인컴 ETF"라는 평가를

받고 있다.[14]

이 ETF는 흔히 '한국판 TLTW'로 불린다. 미국 대표 장기국채 ETF인 TLT에 투자하면서 한국 투자자에게 맞게 월배당 구조를 더했기 때문이다. 금리가 인하될 것이라는 기대감은 있지만 정확한 시점은 알 수 없을 때, 이 상품의 장점이 드러난다. 금리 인하 전까지 매달 1% 안팎의 배당을 받으며 기다릴 수 있고, 실제 인하가 시작되면 채권 가격 상승에 따른 자본차익도 함께 누릴 수 있기 때문이다.

다만 투자 시 주의할 점도 분명하다. "채권은 안전하다"라는 고정관념은 여기서 통하지 않는다. 금리 변동성이 커지면 장기국채 가격도 크게 출렁이고, 금리가 예상과 달리 급등하면 원금 손실이 발생할 수 있다. 이 ETF가 매월 1% 안팎의 배당을 제공한다고는 하지만, 이와 별개로 금리가 오를 때는 매월 그만큼의 손실이 쌓일 수도 있다.

따라서 이 ETF는 포트폴리오의 전부가 아니라 일부로 가져가, 인컴 자산의 한 축으로 활용하면서 분산투자하는 것이 안전하다. 금리 방향성에 확신이 있다면 그에 맞춰 적극적으로 활용할 수 있고, 확신이 없다면 적립식으로 분산 매수해 평균 매입단가를 낮추는 방법도 고려할 만하다.

SOL 국제금커버드콜액티브 ETF

'SOL 국제금커버드콜액티브 ETF'는 신한자산운용이 2025년 3월 선보인 국내 최초의 금 현물 기반 커버드콜 월배당 ETF다. 국제 금 가격을 그대로 추종하면서, 금 콜옵션을 팔아 얻는 프리미엄을 월배당 재원으로 삼는 구조다. 일반적으로 금은 이자도 배당도 없는 자산이지만, 이 상품은 옵션 프리미엄이라는 '월급 기능'을 얹어 현금흐름을 만들어낸다는 점에서 새롭다.

운용은 액티브 방식으로, 옵션 매도 규모나 행사가를 시장 상황에 맞게 조절한다. 첫 월배당은 2025년 5월 초에 주당 40원이 지급되었는데, 이는 연환산 기준 약 4.3% 수준이다. 기존 금 투자로는 상상하기 어려운 월 현금흐름이 생겼다는 점에서 의미가 크다. 실제 성과도 나쁘지 않았다. 2025년 9월 말까지 SOL 국제금커버드콜액티브는 상장일 이후 약 25.5% 상승했으며, 2025년 10월 기준 최근 6개월 수익률은 약 20.2%, 3개월 수익률은 약 17.9%를 기록했다. 총보수는 연 0.45%로 다른 월배당 ETF보다는 다소 높은 편이지만, 금 현물 보관 비용과 액티브 운용 인력 비용을 감안하면 이해할 수 있는 수준이다.[15]

무엇보다 이 ETF의 핵심 포인트는 "금 투자도 월급처럼 배당을 받는다"는 발상의 전환이다. 국제 금 시세를 그대로 추종하므로 국내 금값이 해외보다 비싸게 형성되는 이른바 '김치 프리미엄'을 따로 신경 쓸 필요도 없고, 합성 ETF 구조가 아닌 실제 금 현물과 옵션 매도를 활용한 구조여서 투명성도 높다. 금 가격이 오르든 내리든 매월 배당이 들어오기 때문에 심리적으로도 완충 효과를 느낄 수 있다. 특히 금값이 횡보하거나 살짝 하락하는 구간에서는 옵션 프리미엄이 손실을 일부 메워주는 역할을 한다.

하지만 커버드콜 전략의 태생적 한계는 여기서도 똑같이 적용된다. 금값이 가파르게 치솟으면 미리 팔아둔 옵션 때문에 100%의 상승을 다 가져가지 못하고, 금값이 떨어지면 프리미엄으로 어느 정도 방어는 되더라도 손실 자체를 피할 수는 없다. 게다가 금값이 장기간 약세를 보인다면 줄어든 순자산에서 배당을 계속 지급해야 하므로 원금이 조금씩 잠식될 위험도 있다.

결국 이 상품은 안전자산인 금에 월지급식 인컴 기능을 더했다는 점에서 혁신적이지만, "월배당을 받는다고 금의 변동성이 사라지는 건 아니다"라는 사실을 잊지 말아야 한다. 인플레이션 헤지 자산을 포트폴리오에 담고 싶은 연금 투자자나 장기 투자자에게 유용할 수 있으나, 금 특유의 출렁임을 고려해 분산형 포트폴리오로 가져가야 한다.

한 달에 한 번, 미국에서 꽂히는 월급통장 ETF 5선

이번에는 미국 시장에서 인기 있는 월배당 ETF 다섯 종목을 살펴보려 한다. 2025년 중반 기준, 운용자산 규모가 크고 성과가 비교적 양호한 상품들 중 주식 커버드콜 전략부터 채권형, 금 현물 기반 ETN까지 다양하게 골라 보았다. 각각 어떤 구조와 장단점을 갖고 있는지, 월배당을 어떤 방식으로 만들어 내는지 차근차근 짚어 보자.

JEPI - JPMorgan Equity Premium Income ETF

'JPMorgan Equity Premium Income ETF', 줄여서 'JEPI'는 미국 대형 우량주 포트폴리오에 커버드콜 전략을 접목한 대표적인 월배당 액티브 ETF다. 기본 포트폴리오는 S&P500 지수 안에서 변동성이 낮은 가치주들로 구성되며, 그 위에 주가지수 옵션을 매도해 프리미엄을 챙긴다.

덕분에 연 7~8% 수준의 높은 배당수익률을 제공하며 매달 빠짐없이 현금흐름을 만들어준다. 실제로 2025년 7월 기준 최근 1년 배당수익률이 약 연 8%로 집계된다.[1] 일반적인 미국 고배당주 ETF의 연 3~5% 배당과 비교하면 확실히 월급통장 같은 매력을 갖고 있다.

2020년 5월 상장 이후 투자자들의 뜨거운 호응을 받으며 빠르게 성장했으며, 2025년 중반 기준 운용자산 규모는 무려 413억 달러다.[2] 액티브 ETF 시장에서 사실상 '원톱'에 가깝다는 평가를 받는다. 총보수는 연 0.35%로, 액티브 전략임을 감안하면 비교적 합리적인 편이다. 운용사의 설계 의도대로 S&P500 대비 낮은 변동성과 안정적인 수익률을 보여주고 있다.

다만 단점도 있다. 커버드콜 전략의 속성상 상승장에서는 수익이 제한된다. 실제로 2023년처럼 시장이 크게 올랐을 때 JEPI의 주가상승률은 S&P500을 밑돌았다. 배당을 포함한 총수익률도 약

10% 수준에 그쳐, 20% 이상 오른 시장 수익률에 못 미쳤다.

　그럼에도 JEPI는 '액티브 ETF의 제왕'이라 불릴 만큼 빠르게 자리 잡았다. 시장이 폭등할 때는 아쉬움이 남을 수 있지만, 매달 배당이라는 안정적인 수익을 원한다면 충분히 매력적이다. 쉽게 말해, JEPI는 '미국 우량주에 투자하면서 월급처럼 배당을 챙기는 방어형 ETF'라 할 수 있다.

JEPQ – JPMorgan Nasdaq Equity Premium Income ETF

　'JPMorgan Nasdaq Equity Premium Income ETF', 줄여서 'JEPQ'는 JEPI의 '기술주 버전'이라 이해하면 쉽다. 기본 포트폴리오은 나스닥100 지수에 속한 종목들로 애플, 마이크로소프트, 엔비디아 등 미국 대표 기술주들이 약 80%를 차지한다. 여기에 나머지 20%는 ELN^Equity-Linked Note 등을 활용해 지수와 유사한 포트폴리오를 구성한 뒤, 해당 포지션에 대해 콜옵션을 매도해 인컴을 얻는 구조다. 기술주 특유의 높은 성장성과 변동성을 활용해 연 10% 안팎의 배당수익률을 목표로 삼고 있다.[3] 운용보수는 JEPI와 동일하게 연 0.35%다.

　2022년 5월에 출시되어 역사가 짧지만, 성장 속도는 눈부시다. 상장 후 수년 만에 운용자산 266억 달러 규모로 커졌고, 2024년 상반기에는 연간 자금 유입 상위 20위 안에 이름을 올렸다. 특히 2023~2024년 나스닥 강세장에서 주목을 받았는데, 기술주가 급등하는 와중에 매월 배당을 지급하면서 나스닥100과 유사한 총수익률을 기록했기 때문이다. 2024년 한 해 JEPQ의 TR은 약 24.9%였고, 2025년 10월 연초 이후 수익률은 약 10.5%다. 배당수익률은 2025년 기준 최근 1년 약 10.4% 수준을 유지하고 있다.[4] 덕분에 월배당과 수익률을 모두 챙겼다는 평가를 받았다.

2025년에 들어서는 기술주 변동성이 커지면서 JEPQ 역시 나스닥 지수 대비 일부 조정을 겪었지만, 커버드콜 프리미엄 덕분에 하락 폭은 QQQ보다 작았다. 다시 말해, 기술주의 장점은 챙기되 변동성은 줄이는 방어적 면모를 보여준 셈이다. 그래서 기술주에 투자하면서도 매달 꾸준한 현금흐름을 원한다면 JEPQ는 매력적인 선택이 될 수 있다. 말하자면 '고소득+저변동성의 기술주 패키지'라고 할 만하다.

물론 한계도 분명하다. JEPI와 마찬가지로 커버드콜 전략을 쓰는 만큼 상승장에서는 수익이 제한된다. 특히 나스닥100처럼 급등락이 심한 지수에서는 시장이 폭발적으로 치솟을 때 JEPQ의 성과가 다소 뒤처질 수 있다. 그럼에도 불구하고 '월배당을 주는 QQQ'라는 별명을 얻을 만큼 인기를 끌었고, 2025년 중반 기준 JEPI에 이어 두 번째로 큰 액티브 ETF로 성장했다.

TLTW – iShares 20+ Year Treasury Bond BuyWrite Strategy ETF

'iShares 20+ Year Treasury Bond BuyWrite Strategy ETF', 줄여서 'TLTW'는 블랙록의 iShares가 2022년에 출시한 미국 장기국채 기반 커버드콜 월배당 ETF다. 기본 자산은 미국 20년 이상 만기의 국채로 구성된 대표 ETF인 TLT이고, 여기에 매달 TLT를 기초자산으로 한 콜옵션을 매도해 옵션 프리미엄을 챙기는 구조다. 한마디로 '국채 이자+옵션 프리미엄'을 더해, 전통적인 채권 투자보다 높은 인컴을 노리는 상품이다.

2025년 기준, 최근 1년 배당수익률은 무려 14~17% 수준에 달했다. 장기국채 이자율이 4~4.7% 정도인데, 여기에 옵션 프리미엄이 덧붙으니 숫자가 크게 뛴 것이다. 운용자산은 약 11~13억 달러 규모이며, 총보수는 연 0.35%로 책정되어 있다.[5] 액티브 전략 ETF라는 점을 감안하면 크게 부담스러운 수준은 아니다.

TLTW의 강점은 금리가 크게 움직이지 않을 때 빛난다. 금리가 횡보하거나 완만히 상승하는 국면에서는 매달 꾸준히 발생하는 옵션 프리미엄 덕분에 안정적인 현금흐름을 제공한다. 2025년 8월 기준 최근 1년 동안 TLTW의 TR은 약 5.6%로, 같은 기간 TLT의 총수익률은 약 0.17%보다 높다.[6] 금리 상승기에 채권 가격이 흔들릴 때도 옵션 프리미엄이 어느 정도 완충재 역할을 해준 것이다.

하지만 모든 상황에서 만능은 아니다. 금리가 크게 하락해 채권 가격이 급등할 때는 이미 팔아둔 콜옵션 때문에 상승 이익이 제한된다. 반대로 금리가 예상보다 빠르게 뛰면 옵션 프리미엄만으로는 채권 가격 하락을 막아내기 어려워 손실을 볼 수 있다.

게다가 TLTW의 월배당금 중 일부는 자본환원 성격으로 분류됐다. 한 리서치에 따르면, 일부 고배당 전략 ETF에서 연간 배당률이 3.5%를 넘으면, 배당의 상당 부분이 세법상 '원금 환급'으로 분류될 가능성이 커진다고 했다. 겉으로 보이는 배당률만 보고 "와, 연 17%네!"라고 들뜨기보다는, 총수익률 관점에서 차분히 따져봐야 한다.

정리하면 TLTW는 '국채의 안정성+월급 같은 배당'이라는 조합으로 매력적이다. 다만 금리 방향성에 따라 성과가 크게 달라질 수 있고, 장기적으로 보유하면 자본 손실 가능성도 존재한다. 따라서 장기 보유로 큰 차익을 노리기보다는, 횡보장이나 약한 하락장에서 인컴 자산의 한 축으로 활용하는 편이 더 적절하다.

HYG - iShares iBoxx $ High Yield Corporate Bond ETF

'iShares iBoxx $ High Yield Corporate Bond ETF', 줄여서 'HYG'는 미국 달러 표시 하이일드 회사채에 투자하는 ETF 가운데 세계 최대 규모의 ETF다. 신용등급이 투자부적격(BB 이하)인 미국 기업들의 채권 약 1,300여 종목에 분산투자하며, 여기서 발생하는 이자 수익을 매월 배당금으로 지급한다.[7] 쉽게 말해 '정크본드 묶음 세트'에 투자해 매달 현금흐름을 얻는 상품이라 할 수 있다.

HYG의 운용자산은 약 190억 달러 수준으로, 동종 상품 중 가장 큰 규모에 유동성도 풍부하다. 총보수는 연 0.49%[8]로, 채권 ETF 치고는 다소 높은 편이지만 개별 정크본드를 직접 사고팔 때 들어가는 거래 비용을 감안하면 충분히 효율적인 대안이다. 이 때문에 기관 투자자부터 개인 투자자까지 두루 활용하고 있다.

HYG의 강점은 단순하다. 미국 하이일드 채권시장 전체에 손쉽게 분산투자하면서 매월 꾸준한 현금흐름을 만들 수 있다는 점이다. 2025년 기준 최근 1년 배당수익률은 약 5~6% 수준으로, 미국채 대비 300bp 이상 더 높은 수익률을 제공한다. 이 차이는 곧 신용위험 프리미엄으로, 투자자는 국채보다 더 높은 수익을 얻는 대신 그만큼의 신용 리스크를 감수해야 한다.

포트폴리오는 폭넓고 고르게 분산되어 있어, 특정 기업 한 곳이 부도가 나더라도 전체 수익률에 미치는 영향은 크지 않다. 업종별로도 골고루 퍼져 있어 단일 리스크는 최소화하려는 구조다. 하지만 경기 사이클에는 민감하다. 호황기에는 기업 실적이 좋아져 부도율이 낮아지고 채권 가격이 올라 이자와 자본차익을 함께 얻을 수 있지만, 경기 침체기에는 채권가격 하락과 부도 리스크가 겹쳐 변동성이 커진다. 실제 금융위기 같은 폭락장에서는 HYG가 -30% 이상 급락한 적도 있다.

따라서 HYG는 '매월 이자'라는 장점만 보고 들어가기보다는 철저한 분산투자와 리스크 관리가 전제되어야 한다. 그럼에도 불구하고 세계 최대 규모의 하이일드 채권 ETF라는 위상 덕분에, 연기금부터 개인까지 코어 인컴 자산으로 널리 쓰이고 있다. 결국 HYG는 '위험을 감수하는 대신 매달 이자를 꼬박꼬박 챙길 수 있는 하이일드 채권 월급통장'이라 표현할 수 있다.

GLDI – UBS ETRACS Gold Shares Covered Call ETN

'UBS ETRACS Gold Shares Covered Call ETN', 줄여서 'GLDI'는 금 현물 투자를 기반으로 매달 배당을 지급하는 상장지수채권ETN이다. 일반적인 금 ETF는 금 가격 변동만 그대로 따라갈 뿐 배당이 전혀 없지만, GLDI는 금 현물에 커버드콜 전략을 접목해 매월 수익을 만들어낸다. 쉽게 말해, "금에도 월급 기능을 붙였다"라고 볼 수 있다.

구체적으로는 대표적인 금 ETF인 SPDR Gold Trust^{GLD}를 추종하면서, 매월 약 103% 행사가격을 가진 1개월 콜옵션을 매도하는 방식으로 운용된다.[9] 그에 따라 금 가격 움직임과 옵션 프리미엄을 합산한 지수를 따라가게 되고, 투자자는 금 가격 노출과 동시에 정기적인 옵션 프리미엄 수익을 얻을 수 있다. 2024~2025년에도 배당수익률은 연환산으로 14~15% 수준으로,[10] 금 투자 상품 중에서는 보기 드물게 높은 월배당을 제공해왔다.

발행사는 원래 크레디트 스위스^{Credit Suisse}였으나 2023년 UBS에 인수되면서 현재는 UBS가 발행을 이어가고 있다. ETN의 특성상 실제 금을 보관하지 않고, 발행 은행의 신용을 바탕으로 운용된다. 따라서 발행사의 신용위험까지 함께 고려해야 한다. 2025년 중반 기준 GLDI의 발행잔고는 약 1억 달러로 대형 ETF들에 비하면 작고, 총보수는 연 0.65%로 다소 높은 편이다.[11] 다만 금 보관 비용과 옵션 운용 비용을 생각하면 과한 수준은 아니다.

GLDI의 가장 큰 매력은 이자나 배당이 없는 자산으로 여겨졌던 금에서 매월 현금흐름을 만들어낸다는 점이다. 특히 금값이 큰 폭으로 움직이지 않고 일정 범위에서 머무를 때에는 옵션 프리미엄 수익이 꾸준히 쌓이며 유리하게 작용한다. 물론 커버드콜 ETF의 한계 역시 그대로 존재한다. 금값 급등기에는 수익이 제한되고, ETN 특유의 신용 리스크도 있다.

종합하면, GLDI는 금에 투자하면서 동시에 높은 월 현금흐름을 원하는 투자자에게 매력적인 '니치 상품'이다. 다만 단순히 '배당률 15%'라는 숫자만 보고 접근하기보다 금 가격과 총수익률, 리스크를 함께 따져 포트폴리오의 일부로 활용하는 것이 바람직하다.

ETF,
어디서 사느냐도 전략이다

메이크업 파우치에 늘 넣어 다니는 해외 브랜드의 립글로즈 하나도 구매 경로에 따라 가격과 혜택이 달라진다. 해외에서 사면 면세 혜택이 붙어 더 저렴하고, 국내에서 사면 비싸지만 편의성은 더 좋다. 같은 제품이라도 '어디서 사느냐'가 가격, 조건, 경험을 전부 바꿔버리는 것이다.

국내 ETF와 미국 ETF도 마찬가지다. 투자 대상은 같아도 투자 방식과 특징은 서로 다르다. 통화, 체결 시간은 물론 과세 방식까지 달라진다. 겉으로는 동일한 자산을 담고 있는 ETF이지만, 어디서 어떻게 사느냐에 따라 투자 결과는 크게 달라질 수 있다.

이번 챕터에서는 같은 자산을 담고 있는 국내 ETF와 미국 ETF

를 나란히 비교해 보려 한다. S&P500, 미국 장기국채, 금에 투자하는 국내 ETF와 미국 ETF를 기준으로 살펴보자.

JEPI vs KODEX: 미국 월배당과 국내 월배당의 차이

JEPI와 KODEX 미국S&P500데일리커버드콜OTM은 같은 S&P500 기반 커버드콜 전략을 쓰지만, 투자자가 체감하는 조건은 다르다.

첫째, 거래 통화와 장 시간이 다르다. JEPI는 미국 시장에 상장된 상품이라 달러로 거래된다. 따라서 원화를 달러로 환전해 매수해야 한다. 반면 KODEX 미국S&P500데일리커버드콜OTM은 한국거래소에 상장되어 원화로 바로 거래할 수 있고, 국내 정규장 시간에 편하게 매매할 수 있다. 다만 미국장이 요동칠 때 JEPI처럼 즉각 대응하기는 어렵다.

둘째, 비용과 규모가 다르다. JEPI의 총보수는 연 0.35%로, 액티브 ETF 대비 합리적인 수준이다. 2025년 기준 운용규모 400억 달러가 넘는 초대형 ETF라는 점도 강점이다. 반면 KODEX는 총보수가 연 0.25%로, 국내 액티브 전략 ETF 중에서도 가장 저렴한 축에 속한다. 상장 첫 해에 수천억 원대 순자산을 모으며 빠른 성장세를 보여줬다. 정리하면, 국내 상장 ETF 쪽이 수수료도 저렴하고 환전 비용도 안 드는 점이 강점이며, JEPI는 글로벌 무대에서 이미 검증된 유동성과 글로벌 영향력이 강점이다.

셋째, 과세 구조가 다르다. 미국 주식에 투자하는 국내 ETF인 KODEX는 매매 차익에 대해 15.4%(지방소득세 포함)의 배당소득세가 붙고, 배당금 또한 15.4%(지방소득세 포함)의 배당소득세가 붙는다.

반면 미국 상장 ETF인 JEPI는 우리 세법상 '해외주식'으로 분류된다. 매매 차익은 연 250만 원까지 비과세고, 그 이상은 22%(지방소득세 포함)의 양도소득세가 부과된다. 배당금 과세는 미국에서 먼저 원천징수를 하거나 원천징수하지 않은 경우 우리나라에서 15.4%(지방소득세 포함)로 과세하고, 배당소득으로 잡힌다.

건강보험료 측면에서도 차이가 있다. 국내 상장 ETF의 매매 차익과 배당금은 모두 배당소득으로 잡히기 때문에 금융소득 종합과세 합산 소득 대상에 포함되고, 건강보험료 소득월액 산정 대상 소득도 된다. 반면 JEPI의 매매 차익은 양도소득으로 분류되어 건강보험료 부과 대상에서 제외되고, 배당금은 배당소득으로 잡히기 때문에 건강보험료 산정에 영향을 미칠 수 있다.

TLTW vs KODEX·RISE: 국채는 같아도 환율과 세금은 다르다

이번에는 미국 장기국채를 기반으로 한 월배당 ETF인 TLTW,

KODEX 미국30년국채타겟커버드콜(합성 H), RISE 미국30년국채커버드콜(합성)을 비교해 본다. 세 상품 모두 미국 30년 만기국채에 투자하면서 월배당을 추구하지만, 구조는 상당히 다르다.

첫째, 환헤지 여부다. 먼저 TLTW는 미국 상장 ETF로, 달러로 거래되며 환헤지를 하지 않는다. 그래서 투자자는 달러 가치 변동에 그대로 노출된다. 반면 KODEX 미국30년국채타겟커버드콜(합성 H)은 이름의 'H'가 말해주듯 환헤지 상품이다. 국내 투자자가 원화로 투자하면 펀드가 미 국채에 투자하되 환헤지로 환율 변동을 차단해 주기 때문에 달러 강세와 약세에 따른 영향을 받지 않는다. 마지막으로 RISE 미국30년국채커버드콜(합성)은 환헤지 표시가 없으므로 환노출형이다. 즉, RISE는 KODEX와 기초자산은 같지만 환율이 움직일 때 펀드 가치도 함께 움직인다. 달러 강세 때는 환차익을 얻지만, 달러 약세 때는 환차손을 볼 수 있다는 얘기다. 요약하면 KODEX는 환헤지, TLTW와 RISE는 환노출이니, 투자자는 원·달러 환율 전망에 따라 적합한 상품을 고르면 된다.

둘째, 비용이 다르다. TLTW의 총보수는 연 0.35%로 책정되어 있다. 국내 상장된 KODEX와 RISE는 각각 연 0.25% 내외로, 삼성자산운용과 KB자산운용이 경쟁적으로 보수를 낮게 책정했다. 그래서 국내 투자자는 저렴한 비용으로 운용되는 상품을 고를 수 있다. 다만 TLTW에 투자할 때는 앞서 말한 환전 비용 등을 추가로 고려해야 한다.

셋째, 과세 구조는 주식형 ETF와 비슷한 차이가 적용된다.

KODEX와 RISE 같은 국내 상장 해외채권형 ETF는 매매 차익과 배당금 모두 배당소득으로 잡혀 15.4%(지방소득세 포함) 세율로 원천징수된다. 매도 차익이 발생하면 증권사가 즉시 15.4%(지방소득세 포함)를 떼어가고, 배당금도 지급 시 세금이 빠져나간다. 반면 TLTW는 미국 상장 ETF라서 매매 차익은 연 250만 원까지 비과세이며, 초과분에 대해서만 22%(지방소득세 포함) 양도소득세가 붙는다.

건강보험료 산정에서도 차이가 있다. 국내 ETF의 매매 차익과 배당금은 모두 금융소득으로 잡혀 건강보험료 산정에 영향을 미칠 수 있다. 즉, KODEX나 RISE를 매도해 이익이 나면 그 금액이 그대로 배당소득에 포함되어 향후 건강보험료에 영향을 줄 수 있다. 반면 앞서 살펴본 JEPI와 마찬가지로, TLTW를 매도해 큰 이익을 얻더라도 건강보험료에는 영향을 미치지 않는다. 다만 TLTW의 배당금은 배당소득으로 분류되기 때문에 건강보험료 산정에 영향을 줄 수 있다.

GLDI vs SOL: 금 인컴의 두 얼굴

마지막 비교는 금을 기초자산으로 한 GLDI와 SOL 국제금커버드콜액티브 월배당 ETF다.

첫째, 두 상품 모두 금 가격에 옵션 프리미엄을 더했다는 공통점이 있지만, 상품 구조가 다르다. 미국 증시에 상장된 GLDI는 세계 최대 금 ETF인 GLD의 가격 흐름을 추종하면서, 그 위에 콜옵션을 매도해 인컴을 더하는 구조다. 쉽게 말해 "배당 없는 금에 월급 기능을 붙였다"라고 할 수 있다. 다만 GLDI는 ETN 구조라 발행사의 신용위험이 따라붙으며, 달러로 거래되기 때문에 금 가격 변동뿐 아니라 달러 가치 변동 리스크도 함께 안고 간다.

반면 SOL 국제금커버드콜액티브 ETF는 국내 신한자산운용이 2025년에 출시한 상품으로, 원화로 거래할 수 있다는 점에서 접근성이 좋다. 기초자산은 국제 금 가격이고, 펀드가 금 현물이나 선물에 투자하면서 동시에 콜옵션을 매도해 인컴을 만든다. 다만 환헤지를 하지 않기 때문에, 환율이 움직이면 원화 기준 ETF 가격에도 그대로 반영된다. 또한 SOL은 ETF 구조라, 실제 금 자산을 보유한다는 점에서도 GLDI와 차이가 있다.

둘째, 비용 측면을 보자. GLDI는 총보수가 연 0.65% 수준으로 다소 높은 편이다. 반면 SOL은 연 0.45%로, 기초자산이 금이라는 점을 감안하면 비교적 합리적인 수준이다. 두 상품 모두 전략형이라 초저보수는 아니지만, 국내 ETF 쪽이 약간 더 저렴하다. 규모는 GLDI가 약 1억 달러 수준의 자금을 운용 중인 반면, SOL은 300억 원 이하로 작다. 다만 국내 최초 금 월배당 ETF라는 점에서 점차 투자자 저변을 넓히는 중이다.

셋째, 세금 측면에서 차이를 분석해 보자. SOL은 국내 상장 ETF라 매매 차익과 배당금 모두 15.4%(지방소득세 포함) 원천징수되고, 금융소득에 합산되어 건강보험료 산정에도 영향을 줄 수 있다.

반면 GLDI는 미국 상장 ETN이므로 매매 차익은 해외주식과 동일하게 연 250만 원까지 비과세고, 초과분은 22%(지방소득세 포함) 양도소득세가 적용된다. 양도차익은 건강보험료 부과 대상이 아니며, 배당금은 JEPI, TLTW와 같이 배당소득으로 분류되기 때문에 건강보험료 산정에는 영향을 줄 수 있다.

종합하면, 거래 편의성과 비용은 국내 ETF가, 시장 대응과 매매차익 측면에서의 건강보험료 부담 최소화는 미국 ETF가 유리하다. 이처럼 같은 기초자산에 투자하더라도 국내 월배당 ETF냐 미국 월배당 ETF냐에 따라 세금, 비용, 편의성에서 큰 차이가 있다. 이런 차이를 이해하고 선택하는 것은 단순한 취향의 문제가 아니라, 위험 관리와 자산 운용의 성패를 가를 중요한 포인트다.

결국 같은 립글로즈라도 면세점에서 사느냐 국내 매장에서 사느냐에 따라 가격과 결제 방식이 달라지듯, ETF 역시 어디서 어떻게 사느냐에 따라 최종 수익을 좌우한다는 점을 잊어서는 안 된다.

5장

월배당을 지키는 힘, 거시경제를 읽는 기술

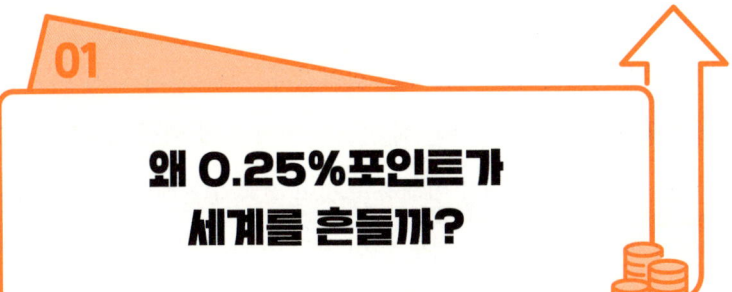

왜 0.25%포인트가 세계를 흔들까?

2017년, 정신없이 하던 일을 잠시 멈추고 책상에 앉아 곰곰이 생각했다.

'100만 명의 PB가 될 수는 없을까?'

그 질문은 지금도 내 안에 살아 있다. 다만 그 목표를 이루기 위해서는 먼저 투자자가 진짜 원하는 것이 무엇인지, 시장이 어떤 흐름을 보여주는지 이해할 필요가 있었다.

그래서 '100만 명의 PB'라는 큰 방향을 세우고, 유튜브를 통해 투자자와 직접 소통하기 시작했다. 그 과정에서 답을 찾았다. 정답은 바로 '순월배당'이었다. 투자자들이 기다려온 건 매달 꼬박꼬박 들어오는 '진짜 배당'이었던 것이다.

이번 장에서는 바로 그 순월배당을 지속 가능하게 만드는 힘이 어디에서 나오는지를 차근차근 짚어간다. 이를 위해 먼저 거시경제 전반을 살펴보며, 투자할 때 반드시 알아야 할 핵심 이론들을 정리하려 한다. 거시경제를 이해하는 것이 결국 순월배당을 지켜주는 힘이기 때문이다. 그중에서도 이번 챕터는 가장 중요한 출발점, 바로 금리에 초점을 맞춘다. 내 인생에서 '100만 명의 PB'라는 목표가 중심을 잡아주듯 투자에서는 금리가 그 역할을 한다.

경제 뉴스를 보다 보면 '기준금리 0.25%포인트 인상' 같은 헤드라인을 자주 접하게 된다. 언뜻 보면 0.25%포인트가 너무 미세한 숫자처럼 보인다. 그런데 이 작은 숫자 하나가 어떻게 이토록 전 세계 시장을 흔드는 뉴스가 되고, 투자자들의 신경을 곤두세우게 할까? 바로 금리 같은 거시경제 지표가 우리 경제 전반과 투자 환경에 미치는 파급력이 엄청나기 때문이다.

거시경제는 나라 경제의 큰 흐름을 다루는 분야다. 금리, 환율, 물가, GDP, 실업률 등 다양한 지표가 여기에 포함된다. 이 지표들은 경제의 현재 상태를 진단하고 앞으로의 방향을 가늠하는 데 꼭 필요하다.

그중에서도 금융 전문가들이 입을 모아 강조하는 지표가 바로 금리다. "거시경제를 볼 때 단 하나만 꼽으라면 바로 금리"라는 말이 나올 정도로, 금리는 모든 자산가격에 영향을 미친다. 중앙은행이 한 번 결정을 내릴 때마다 세계 금융시장이 요동치는 것도 이 때문이다.

물론 초보 투자자에게 거시경제 지표는 낯설고 어렵게 느껴질 수 있다. 하지만 이를 이해하지 못한 채 투자하는 것은 마치 지도 없이 길을 찾는 것과 같다. 운 좋게 맞는 길로 갈 수도 있겠지만, 한 번 잘못 들어서면 낭떠러지로 굴러떨어질 수도 있다. 반대로 큰 그림을 이해하고 투자한다면, 시장의 오르내림을 미리 감지하고 대비할 수 있어 리스크를 줄이고 기회는 잡을 수 있다.

금리는 왜 '돈의 가격'이라고 불릴까?

금리는 흔히 '돈의 가치' 혹은 '돈의 가격'이라고 불린다. 은행 대출 이자율이나 예금 금리처럼 이미 우리 일상에 깊숙이 들어와 있는 개념이기도 하다. 금리가 높다는 건 돈을 빌리는 비용이 비싸다는 뜻이고, 금리가 낮다는 건 '돈 빌리기 세일 시즌'이 열렸다는 의미다.

중앙은행이 발표하는 기준금리는 이런 금리들의 기준점이 된다. 기준금리는 시중 은행의 대출, 예금 금리부터 기업 자금 조달 비용, 개인 대출 이자까지 줄줄이 영향을 준다. 그래서 기준금리가 한 번 바뀌면 시장이 들썩이는 것이다.

금리가 중요한 이유는 단순히 대출 이자 때문만은 아니다. 금리 하나만 움직여도 금융시장을 넘어 물가, 고용, 환율, 수출입까지 도미노처럼 반응하기 때문이다. 예를 들어 금리가 오르면 대출이 부담되어 가계는 지갑을 닫고, 기업은 투자를 미룬다. 반대로 금리가 내려가면 돈 빌리기가 쉬워져 소비와 투자가 활기를 띤다. 그래서 고작 0.25%포인트의 변화에도 전 세계 시장이 민감하게 반응한다.

실제로 미국 연방준비제도(연준)의 금리 결정은 미국만의 이슈가 아니다. 한 나라 중앙은행의 발표가 전 세계 주식, 채권, 환율 시장을 출렁이게 만든다. 작은 파동이 태평양을 건너 쓰나미가 되는 셈이다.

한국은행도 보고서를 통해 같은 맥락을 설명한다. 금리가 오르면 차입은 줄고 저축은 늘어나면서 가계 소비가 위축된다. 기업은 금융 비용이 커지니 투자에 제동이 걸린다. 반대로 금리가 내려가면 시중에 돈이 풀리면서 소비와 투자가 늘어난다.[1] 한마디로 금리 인상은 '경제의 브레이크', 금리 인하는 '경제의 가속 페달'이라고 할 수 있다. 중앙은행은 이 원리를 이용해 경기를 식히기도 하고 달구기도 한다.

그렇다면 "겨우 0.25%포인트 움직였다고, 정말 이 모든 게 바뀔까?" 결론부터 말하면, 그렇다. 우리나라의 가계부채는 2025년 중반 기준 약 1,953조 원이다.[2] 여기서 금리가 0.25%포인트 오르면, 가계가 추가로 부담해야 할 이자가 연간 약 4.8조 원에 이른다. 이는 나라 전체의 소비 패턴이 바뀔 수 있는 규모다. 기업 부채도 마찬가지다. 부채 이자가 불어나면, 기업은 자연스럽게 투자보다 비용 절감에 집중할 수밖에 없다.

이렇듯 경제 전체로 보면, 0.25%포인트라는 작은 숫자는 수조 원 단위의 자금 흐름을 바꾸고, 경제 전반을 흔드는 힘을 갖는다. 그래서 시장과 언론이 금리 조정에 촉각을 곤두세우는 것이다.

0.25%포인트에 담긴 중앙은행의 고민

금리의 영향력이 워낙 크다 보니, 금리를 결정하는 중앙은행의 역할도 막중하다. 한국은행이든 미국 연준이든 금리를 조정할 때의 목표는 단순하다. 바로 물가 안정과 고용 극대화다. 특히 미국 연준은 의회로부터 '두 마리 토끼dual mandate'를 잡는 것을 공식 임무로 부여받았다.

문제는 이 두 목표가 서로 반대 방향의 금리 정책을 요구한다는 데 있다. 금리를 올리면 물가를 잡는 데는 도움이 되지만, 기업 활동이 위축돼 고용이 줄어들 수 있다. 반대로 금리를 내리면 경기는 살아나지만 물가가 들썩인다. 이 미묘한 딜레마 때문에 중앙은행 총재들은 브레이크를 밟을까, 액셀을 밟을까 고민하며 한 발씩 신중하게 움직인다. 0.25%포인트의 금리 조정은 바로 그 치밀한 균형 잡기의 결과물이다.

그래서 연준 의장이 금리를 0.25%포인트 올리면, 시장은 단순히 숫자를 보는 게 아니다. "경기가 과열됐으니 속도를 늦추겠다"라는 신호로 받아들이는 것이다. 반대로 0.25%포인트 내리면 "경기가 식으니 가속을 붙이겠다"라는 메시지로 읽는다.

물론 현실은 교과서보다 복잡하다. 물가는 오르는데 경기는 침체하는 스태그플레이션처럼 중앙은행을 곤혹스럽게 하는 상황도 생긴다. 금리를 너무 빠르게 올리면 금융시장이 요동치고, 반대로 너무 오래 낮게 두면 부동산 버블 같은 부작용이 생기기도 한다. 그래서 중앙은행은 금리뿐 아니라 양적완화, 양적긴축, 지급준비율 조정, 환율 개입 등 다양한 도구를 함께 사용한다.

그럼에도 불구하고 금리 조정은 언제나 통화정책의 메인 무대다. 단 0.25%포인트 움직임에도 전 세계가 숨죽여 지켜보는 이유는 작은 숫자 뒤에 경기의 방향을 바꾸는 큰 메시지가 담겨 있기 때문이다.

다음 챕터에서는 경기 사이클에 따라 자산가격이 어떻게 움직이는지와 이를 토대로 세울 수 있는 투자 전략, 그리고 금리뿐 아니라 환율과 물가 같은 핵심 지표까지 차례대로 짚어볼 것이다.

금리가 바꾸는 경제의 사계절

출근해서 퇴근할 때까지의 시간은 온전히 내 것이 아니었다. 업무 중 잠시 자리를 비울 때조차 "잠깐 외출해도 되나요?"라고 묻는 게 당연했다. 시간을 통째로 맡겨둔 채 달력만 넘기며 상상 속의 미래를 기다릴 뿐이었다.

그러다 꿈꾸던 대로 삶의 방식이 바뀌자 상황은 달라졌다. 시간이 내 것이 되면서 자연스레 희망과 여유를 되찾았다. 시간의 주인이 누구냐에 따라 삶의 결이 바뀐다는 사실을, 그때 비로소 실감했다.

경제도 이와 닮았다. 삶의 향방이 시간의 소유권에 달려 있듯, 거대한 경제의 흐름은 '금리'라는 변수가 쥐고 흔든다. 금리가 오르면 활동이 둔해지고, 금리가 내려가면 경제 곳곳에 움직임이 살아난다. 투자를 할 때 우리가 가장 먼저 금리를 확인하는 이유도 바로 이 흐름 때문이다. 특히 금리는 사계절처럼 반복되는 경기 사이클의 출발점이 된다. 금리가 내려가면 회복의 봄이 열리고, 낮은 금리가 이어지면 확장의 여름이 찾아온다. 금리 인상이 시작되면 둔화의 가을로 접어들고, 금리가 정점에 이르면 침체의 겨울이 시작된다.

그래서 "지금 어떤 자산에 투자해야 할까?"를 고민할 때는, 제일 먼저 금리가 보여주는 경제의 계절을 떠올려야 한다. 해가 쨍쨍한 날에 우산을 팔겠다고 나서는 건 좋은 전략이 아니다. 그럴 땐 선글라스를 판매하는 게 맞다.

금리 상승기에 장기채권을 가득 안고 후회하지 않으려면 지금부터 금리가 만들어내는 사계절에 맞는 자산 운용 전략을 차근차근 살펴보자.

봄(회복 초입): 경기가 살아나는 국면

첫 번째 계절은 긴 침체의 겨울을 지나 새싹이 돋기 시작하는 봄, 경기 회복 국면이다. 위기를 극복하기 위해 중앙은행이 과감하게 금리를 내린 뒤 시장금리가 낮아지는 시점이다. 낮은 금리는 기업과 가계의 부담을 줄여주고, 움츠렸던 투자는 다시 늘어나며 소비도 서서히 살아난다. 정부 역시 재정지출을 확대하며 회복의 불씨를 살리는 경우가 많다.

이 시기에는 자산가격이 바닥을 통과했다는 신호가 나타난다. 침체기에 곤두박질쳤던 주식과 부동산이 조금씩 반등하기 시작한다. 투자자에게는 많이 내려가 있는 우량 자산을 담을 기회다.

특히 주식시장에서는 경기 민감 업종과 성장주부터 반응한다. 이제 최악은 지났다는 기대가 자금을 끌어들이는 것이다. 부동산도 낮은 대출 금리에 힘입어 거래가 살아나며 분위기가 달라진다.

정리하자면, 봄은 '긴 터널 끝에서 희미한 빛이 보이는 시기'다. 경제 지표가 완전히 건강하진 않지만 회복 조짐이 보인다. 투자자는 떨어졌던 자산을 줍는 '봄맞이 세일'을 활용할 수 있다. 다만 아직 날씨가 변덕스러운 초봄인 만큼, 무리하지 않고 분할 매수로 접근하는 지혜가 필요하다.

여름(확장기): 성장 모멘텀이 극대화되는 시점

경제의 여름, 확장 국면은 회복기를 지나 본격적으로 경제가 뜨겁게 달아오르는 단계다. 낮은 금리가 이어지면서 기업 실적이 호조를 보이고, 고용이 개선되면서 실업률은 뚝 떨어진다. 소비자들도 지갑을 활짝 열어 경제 전반에 활력이 넘친다. 주식시장은 연일 상승세를 타고, 특히 기술주와 성장주가 폭발적 실적을 기반으로 시장을 주도한다. 부동산 가격도 저금리와 호황에 힘입어 급등하는 경우가 많다.

하지만 한여름의 뜨거운 태양이 가뭄과 폭염을 부르듯, 과열된 경제에는 인플레이션이라는 부작용이 찾아온다. 수요가 넘치고 돈이 넘쳐나면 물가가 빠르게 뛰는 건 자연스러운 일이다. 이때 중앙은행은 경제가 과열되지 않도록 금리 인상을 검토한다. 금리가 오르면 대출이 어려워지고, 소비와 투자가 둔화되면서 경제에 브레이크가 걸린다.

이 시기의 투자 전략은 앞 단계와는 달라야 한다. 확장 초반에는 금리 인상 우려가 크지 않으므로 주식 비중을 유지하며 상승세를 즐길 수 있다. 그러나 후반부로 갈수록 경계심이 필요하다. 금리 인상 신호가 보이면 차익 실현을 고민해야 한다. 주식 일부를 매도해 이익을 확정하고, 장기채권은 미리 팔아두는 것이 좋다. 채권 투자는 금리 상승에 대비해 단기채 위주로 바꾸는 전략이 유효하다.

정리하자면, 경제의 여름은 '경제는 뜨겁지만 투자자는 차갑게 머리를 식혀야 하는 시기'다. 모두가 낙관에 취해 있을 때 과열을 경계하고, 금리 인상 신호를 예민하게 포착해야 한다. 황금 같은 호황기에 끝까지 욕심을 부리기보다는, 한 발 앞서 안전지대로 이동하는 지혜가 필요하다.

가을(둔화 전환기): 움츠림의 시작

경기가 정점을 지나 내려오기 시작하면서 둔화 국면에 접어드는 시기다. 뜨겁던 열기가 서서히 식어가는 '경제의 가을'인 것이다. 이 시기에는 중앙은행이 금리를 본격적으로 올리면서 기업과 가계의 자금 조달 비용이 크게 늘고, 투자와 소비는 위축된다. 경제성장률은 눈에 띄게 둔화되고, 고용도 서서히 흔들리기 시작한다. 침체의 그림자가 드리우는 것이다.

투자자들이 체감하는 변화도 분명하다. 주식시장은 불확실성이 커지며 변동성이 확대된다. 높아진 금리 자체가 주식에 악재이기도 하다. 대출이자 부담이 기업 수익을 갉아 먹고, 투자자들은 굳이 위험한 주식보다 안전하게 이자를 주는 우량 단기채권으로 눈을 돌리기 시작한다. 특히 성장주, 기술주처럼 밸류에이션이 높았던 종목은 큰 폭의 조정을 받을 수 있다. 반대로 필수소비재나 헬스케어 같은 경기방어주는 상대적으로 버티는 모습을 보인다.

채권 쪽은 어떨까? 금리가 여전히 상승 중인 구간에서 장기채는 위험하다. 금리 꼭짓점에 다다르기 전까지 기존 채권 가격은 계속 하락 압력을 받기 때문이다. 따라서 이 시기엔 단기 국공채나 머니마켓펀드(MMF) 같은 현금성 자산이 더 안전하다. 장기채는 조금 더 기다렸다가 금리 인상이 종료될 때를 노리는 것이 현명하다.

따라서 가을 국면의 포트폴리오 전략은 한마디로 '수확보다 안전'이다. 주식 비중을 줄이고 방어적인 업종만 남긴다. 채권은 단기채 위주로 담아둔다. 잎이 떨어지듯 투자 종목을 정리하며 현금을 확보하고, 다가올 겨울에 나타날 진짜 기회를 준비하는 시기다.

겨울(침체기): 금리 하락과 정책 전환의 출발점

경기 사이클의 마지막 단계는 겨울, 침체 국면이다. 경제 전반이 얼어붙고, 기업은 투자를 줄이고 구조조정에 나서면서 실업률은 치솟는다. 소비는 위축되고 성장률은 마이너스를 기록한다. 물가 상승 압력도 사라져 디플레이션 우려까지 고개를 든다. 말 그대로 경제의 엔진이 멈춘 시기다.

그런데 아이러니하게도, 투자자에게 가장 큰 기회가 열리는 순간도 바로 이 겨울이다. 중앙은행은 얼어붙은 경기를 녹이기 위해 급격한 금리 인하에 나서고, 정부도 재정지출을 확대한다. 정책 기조가 완전히 돌아서면서 시장은 '봄 준비'에 들어간다.

이때는 채권시장이 가장 먼저 반응한다. 금리가 정점에서 내려오기 시작하면 장기채 가격은 급등한다. 눈치 빠른 투자자라면 둔화 국면 후반부터 장기채를 담았을 것이고, 금리 인하가 시작되면 상당한 시세차익을 누릴 수 있다. 금도 강세를 보일 수 있다. 금리는 떨어지고 달러가 약세로 전환되면서 위기 심리가 커질수록 금은 '최후의 안전자산'으로 다시 빛난다.

반면 주식과 부동산은 가장 큰 시련을 겪는다. 기업 실적은 곧

두박질치고, 일부 기업은 파산 위기에 몰린다. 주가는 폭락하고, 부동산마저 급락할 수 있다. 투자자들의 계좌는 얼어붙지만, 역설적으로 이때야말로 장기 투자 기회의 씨앗이 뿌려지는 시기다. 실제로 2008년 금융위기, 2020년 팬데믹 당시 공포가 극에 달했을 때 중앙은행이 전례 없는 완화정책을 내놓았고, 이후 증시는 V자 반등을 보여주었다.

그래서 모두가 공포에 떨며 팔아치울 때, 겨울이 깊어질수록 봄이 가까워진다는 사실을 기억해야 한다. 우량하지만 폭락한 주식이나 급매 부동산을 연구하며 분할 매수로 접근하는 것이다.

물론 말처럼 쉽지 않다. 겨울 한복판에서는 시야가 흐려지면서 가격이 더 떨어질 것 같기 때문이다. 하지만 경제가 바닥에 다다랐다면, 그건 다음 사이클을 준비하라는 신호일 수 있다. 이때 모아둔 자산은 여름이 돌아왔을 때 커다란 열매를 안겨줄 것이다.

교과서 밖에서 벌어지는 진짜 시장의 흐름

지금까지 금리가 이끄는 경제의 봄, 여름, 가을, 겨울에 맞춰서 자산의 움직임을 살펴보았다. 하지만 앞서 설명한 사이클은 어디까지나 전형적인 패턴일 뿐, 불변의 법칙은 아니다. 필립스 곡선이 설명하던 실업과 물가의 역 상관관계가 무너지며 스태그플레이션이 나타난 것이 대표적인 사례다. 1970년대엔 고물가와 경기 침체가 동시에 찾아와 정책 당국이 큰 어려움을 겪었고, 2020년대 초에도 팬데믹 여파로 성장은 둔한데 인플레이션은 치솟는 기이한 상황이 펼쳐졌다. 이런 상황에서는 자산시장이 교과서와는 전혀 다른 길을 간다.

그래서 실제 투자에 적용할 때는 몇 가지 유의할 점이 있다.

첫째, 경제지표의 신호를 단일 지표로 판단하지 말고, 입체적으로 해석해야 한다. CPI만 보고 판단하거나, 실업률만 보고 결론을 내리는 식의 접근은 위험하다.

둘째, 사이클의 전환점을 정확히 맞히기는 어렵다는 점을 인정해야 한다. 지금 우리가 어느 국면에 있는지, 다음 국면이 언제 올지는 신문의 헤드라인이 알려주지 않는다. 대부분은 지나고 나서야 진단하는 '뒷북 분석'이다. 그래서 분할매수, 분할매도 같은 전략으로 여러 시나리오에 대비해야 한다.

셋째, 데이터를 꾸준히 추적하는 습관이 필요하다. 금리 결정의 배경에는 항상 CPI, PCE 같은 물가와 실업률 같은 고용지표가 있다. 이런 지표들의 흐름을 따라가다 보면 중앙은행의 다음 행보를 미리 짐작할 수 있다.

예를 들어, 소비자물가가 예상보다 높게 나오면 "금리를 더 올리겠구나"라는 신호로 볼 수 있고, 실업률이 갑자기 치솟으면 "이제 금리 인하 이야기가 나오겠군"하고 감을 잡을 수 있다. 시장은 항상 선반영하므로, 남들보다 반 발짝 빨리 흐름을 읽는 것만으로도 수익률이 달라진다.

연준을 읽으면 시장이 보인다

'딱 3kg만 빼고 싶은데.'

문제는 단순했다. 식단을 조절하면 감량은 쉬워지지만 먹는 즐거움이 사라지고, 마음껏 먹자니 체중이 줄지 않는다. 두 가지를 모두 잡기 위해 나는 식단의 질을 바꾸고 운동을 병행하는 방식을 택했다. 그 덕분에 건강을 해치지 않으면서도 감량 목표를 달성하는 균형점을 찾을 수 있었다.

경제도 크게 다르지 않다. 미국 연준 역시 물가 안정과 고용 극대화라는 두 목표를 동시에 추구한다. 두 마리 토끼를 동시에 잡기는 어렵지만, 둘 다 놓칠 수 없는 중앙은행의 핵심 과제다. 이를 위해 연준은 금리라는 도구를 활용한다. 그리고 이 금리를 결정하는 회의가 바로 FOMC, 연방공개시장위원회다.

연준의 기준금리 결정은 미국 경제에만 영향을 미치지 않는다. 달러는 세계 기축통화고, 미국 국채는 전 세계 금융시장의 기준점이기 때문에 세계 자산시장 전체를 움직인다. 그래서 FOMC의 결정을 빠르게 읽고 대응하는 건 월배당 ETF 투자자에게 중요한 일이다.

FOMC란 무엇인가?

FOMC는 'Federal Open Market Committee'의 약자로, 미국 통화정책의 심장부다. 연준 산하의 공개시장위원회로, 기준금리를 포함한 통화정책의 큰 방향을 설계하고 집행한다. 구성원도 막강하다. 연준 이사회 이사 7명과 12개 지역 연방준비은행 총재 중 5명이 매년 로테이션으로 참여해 금리 결정에 투표한다.

이들은 물가 안정과 최대 고용이라는 두 축을 균형 있게 달성하기 위해 금리를 비롯한 정책 전반을 조율한다. 마치 운동과 식단을 동시에 관리해 건강한 몸을 만드는 것과 비슷하다. 하지만 결과는 결코 단순하지 않다. 이들의 결정이 미국 경제를 넘어 전 세계 금융시장까지 출렁이게 만들기 때문이다.

FOMC는 1년에 8번 열린다. 주로 1, 3, 4, 6, 7, 9, 10, 12월에 열리는데 날짜는 미리 공지된다. 투자자라면 이 일정을 달력에 표시

해둘 필요가 있다. FOMC 한마디 발표에 주가가 춤추고, 금리가 들썩이기 때문이다. 그래서 금융시장에서 FOMC 일정과 결과는 늘 초미의 관심사다. 말 그대로, '시장의 심장 박동'을 확인하는 순간인 셈이다.

시장을 흔드는 FOMC의 네 가지 신호

FOMC 정례회의에서는 다음과 같은 네 가지 핵심 결과물이 발표되는데, 시장은 이 내용에 즉각 반응한다.

첫 번째는 기준금리의 결정이다. 인상·동결·인하 여부가 발표되는데, 이는 연준의 경기 판단과 통화정책 기조를 가장 직관적으로 보여준다. 금리 결정 하나만으로도 주식, 채권, 환율 등이 동시에 움직인다.

두 번째는 통화정책 성명서다. 금리 결정과 함께 공개되는 이 성명서는 연준의 경기 판단과 정책 기조가 압축적으로 담겨 있다. 투자자들은 전 회의와 비교해 문구가 어떻게 바뀌었는지에 집중한다. 예를 들어 "인플레이션이 완화되고 있다"가 "여전히 높은 수준이다"로 바뀐다면? 시장은 즉시 "아직 긴축 기조네!"라고 해석한다. 단어 하나가 자산시장의 기류를 바꿀 수 있다.

세 번째는 경제전망요약SEP과 점도표다. 3, 6, 9, 12월 분기 회의에서 추가로 발표되며, GDP 성장률·실업률·인플레이션 전망과

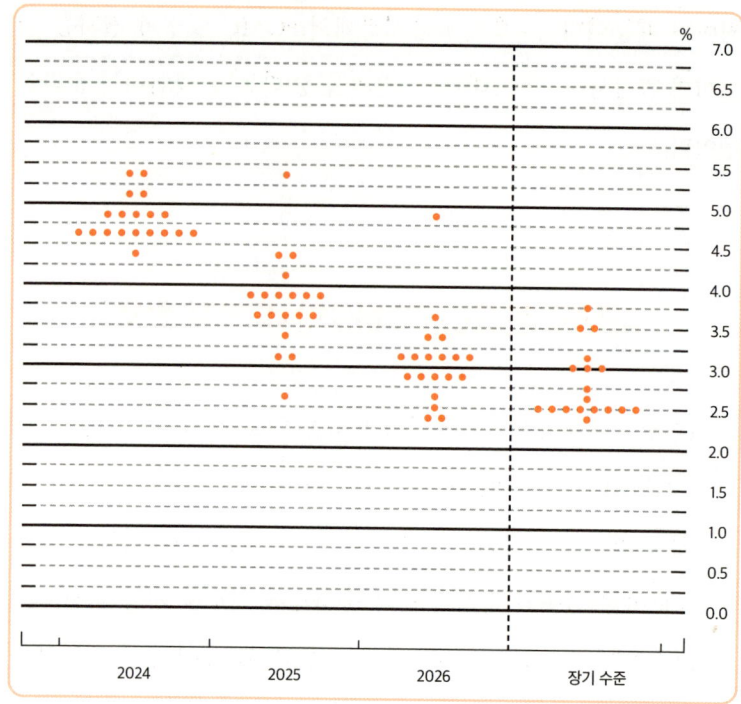

[그림 3-1] 연준 내부의 금리 인식을 보여주는 점도표

출처: 미국 연방준비제도

함께 위원들의 금리 전망이 점도표로 공개된다. 점도표는 각 위원이 예상하는 금리를 점으로 찍은 차트인데, 마치 연준 내부의 '생각지도'와 같다. 점이 위로 몰리면 '추가 인상 가능성', 아래로 내려가면 '인하 가능성'으로 읽힌다. 그래서 분기 회의는 언제나 시장 전체가 숨죽이는 순간이 된다.

네 번째는 연준 의장의 기자회견이다. 여기서는 성명서에 담기지 않은 뉘앙스와 속내가 드러난다. 연준 의장이 "추가 금리 인상 가능성을 배제하지 않는다"라고 말하면 시장은 매파적인 긴장 모드, "금융 여건을 면밀히 주시하고 있다"라고 하면 비둘기파적인 안도 모드로 움직인다. 의장의 한마디가 시장을 냉탕과 온탕 사이로 오가게 만드는 이유다.

숫자보다 더 중요한 것은 메시지다

FOMC 결과에 시장이 이토록 민감하게 반응하는 이유는 명확하다. 금리가 경제의 계절을 결정하는데, 그 계절의 방향을 엿볼 수 있는 자리가 바로 FOMC이기 때문이다. 따라서 투자자라면 발표 직후 이 거시적 신호를 해독해 자신의 포트폴리오에 어떤 영향을 줄지 가늠해야 한다. 시장은 이미 방향을 틀었는데, 혼자 무심하게 기존 전략을 고집하면 그 대가는 고스란히 수익률 하락으로 돌아오기 쉽다.

결국 FOMC 발표를 읽을 때 가장 중요한 것은 단순히 금리 숫자 자체가 아니라, 그 이면에 담긴 연준의 의도다. 즉, '연준의 한마디 한마디를 시장의 기대치와 대조하며 통화정책의 방향을 가늠하는 것'이야말로 진짜 '연준 읽기'다.

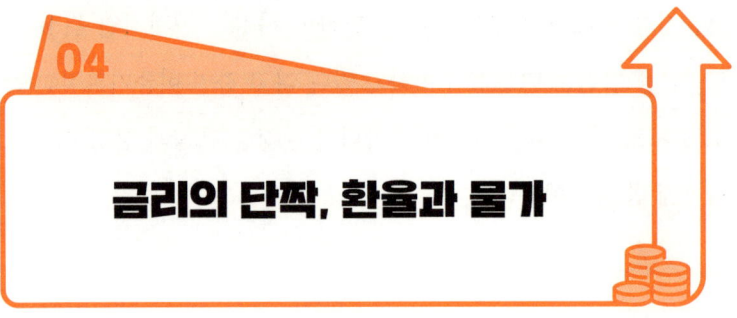

금리의 단짝, 환율과 물가

초등학교 2학년 때, 푹 빠져 보던 영화가 있었다. 삼형제가 등장하는 〈호소자〉라는 액션 영화였는데, 그 안에는 전혀 다른 성격의 세 인물이 한 팀을 이루고 있었다. 사려 깊은 첫째, 시니컬하지만 똑똑한 둘째, 그리고 엉뚱하고 귀여운 셋째. 서로 다른 색깔이 묘하게 균형을 이루며 악당들을 단번에 제압할 때, 어린 나는 이상한 통쾌함을 느끼곤 했다.

금리에도 그런 '삼총사'가 있다. 바로 환율과 인플레이션이다. 금리가 오르내리면 돈의 가치가 달라지고, 물가 역시 반응한다. 그래서 금융시장에서는 이 셋을 함께 봐야 한다.

이번에는 금리의 단짝인 환율과 인플레이션을 함께 들여다보려 한다. 금리가 움직이면 환율과 물가도 따라 움직인다. 마치 그림자처럼 늘 붙어 다니는 관계이기에 이 관계를 이해해야 시장의 흐름을 제대로 읽을 수 있다.

달러가 오르면 내 ETF는 어떻게 될까?

환율은 두 나라 돈을 맞바꾸는 비율, 즉 한 나라 통화를 다른 나라 통화와 교환할 때의 가격이다. 예를 들어 미국 1달러의 가치가 1,000원에서 1,200원이 되면 "환율이 올랐다" 혹은 "원화 가치가 떨어졌다"라고 말한다. 1달러를 사려면 200원을 더 내야 하니, 원화 가치가 그만큼 떨어졌다는 뜻이다. 반대로 1달러가 800원으로 내려가면 "원화가 강해졌다"라고 표현한다. 같은 달러를 사는 데 필요한 원화가 줄었으니, 원화의 구매력이 오른 것이다.

환율은 각국 중앙은행의 금리에 크게 좌우된다. 금리가 높은 통화는 자금이 몰려 강세를 보이고, 금리가 낮은 통화는 상대적으로 약세를 보인다. 그래서 미국이 금리를 올리고 한국이 동결한다면, 달러 강세와 원화 약세 흐름이 나타나기 쉽다.

또한 환율은 수출입과 물가에도 영향을 준다. 자국 통화가 약세일 때는 수출 기업에 유리하다. 만약 원화 가치가 떨어지면 외국 바이어는 같은 달러로 더 많은 한국 제품을 살 수 있어 한국 상품을 저렴하다고 느낀다. 그래서 한국 같은 수출 중심 경제는 지나친 강세보다는 적당한 약세를 선호한다. 반대로 자국 통화가 강세일 때는 수입 기업과 내수 소비자가 이득을 본다. 같은 달러로 더 많은 해외 상품을 들여올 수 있으니 석유나 곡물 같은 원자재 가격이 내려가고, 이는 국내 물가 안정으로 이어진다. 결국 환율이 오르고 내리는 건 기업의 채산성뿐 아니라 우리가 매일 사는 식료품과 생필품 가격까지 흔드는 셈이다.

이런 이유로 환율이 급격히 출렁이면 경제 전체가 흔들린다. 그래서 경제 당국은 금리와 외환 수급을 조절하며 환율 안정을 시도한다.

환율은 투자자의 수익률과도 직결된다. 투자 대상 통화가 강세를 보이면 수익이 늘어나고, 약세를 보이면 수익이 줄어든다.

정리하자면, 환율은 한 나라 경제의 대외적 힘을 보여주는 지표다. 기업의 수출입, 국가 경제 전반, 개인의 해외투자 성과까지 폭넓게 영향을 미친다. 그래서 환율이 크게 요동친다는 뉴스가 나올 때마다 정부와 중앙은행이 긴급 대책을 논의하는 이유도 여기에 있다. 투자자 역시 환율 뉴스를 흘려듣기보다는 환율 변화에 따라 포트폴리오를 점검하고, 필요하다면 환헤지 전략까지 고민하는 지혜가 필요하다.

물가가 오를 때 가장 먼저 움직이는 자산은?

인플레이션은 전반적인 물가 수준이 지속해서 오르는 현상이다. 쉽게 말해 돈의 구매력이 떨어진다는 뜻이다. 오늘 1,000원이던 물건이 내일 1,100원, 내년엔 1,500원이 된다면 같은 돈으로 살 수 있는 양이 줄어드는 것이다. 예를 들어 어제까지 3,000원이던 사과 한 개가 오늘 8,000원이 됐다면, "돈의 값어치가 이렇게 떨어졌구나"를 실감하게 된다. 물론 현실에서 모든 물가가 하루아침에 폭등하지는 않지만, 연 2% 인플레이션이 10년 누적되면 20% 넘게 오르는 만큼 장기적으론 결코 작지 않은 변화다.

높은 인플레이션은 삶을 빠듯하게 만든다. 같은 월급으로 살 수 있는 것이 줄어들어 실질 소득이 감소하며, 생필품·전기요금·주거비 등 생활 전반의 부담이 커진다. 게다가 화폐 가치가 떨어지면 현금보다 자산을 선호해 주식과 부동산 같은 자산가격이 뛰는데, 이게 과열되면 거품이 형성되며 결국 붕괴 위험을 낳는다. 특히 부동산 거품이 꺼질 경우 가계 파산과 금융 불안으로 이어질 수 있다. 과도한 인플레이션은 서민 가계를 위협할 뿐 아니라 경제의 안정성까지 흔든다.

그렇다고 물가가 너무 떨어지는 디플레이션도 바람직하지 않다. 이때는 기업 이윤이 줄어 임금 인상 여력도 사라지고 소비는 위축된다. "나중에 더 싸지겠지"라는 심리가 퍼지면 지갑을 더 닫게 되고, 경기 둔화의 악순환이 시작된다. 일본이 1990년대 이후 장기

불황에 빠졌던 것도 이 디플레이션 영향이 컸다.

그래서 가장 이상적인 상태는 너무 뜨겁지도, 너무 차갑지도 않은 물가 상승이다. 경제학에서는 이를 '골디락스 경제'라 부른다. 동화 속 골디락스가 '딱 알맞은 온도의 죽'을 찾았듯, 미국 연준이 장기적으로 연 2% 물가 상승률을 목표로 삼는 것도 이 균형을 지키려는 노력이다.

투자자라면 인플레이션을 가늠하는 다음의 대표 지표를 익숙하게 봐야 한다.

- 소비자물가지수(CPI): 소비자가 구입하는 상품과 서비스의 가격 변동을 측정해, 가장 대중적인 체감물가를 보여주는 대표 지표
- 생산자물가지수(PPI): 기업이 시장에 출하하는 상품의 판매 가격 변동을 측정하며, 시차를 두고 CPI에 반영되는 선행 지표
- 개인소비지출(PCE) 물가지수: 소비자의 가격 부담에 따른 상품 대체 효과를 반영해 실제 물가 수준을 가장 정확히 보여주며, 연준이 통화정책 결정 시 기준으로 삼는 핵심 지표

이 지표들은 단순한 숫자가 아니다. CPI가 예상보다 높게 나오면 인플레이션 압력으로 금리를 인상할 수 있다는 전망이 퍼지고, 시장이 흔들린다. 반대로 물가 상승률이 목표보다 낮으면 경기 둔화로 금리가 인하될 수 있다는 기대감이 커진다. 결국 인플레이션 지표는 금리와 직결되고, 주식·채권·환율까지 움직이는 핵심 신호인 셈이다.

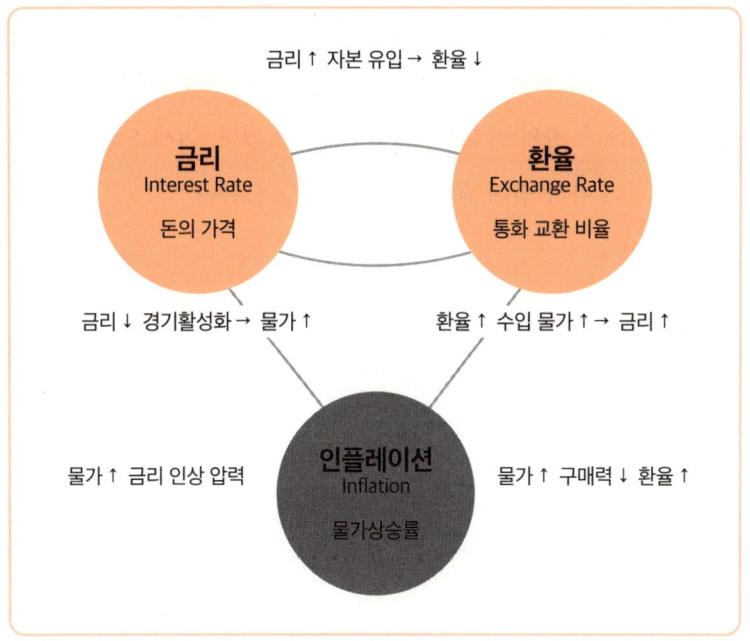

금리↑ 자본 유입 → 환율↓

금리
Interest Rate
돈의 가격

환율
Exchange Rate
통화 교환 비율

금리↓ 경기활성화 → 물가↑

환율↑ 수입 물가↑ → 금리↑

인플레이션
Inflation
물가상승률

물가↑ 금리 인상 압력

물가↑ 구매력↓ 환율↑

세 지표로 시장의 방향을 예측하는 법

이처럼 금리·환율·인플레이션은 각각 독립적으로도 중요한 지표지만, 사실은 서로 긴밀하게 얽혀 있다. 이 세 가지 흐름을 큰 틀에서 이해하고 나면, 경제 뉴스가 전혀 다르게 보일 것이다. 작은 파도에 흔들리며 일희일비하는 대신, 거시 지표가 보여주는 방향을 보며 큰 물결에 올라 탈 수 있게 되는 것이다.

앞으로 뉴스를 볼 때 이렇게 스스로 질문해 보자.

"물가가 저렇게 나오면 중앙은행이 금리를 올릴까, 내릴까?"

"금리가 오르면 내 주식형 ETF 수익률은 어떻게 될까?"

이런 질문을 던지기 시작하면, 뉴스는 더 이상 남의 이야기가 아니다. 나의 투자와 직결된 생생한 정보가 된다. 이제는 FOMC 발표 날 밤이면 아마 쉽게 잠들기 어려울지도 모른다.

불확실성을 이기는 분산 구조 만들기

은행을 그만두기로 결정하기까지 결코 쉽지 않았다. 객관적으로 연봉도 높고 복지도 안정적이었기 때문이다. 하지만 '100만 명의 PB'가 되겠다는 꿈을 위해 주중에는 은행 일에 몰입하고, 주말에는 유튜브 촬영에 매달렸다.

에너지가 분산돼 몸은 피곤했지만, 덕분에 구독자를 조금씩 모으며 SNS 감각도 키울 수 있었다. 다시 말해, 안정적인 기반을 유지한 채 새로운 가능성에 투자하며 위험을 나눈 셈이다. 그렇게 충분한 준비가 됐다고 판단했을 때, 비로소 원하던 목표를 향해 나아갈 수 있었다.

"퇴사하겠습니다."

투자도 마찬가지다. 오를 것 같은 자산에 승부를 걸고 싶은 유혹은 늘 강하다. 하지만 진짜 중요한 건 안전판을 마련하기 위해 성격이 다른 자산을 함께 가져가는 일이다. 이 과정은 두뇌와 본능을 거스르는 어려운 결정일 때가 많다. 그렇기에 경험 많은 투자자일수록 자신이 확신하는 판단이 편향일 수도 있음을 경계한다.

그래서 이번 챕터에서는 위험은 줄이고 수익은 극대화하는 포트폴리오 투자에 대해 이야기해 보려 한다. 투자 세계의 안전벨트이자 에어백 같은 존재, 포트폴리오 말이다.

'포트폴리오portfolio'란 원래 여러 작품이나 서류를 한데 모은 모음집을 뜻한다. 금융에서는 이 개념을 빌려와, 여러 금융자산을 담아놓은 투자 꾸러미를 의미한다. 그래서 흔히 듣는 조언이 있다. "포트폴리오로 투자하라." 이는 곧 한 가지 자산에 올인하지 말고, 여러 자산에 자금을 분산하라는 말이다.

옛 격언 "달걀을 한 바구니에 담지 마라"는 바로 이 원리를 직관적으로 설명한다. 한 종목이나 자산에 전 재산을 몰아넣었다가 그 자산이 폭락하면 치명적인 손실을 입기 쉽다. 마치 충분한 준비 없이 퇴사부터 덜컥 했는데, 스스로 콘텐츠를 만들 역량이 부족해 수익은커녕 비용부터 나가는 상황과 비슷하다.

반대로 여러 자산으로 분산해 두면 일부 자산에서 손실이 나더라도 다른 자산의 성과가 이를 상쇄해 준다. 덕분에 전체 포트폴리오의 변동성이 줄어들고, 큰 충격에도 버틸 수 있는 힘이 생긴다. 포트폴리오는 일종의 안전망이자 완충 장치인 셈이다.

한 종목이 무너져도 전체가 무너지지 않는 구조

포트폴리오를 구성할 때 흔히 말하는 원칙은 "다양한 상품에 분산해 손실을 통제하라"이다. 이를 풀어 보면 기억해야 할 핵심은 세 가지다.

첫째, 자산은 최소 두 개 이상 담아야 한다. 한 종목만 갖고 있다면 분산이 아니라 '단일 베팅'이다. 진정한 분산 효과는 두 개 이상의 자산을 나눠 담는 순간부터 시작된다.

둘째, 단순히 여러 자산을 담는다고 끝이 아니다. 비슷한 성격의 자산만 담으면 분산 효과가 반감된다. 핵심은 상관관계가 낮은 자산을 고르는 것이다. 축구 감독은 팀을 꾸릴 때 공격수만 11명을 내보내지는 않는다. 공격수만 있으면 골은 잘 넣을지 몰라도 상대의 역습 한 번에 와르르 무너질 수 있기 때문이다. 승리를 지키려면 공격수와 수비수를 적절히 섞어야 한다. 투자에서도 주식과 장기국채처럼 서로 다른 상황에서 역할이 달라지는 자산을 섞어야 포트폴리오 전체 변동성을 낮출 수 있다. 중요한 건 개별 자산의 성과보다 자산 간의 조합과 관계다.

셋째, 분산투자의 목표는 손실을 완전히 없애는 데 있지 않다. 투자에는 언제나 불확실성이 따른다. 대신 포트폴리오는 최악의 상황에서 버틸 수 있도록 돕는 일종의 '방탄조끼' 역할을 한다. 한 자산에 과도하게 집중하면 실패 확률이 높지만, 여러 자산으로 나누면 모든 게 동시에 무너질 확률은 훨씬 낮다. 일부 자산에서 손실이

나도 다른 자산의 이익이 이를 상쇄해 줄 수 있다. 결국 분산투자는 '큰돈을 벌기 위한 전략'이라기보다는 '큰 손실을 피하기 위한 전략'이다.

참고로 분산에는 두 가지 차원이 있다. 주식·채권·원자재 등 다양한 자산군에 나누는 '자산의 분산'이 있고, 한 번에 몰아서 매매하지 않고 여러 시점에 걸쳐 분할 매수·매도하는 '시간의 분산'이 있다. 투자 성과를 안정적으로 만들려면 두 가지를 함께 쓰는 것도 효과적이다.

상관관계로 완성하는 분산 전략

평소에는 자산군마다 나름의 경제 원리에 따라 움직이지만, 거대한 금융위기 국면에서는 얘기가 달라진다. 기존 상식이 통하지 않고 대부분의 위험자산이 동반 폭락하는데, 이럴 때 포트폴리오 분산 효과가 빛을 발한다.

역사 속 금융위기를 보면, 분산투자한 포트폴리오는 한 자산에 과도하게 집중한 투자보다 낙폭이 훨씬 작았다. 특히 장기국채나 금 같은 안전자산은 위기 속에서 든든한 완충장치 역할을 했다.

첫 번째 사례는 2000년부터 2002년에 있었던 닷컴 버블 붕괴다. 1990년대 말 과열된 기술주 거품이 꺼지면서 글로벌 주식시장은 24% 하락했다. 그러나 같은 기간 미국 장기국채는 13% 상승하며 안전자산의 존재감을 보여주었다. 금은 8% 하락했지만, 이는 당시 영국 중앙은행의 대규모 금 매각 같은 특수 요인 때문이었다. 결과적으로 국채를 담은 포트폴리오는 순수 주식 투자보다 훨씬 방어적이었다.

두 번째는 2008년에 발생한 글로벌 금융위기다. 미국 부동산 버블 붕괴에서 시작된 이 위기로 글로벌 주식시장은 49% 폭락했다. 하지만 같은 기간 미국 국채는 17%, 금은 무려 47% 급등하며 안전자산의 진가를 발휘했다. 주식만 보유했다면 자산이 반 토막 났겠지만, 채권과 금을 함께 담았다면 충격을 크게 줄일 수 있었다.

세 번째는 2020년에 닥친 코로나19 팬데믹 쇼크다. 팬데믹 공포로 1~3월 글로벌 주식이 26% 급락했지만, 미국 장기국채는 5%, 금은 2% 상승하며 비교적 안정적인 성과를 냈다. 이후 시장은 빠르게 회복했지만, 당시 채권과 금을 보유한 투자자는 훨씬 안정적으로 버틸 수 있었다.

이 세 가지 사례가 보여주듯, 분산투자 포트폴리오는 주식 단일 투자에 비해 위기 때 낙폭을 크게 줄이는 안전판이 된다. 장기 국채는 금리 인하 국면에서 가격이 오르며 주식 손실을 상쇄했고, 금은 금융 불안이 커질 때 대체자산으로 주목받으며 가격이 뛰었다. 물론 모든 위기에서 채권과 금이 동시에 상승하는 건 아니지만, 안전 자산을 일부라도 보유한다면 '전 자산 동반 폭락'이라는 최악의 상황은 피할 수 있다.

위기 속에서도 포트폴리오가 빛나는 이유

결국 "왜 포트폴리오를 구성해야 하는가?"라는 질문에 대한 답은 명확하다. 리스크를 관리하고 큰 손실을 피하기 위해서다. 투자 성향이나 목표 수익은 사람마다 다르지만, 누구도 한순간의 치명적인 손실은 겪고 싶지 않을 것이다. 잘 짜인 포트폴리오는 예상치 못한 폭풍이 몰아쳐도 한 방에 무너지는 것을 막아주는 안전벨트이자 에어백 역할을 한다.

투자 입문자라면 일확천금의 환상을 좇기 전에 먼저 살아남는 법, 크게 잃지 않는 법을 배우는 것이 중요하다. 특히 월배당 ETF처럼 변동성이 큰 자산에 투자할수록 포트폴리오에 대한 이해는 필수적이다.

장기적으로 다양한 자산에 나누어 투자하고, 여러 시점에 걸쳐 분산하는 습관을 들인다면 어떠한 경기 사이클이나 예기치 못한 위기에도 보다 안정적으로 목표에 다가갈 수 있다.

06

포트폴리오의 역사에서 배우는 생존법칙

금융의 역사는 곧 위기의 역사였다. 수많은 폭락과 공황 속에서 투자자들은 자산을 지키기 위해 끊임없이 고뇌했고, 그 치열한 고민 끝에 살아남은 전략들이 바로 '고전적 포트폴리오'다.

이들은 단순히 이론적으로 완벽해서가 아니라 실제 시장이라는 냉혹한 검증 과정을 거치며 그 효용을 증명했기에 지금까지 전해져왔다. 오랜 시간 인류가 쌓아 올린 투자의 지혜가 이 자산배분 비율 속에 고스란히 녹아 있는 것이다.

그렇다면 시대를 초월해 투자자들의 나침반이 되어준 전략에는 어떤 것들이 있을까? 지금부터 역사적으로 검증된 대표적인 포트폴리오들을 하나씩 살펴보자.

유대인의 3분법 포트폴리오

가장 먼저 소개할 포트폴리오는 유대인의 3분법 포트폴리오다. 말 그대로 재산을 세 부분으로 나누는 고전적인 자산배분 방식이다. 유대인의 지혜가 담긴 《탈무드》에는 이런 구절이 나온다.

"사람은 자신의 재산을 세 부분으로 나누어야 한다. 1/3은 땅에, 1/3은 사업에, 1/3은 손에 보관하라."

여기서 '땅'은 부동산 같은 실물자산, '사업'은 비즈니스 투자, '손에 보관한다'는 건 현금을 의미한다. 기원전부터 내려온 이 조언은 인류 역사상 가장 오래된 포트폴리오 전략으로 평가받는다.

부동산이나 금 같은 실물자산은 가치가 '0'이 되기 어렵다는 믿음이 있다. 가격 변동은 있지만 휴지조각이 되는 일은 거의 없다. 게다가 물가가 오를 때 실물자산도 함께 올라 인플레이션 방어 수단이 된다. 라면 한 봉지가 1,000원에서 2,000원이 되면 현금의 가치는 떨어지지만, 부동산이나 금 가격은 물가와 함께 오르니 자산을 지킬 수 있다. 오늘날에는 리츠나 금 ETF 같은 상품이 이 역할을 대신한다.

사업은 '하이리스크, 하이리턴'의 상징이다. 실패하면 손실이 크지만, 성공하면 압도적인 보상을 얻을 수 있다. 주식 역시 기업의 사업에 투자하는 것이므로 변동성은 크지만, 장기적으로 경제 성장의 과실을 함께 누릴 수 있다. 유대인의 3분법은 재산의 1/3을 이러한 성장자산, 즉 주식에 배분하라고 권한다.

현금은 인플레이션에 취약하고 이자 수익도 거의 없지만, 유동성이라는 큰 장점이 있다. 갑자기 돈이 필요할 때 부동산은 당장 팔 수 없지만, 현금은 바로 쓸 수 있다. 그래서 포트폴리오에서 현금은 안전판이자 기회자금 역할을 한다. 현대적으로는 단기국채 ETF, MMF, 파킹통장 등이 여기에 해당한다.

결국 유대인의 3분법은 실물자산(안정성), 주식(성장성), 현금(유동성)을 1:1:1로 가져가는 균형 포트폴리오다. 흥미로운 점은 이 단순한 구성이 실제로 순수 주식 투자보다 나은 성과를 보여준 사례들이 있다는 것이다. 2000~2002년 닷컴 버블 붕괴 시기가 대표적이다. 당시 주식에 60%, 채권에 40%를 투자하는 미국 전통 포트폴리오는 22%(지방소득세 포함) 손실을 봤지만, 유대인의 3분법 포트폴리오는 오히려 5% 수익을 기록했다. 2008년 금융위기 때도 주식만 들고 있던 투자자보다 유동성을 포함한 포트폴리오가 손실을 훨씬 덜 입었다.

오늘날의 투자 환경에서 이 3분법을 적용한다면, 다음과 같이 구성할 수 있다.

- **실물자산 33%: 국내 리츠 ETF, 금 ETF 등**
- **주식 33%: 국내외 지수 추종 ETF 등** (배당주·커버드콜 ETF 포함)
- **현금 33%: 단기국채 ETF, 초단기채 MMF, 파킹통장 등**

60/40 포트폴리오

두 번째로 가장 널리 알려진 포트폴리오는 바로 60/40 포트폴리오다. 이름 그대로 전체 자산의 60%는 주식에, 40%는 채권에 투자하는 방식이다. 얼핏 단순해 보이지만, 사실 현대 포트폴리오 이론에 뿌리를 둔 클래식한 자산배분 전략이다.

1950년대 해리 마코위츠가 정립한 분산투자 이론에 따르면, 주식과 채권처럼 상관관계가 낮은 자산을 섞어 담으면 같은 위험에서 더 높은 기대수익을 얻을 수 있다. 1980~1990년대 장기 강세장과 2000년대 저금리 시대를 거치며, 60/40은 균형 잡힌 모범 포트폴리오의 대명사가 됐다. 지금도 미국 월가의 연기금, 연금펀드, 타겟 데이트펀드 등에서 기본 전략으로 여전히 활용되고 있다.

그렇다면 왜 하필 50:50도, 70:30도 아닌 60:40일까? 주식과 채권의 장단점을 절묘하게 절충한 비율이기 때문이다. 경기가 좋을 땐 주식이 빛나고, 경기가 안 좋을 땐 장단기채권이 방어 역할을 한다. 주식 60%는 성장의 열매를 누릴 수 있게 하고, 채권 40%는 하락장에서 든든한 방패가 된다.

다만 최근에는 2022년처럼 주식과 채권이 동시에 폭락하는 사례가 있어 비판도 있다. 인플레이션 급등과 금리 인상이라는 이중 악재로 60/40 전략마저 큰 손실을 봤었다. 하지만 이는 40년 만에 찾아온 특수한 상황이었고, 지난 수십 년 동안은 안정적인 성과를 보여줬다.

정리하자면, 60/40 포트폴리오는 여전히 많이 사용되는 분산

투자 전략이다. 다만 주식과 채권이 동시에 흔들릴 수도 있다는 점을 염두에 두고, 필요하다면 금이나 원자재 같은 자산을 곁들이는 것이 현명하다.

현대적으로 구성한다면 다음과 같다.

- **주식 60%: 국내외 지수 추종 ETF 등** (배당주·커버드콜 ETF 포함)
- **채권 40%: 국내외 장단기채권 ETF 등**

영구 포트폴리오

다음으로 소개할 포트폴리오는 바로 영구 포트폴리오다. 이름 그대로 한 번 구성해 두면 장기간 유지할 수 있다는 발상에서 출발했다. 1980년대 미국 투자 전문가 해리 브라운이 제안한 전략으로, 주식·채권·금·현금을 각각 25%씩 균등하게 담는 단순한 구조가 핵심이다.

언뜻 보면 주식 비중이 낮아 지나치게 보수적인 전략처럼 보일 수 있다. 하지만 이 전략이 탄생한 배경인 1970년대 미국의 스태그플레이션을 살펴보면 그 이유가 분명해진다. 보통은 경기가 나쁘면 물가가 안정되기 마련인데, 당시에는 경기 침체와 물가 급등이 동시에 찾아왔다. 실업은 늘고 소득은 줄어드는데, 물가는 빠르게 치솟는 이례적인 상황이 펼쳐졌다. 당시 전통적인 60/40 포트폴리오는 속수무책이었다. 침체기에는 채권이 방어 역할을 해야 하는데, 물가 급등 때문에 채권마저 타격을 입었기 때문이다.

이때 빛을 발한 것이 바로 금이었다. 1971년 금본위제가 폐지된 이후 금값은 폭발적으로 상승해, 1970년대 초 온스당 40달러에서 1980년 1월 약 665달러까지 치솟았다. 물가가 두 자릿수로 뛰는 상황에서, 금은 인플레이션을 방어하는 가장 강력한 자산으로 자리 잡았다.

오늘날 영구 포트폴리오는 국내 투자자들 사이에서도 꾸준히 거론된다. 특히 최근에는 금, 주식, 채권을 모두 월배당 ETF로 구현할 수 있어 선택지가 더 풍부해졌다. 예를 들어 미국 주식 월배당 ETF 25%, 장기국채 월배당 ETF 25%, 금 월배당 ETF 25%, 단기 채권 또는 머니마켓 ETF 25% 등으로 조합하면, '배당수익을 받으면서, 방어력도 확보하는' 구조를 만들 수 있다.

이 포트폴리오의 가장 큰 매력은 단순함이다. 복잡한 수학 모델이 아니라 누구나 직관적으로 이해할 수 있는 균형 구조인 것이다. 해리 브라운은 "예상과 다른 일이 벌어져도 이 포트폴리오는 살아남는다"라고 했다. 미래를 완벽히 예측하는 대신, 예측이 틀리더라도 크게 다치지 않는 구조가 바로 영구 포트폴리오의 진짜 힘이다.

이 전략은 다음과 같은 구성으로 구현할 수 있다.

- 주식 25%: 국내외 지수 추종 ETF 등 (배당주·커버드콜 ETF 포함)
- 채권 25%: 국내외 장단기채권 ETF 등

- 금 25%: 골드 ETF 등
- 현금 25%: 단기국채 ETF, 초단기채 MMF, 파킹통장 등

올웨더 포트폴리오

다음으로 살펴볼 전략은 올웨더 포트폴리오다. 우리말로 흔히 '사계절 포트폴리오'라 불리며, 세계 최대 헤지펀드 브리지워터 어소시에이츠의 창립자 레이 달리오가 만든 것으로 널리 알려져 있다. 이름 그대로 어떠한 계절과 경제 기후에도 견디도록 설계된 포트폴리오다.

레이 달리오는 1996년에 이 전략을 고안했고, 대중에게는 자기계발 전문가 토니 로빈스의 책《MONEY 머니》를 통해 본격적으로 알려졌다. 당시 로빈스가 "그래서 도대체 뭘 사야 하느냐?"라고 묻자, 달리오가 직접 비율을 공개했다는 일화는 유명하다.

그때 공개된 올웨더 포트폴리오의 구성은 다음과 같다. 주식 30%, 장기국채 40%, 중기국채 15%, 금 7.5%, 원자재 7.5%다. 요약하면 주식 30%, 채권 55%, 인플레이션 대비 자산 15%로 볼 수 있다. 주식 비중이 낮고 채권 비중이 높으며, 금과 원자재 등 실물자산도 포함되어 있다. 이는 레이 달리오가 각 자산군의 '위험 기여도'를 균형 있게 맞추려 했기 때문이다.

올웨더 포트폴리오는 대공황이나 금융위기 같은 위기 상황에

서도 손실이 절반 이하로 제한되는 놀라운 방어력을 보여줬다. 물론 강한 상승장에선 60/40 포트폴리오나 100% 주식형 포트폴리오처럼 공격적인 수익률을 기대하기는 어렵다. 실제로 2008년 이후 연평균 약 6~7% 수익률을 기록해 60/40과 비슷하거나 약간 낮았지만, 변동성과 낙폭은 훨씬 작았다. 예컨대 2008년 금융위기 때는 12% 하락에 그쳤고, 2022년 주식·채권 동반 폭락장에서도 20% 안팎의 손실을 기록하며 방어했다. 요컨대 '중수익 중위험'을 추구하는 전략이라 할 수 있다. 안정적인 자산 증식을 원하거나 은퇴를 앞두고 변동성을 줄이고 싶은 투자자에게 잘 맞는다.

이 전략은 다음과 같은 구성으로 구현할 수 있다.

- 주식 30%: 국내외 지수 추종 ETF 등 (배당주·커버드콜 ETF 포함)
- 장기국채 40%: 국내외 장기채권 ETF 등
- 중기국채 15%: 국내외 중기채권 ETF 등
- 금 7.5%: 골드 ETF 등
- 원자재 7.5%: 원자재 ETF 등

이번 챕터에서는 대표적인 네 가지 자산배분 전략을 살펴봤다. 이 전략들은 시대도 다르고 철학도 다르며 자산 비중도 서로 다르지만, 한 가지 메시지만큼은 동일하다. 바로 "한 가지 자산에 올인하지 말라"라는 것이다. 분산투자야말로 시장이라는 변덕스러운 날씨를 견디는 최고의 생존 방법이라는 점을 잊지 말자.

07

세대에 따라 바뀌는 ETF 포트폴리오 설계법

엄마 생신을 맞아 아들과 함께 리조트에 갔다. 아들은 눈을 반짝이며 빠른 속도의 액티비티인 루지를 타고 싶어 했다. 바람을 가르며 달리는 생각만으로도 흥분을 감추지 못하는 표정이었다.

한편 엄마는 그 옆에 자리한 마사지숍 간판을 힐끗 바라보며 잠시 망설이셨다. 나는 웃으며 말했다.

"엄마, 잠깐만 쉬고 계세요. 저희 금방 다녀올게요."

결국 나는 아들과 함께 루지 트랙을 질주하며 짜릿한 속도를 만끽했고, 그 후엔 엄마와 따뜻한 손길이 전해주는 편안한 마사지를 함께 즐겼다.

세대를 나눠보면 엄마는 시니어, 나는 중년, 아들은 청년이다.

이렇게 나이에 따라 즐기는 놀이가 다르듯, 투자 방식 역시 다를 수밖에 없다. 청년은 속도감 있는 성장을, 중년은 균형을, 시니어는 편안한 안정감을 더 중시한다.

이번에는 투자자를 청년 투자자, 중년 투자자, 시니어 투자자 세 그룹으로 나누어, 각자의 삶의 단계에 맞는 월배당 ETF 포트폴리오 설계법을 살펴보겠다. 읽으면서 자신의 상황에 비춰 포트폴리오를 직접 그려보길 바란다.

청년 포트폴리오의 핵심은 공격성 아닌 균형감

20~30대 청년기는 무엇보다 시간이 가장 큰 자산이다. 같은 수익률이라도 5년 복리와 30년 복리는 천지 차이다. 이처럼 투자할 수 있는 시간이 긴 만큼, 장기 성장을 노릴 수 있는 주식 비중을 높게 가져가는 전략이 유리하다.

다만 투자 경험이 부족하다 보니 무작정 고수익만 좇다 보면 변동성에 놀라 시장을 떠나는 경우도 많다. 그래서 금융기관의 위험 성향 분석 같은 도구를 활용해 자신의 투자 성향을 먼저 파악하는 게 중요하다. 이 시기에 소액이라도 꾸준히 투자 경험을 쌓아두면, 주식시장의 요동에도 버틸 수 있는 내성이 길러진다.

청년 투자자의 가장 큰 무기는 시간적 여유다. 일시적 손실이 나더라도 회복할 기회가 충분하며, 월급이 많지 않아도 적립식 투자로 자산의 씨앗을 심고 키워갈 수 있다.

청년층이 월배당 ETF를 활용할 때 가장 경계해야 할 것은 '현재 배당률'만 좇는 것이다. 눈앞의 높은 배당에 올인하면 오히려 주가 상승 기회를 놓쳐 장기 자산 증식 속도가 더딜 수 있다. 대신 장기적으로 배당을 꾸준히 늘려온 배당성장형 ETF나 시장 전체를 담는 대표지수 ETF를 중심에 두는 게 바람직하다. 이는 워런 버핏도 즐겨 쓰는 방식이다.

고배당을 주는 커버드콜 ETF는 '메인 요리'가 아닌 '양념' 정도로만 가미하자. 현금흐름을 조금 보강하는 데 유용하지만, 지나치게 비중을 키우면 성장 동력을 희생하게 된다.

청년기의 예시 포트폴리오는 다음과 같다.

- 장기채권, 금 ETF 20%: 국공채·금 ETF 등, 주식 급락 시 완충 역할
- 월배당 커버드콜 ETF 20%: 연 10%대 배당금으로 현금흐름 보강
- 배당성장주 ETF 40%: 매년 배당이 늘어나는 기업 중심, 현재 배당은 낮아도 장기 현금흐름과 주가 상승 기대
- 대표지수 ETF 20%: S&P500, 코스피200 등, 분산투자로 장기 자본 이익 추구

그리고 청년기에는 월배당으로 들어오는 돈을 소비하기보다 재투자하자. 배당금을 다시 ETF에 넣으면 이자 위에 이자가 쌓이는 복리 효과를 극대화할 수 있다.

또 목돈이 적을 때는 적립식 투자도 좋은 선택이다. 적립식 투자

는 오히려 심리적 안정감을 준다. 매월 꾸준히 나눠 사면 시장 변동성에 덜 흔들리고, 오히려 가격이 출렁일 때 추가 기회를 잡을 수 있다.

중년 포트폴리오의 핵심은 우량주·채권·월배당의 조화

30대 후반에서 50대는 안정적인 급여 소득이 있지만 주택자금, 자녀교육 등 가계 지출 부담이 만만치 않은 시기다. 은퇴까지 시간이 남긴 했지만, 슬슬 노후를 준비해야 한다는 현실적 고민이 커지는 시점이기도 하다. 소득과 경험은 전보다 늘었지만, 이제는 지켜야 할 자산이 많아진 만큼 위험 감내도는 청년 시절보다 자연스레 낮아진다. 이 시기의 투자자는 성장과 안정의 균형을 맞추는 전략이 잘 어울린다.

중년 투자자의 월배당 ETF 포트폴리오는 '성장형+인컴형'의 조화가 핵심이다. 우량 배당주 ETF로 주가 상승과 배당 안정성을 확보하고, 커버드콜 ETF로 매월 꾸준한 현금흐름을 보강하는 구조다.

예컨대 미국 배당주 ETF는 연 3% 중반, 국내 고배당주 ETF는 연 5~6% 배당률을 기대할 수 있다. 이 둘을 섞으면 연 4~5% 안정적 수익을 기대할 수 있으며, 여기에 커버드콜 ETF를 더하면 두 자릿수 배당률도 가능하다. 물론 상승장에서 커버드콜은 상방이 제한

된다는 한계가 있지만, 나머지 주식형 자산이 그 약점을 충분히 보완해 준다.

중년 투자자의 예시 포트폴리오는 다음과 같다.

- 장기국채, 금 ETF 30%: 경기 침체나 주식 급락 시 완충 역할, 안전 자산의 버팀목
- 월배당 커버드콜 ETF 30%: 매월 높은 현금흐름 제공, 연 10%대 수익 가능하나 상승장 상방 제한 있음
- 고배당주 ETF 40%: 미국·국내 우량 고배당주 중심, 연 4~5%대 수익률과 주가 상승 여력 확보

이 포트폴리오는 고배당주와 국채, 금이 뼈대를 이루고, 여기에 커버드콜 ETF가 매달 현금흐름을 보강한다. 경기 호황기엔 주식형 자산에서 성장 과실을 누리고, 경기 침체기엔 국채와 금이 방패막이 되어준다.

아직 은퇴 전이라면 배당금은 소비보다는 재투자 혹은 대출 상환 등 미래 대비에 활용하는 것이 현명하다. 또한 ETF마다 배당 지급 시점이 다르므로 월초·월중·월말로 고르게 배치하면, 끊김 없는 현금흐름을 만들 수 있다.

시니어 포트폴리오의 핵심은 예측 가능한 현금흐름

은퇴를 앞두었거나 이미 은퇴한 시니어 투자자는 더 이상 월급이라는 근로소득이 없다. 이제는 그동안 모은 자산을 지키면서 필요한 생활비를 인출해 쓰는 단계다. 다시 말해, 안정적인 현금흐름과 원금 보존이 최우선 목표가 된다.

따라서 이 시기의 포트폴리오는 위험자산 비중을 줄이고, 채권과 현금성 자산을 늘려 변동성을 낮추는 것이 기본이다. 동시에 생활비에 보탤 충분한 월 현금흐름이 필요하므로, 커버드콜 ETF와 장기채권 ETF를 적극적으로 활용하는 게 중요하다.

커버드콜 ETF는 연 10~15% 내외의 높은 배당금을 지급해 생활비 마련에 유용하고, 장기채권 ETF는 주식시장 폭락 시 완충재 역할을 한다. 다만 이 시기에는 '높은 배당률'보다는 '꾸준하면서도 예측 가능한 배당'을 더 중시해야 한다. 배당률이 지나치게 높다는 건 그만큼 위험이 크다는 의미이기 때문이다.

시니어 투자자의 예시 포트폴리오는 다음과 같다.

- 장기국채, 금 ETF 40%: 국공채·금 중심, 안정성과 방어력 확보
- 월배당 커버드콜 ETF 30%: 연 10%대 배당으로 생활비 현금흐름 보강, 다만 상승장 상방 제한 감수
- 우량 고배당주 ETF 20%: 국내외 배당 안정성이 높은 기업 중심, 4~5%대 배당수익률 기대

• 단기채·머니마켓 ETF 10%: 유동성 확보 및 비상자금 역할

시니어 포트폴리오는 장기전이다. 욕심을 부려 연 10%대 초고 배당만 좇기보다는, 5~7%의 안정적인 배당률을 목표로 꾸준히 가 는 편이 안전하다. 현실적인 목표 수익률로는 연 7~8% 수준을 권 장한다.

예를 들어, 월 300만 원이 목표라면 연간 3,600만 원, 7% 수익 률 기준으로 약 5.15억 원의 운용 자금이 필요하다. 수익률 가정을 6%로 낮추면 6억 정도가 필요하고, 8%로 높이면 약 4.5억으로 줄 어든다. 수익률 목표에 따라 필요한 자산 규모가 달라지므로, 무리 한 고수익보다는 꾸준히 달성 가능한 수익률을 전제로 계획을 세워 야 한다.

그리고 반드시 일부는 비상자금으로 남겨 두자. 시장은 언제든 급변할 수 있고, 은퇴 생활에선 '안정적 현금 쿠션'이 그 무엇보다도 최고의 보험이 된다.

6장

심리의 함정 속에서 살아남는 월배당 ETF 투자 방법

월배당 12%라는
숫자에 속지 않는 법

나는 힘주어 전화를 걸었다.

"박 사장님, 축하드립니다. 한 달 만에 수익이 10%나 났습니다. 연으로 환산하면 120%, 정기예금의 60배에 달하는 수익이에요."

사실 나도 알고 있었다. '연환산 120%'라는 표현은 다소 과장일 수 있다는 것을. 하지만 그 순간만큼은 기분 좋게 들어주셨으면 했다. 투자 성과를 조금 더 실감나게 전달하고 싶어, 의도적으로 프레임을 키운 것이다. 사람은 누구나 자신이 얻은 이익을 크게 보고 싶어 하는 본능이 있기 때문이다.

이런 본능은 투자 시장에서 더욱 고스란히 드러난다. 투자 시장에서는 이익은 부풀려 말하고, 손실은 축소해 표현하는 경우가 흔하다. 문제는 이런 표현 하나가 투자자의 판단에 큰 영향을 줄 수 있다는 점이다. 그렇기에 본능에 휘둘리기 전에 '연으로 환산하면 120%지만, 매달 이런 수익이 보장되는 건 아니잖아'라고 스스로 되물으며 한번 더 이성적으로 따져볼 필요가 있다.

왜 투자자는 생각을 멈추지 않아야 하는가?

행동경제학자 대니얼 카너먼은 《생각에 관한 생각》에서 사람의 사고 체계를 두 가지로 나누었다. 직관적이고 빠른 '시스템 1', 그리고 논리적이고 느린 '시스템 2'다. 우리는 일상에서 대부분 시스템 1에 기대어 의사결정을 한다. 시스템 2의 의사결정은 수학 문제를 푸는 것처럼 더 많은 에너지가 들기 때문이다.

투자 환경은 늘 낯설고, 변동성은 언제나 우리를 시험한다. 이런 상황에서는 반드시 시스템 2 사고를 작동시켜야 한다. '연환산 120%'라는 표현에 순간적으로 "우와!"하고 반응했더라도, 곧바로 고개를 들어 "잠깐, 정말 그게 맞는 표현일까?"하고 따져봐야 한다.

투자에서 시스템 1 사고만으로 의사결정을 내리는 것은 술을 마시고 운전하는 것과 같다. 무의식적으로 핸들은 잡을 수 있지만, 액셀을 과하게 밟거나, 뒤차 확인도 안 하고 깜빡이 없이 차선을 바꾸기 쉽다. 투자에서도 매크로 환경은 건너뛰고, "이거 무조건 간다"는 친구의 말에 큰돈을 투자하거나 기분 따라 종목을 바꾸는 행동은 손실 가능성을 높인다. 음주 운전과 다를 게 없는 투자인 셈이다.

이번 장에서는 월배당 ETF 투자에서 우리가 놓치기 쉬운 부분들, 금융사가 슬쩍 넘어가거나 의도적으로 다른 프레임으로 이야기하는 것들을 짚어볼 것이다. 다시 말해, 투자자가 한 번 더 생각해봐야 할 포인트들이다.

프레임 속에 감춰진 진짜 정보

그 첫 번째 주제는 이미 눈치챘겠지만, 바로 '프레임'에 관한 이야기다. 과거 1세대 커버드콜 월배당 ETF 이름에는 수익률이 당당하게 들어가 있었다. 마치 이 숫자만 보면 부자가 될 수 있다는 듯이 말이다.

예를 들어 '+12% 프리미엄' 같은 식이다. 그럴싸하지 않은가? 이름만 봐도 당장 연 12% 수익이 눈앞에 그려지는 듯하다. 하지만 금융감독원은 결국 ETF 이름에 숫자를 넣지 못하도록 조치했다. 이유는 단순하다. 숫자가 주는 착시 효과 때문이다.

투자자들은 '연 12% 수익'이라는 장밋빛 전망만 먼저 떠올린다. 그러나 그 안에 숨어 있는 위험이나 손실 가능성은 상품명 어디에도 드러나지 않는다. 만약 이름이 '연 12% 프리미엄'이 아니라 '월 1% 프리미엄'이었다면 어땠을까? "1%? 이게 연으로 얼마지?"

하고 계산부터 하게 되었을 것이다. 같은 의미의 숫자지만, 표현 방식에 따라 체감은 다르게 다가온다.

이처럼 투자자는 큰 숫자에 더 쉽게 설득된다. '연 12%'라는 숫자는 그 자체로 강력한 마케팅 도구다. 똑같은 수익도 더 큰 프레임을 씌워 '최대한 크게' 보이도록 표현하는 것이다. 흥미로운 건, 손실 국면에서는 정반대의 프레임이 적용된다는 점이다.

수익은 크게, 손실은 작게

우리는 손실을 극도로 싫어한다. 대니얼 카너먼과 아모스 트버스키의 전망이론에 따르면, 같은 크기의 이득보다 같은 크기의 손실을 2.5배 더 크게 느낀다고 한다. 100만 원 복권 당첨의 기쁨보다 100만 원 투자 손실의 충격이 더 고통스러운 것이다. 그렇기에 그 누구도 손실을 확대해 표현하려 하지 않는다.

실제로 펀드 보고서를 봐도 "이번 분기에 -3% 조정이 있었다" 정도로 표현하지, "연간으로 환산할 경우 -12% 수준이다"라고 쓰는 경우는 매우 드물다. 손실은 줄여서 표현하고, 수익은 크게 키워서 보이려 한다. 이는 숫자 프레임의 이중 잣대이기도 하지만, 동시에 인간 심리에서 비롯된 자연스러운 결과이기도 하다.

이런 프레이밍 마케팅은 여러 분야에서 활발히 사용된다. 보험 광고에서는 "월 3만 원이면 가족의 미래가 보장됩니다"라고 말하지, "연 36만 원 비용이 듭니다"라고 하지 않는다. 대출 광고도 "하루 3,000원만 있으면 가능합니다"라고 하지, "연간 100만 원 가까이 갚아야 합니다"라는 식으로 말하지 않는다. 숫자를 어떻게 제시하느냐에 따라 사람의 감정 반응이 완전히 달라지기 때문이다.

문제는 숫자의 마법 뒤에 숨은 실상이다. 실제로 연 12%라는 달콤한 배당률을 내세운 국내 월배당 ETF가, 최근 1년간 -7.6%의 가격 손실을 기록한 사례가 있었다. 높은 배당률이 곧 높은 총수익을 의미하지는 않는다. 배당률은 '배당금의 크기'일 뿐, ETF 가격 하락까지 지켜주지는 않는다는 것을 기억해야 한다.

그리하여 숫자 프레임의 마법에 현혹되지 않는 것이 중요하다. 연 12%라는 화려한 표현 뒤에 실제로 꾸준히 월 1%씩 쌓이고 있는지, 아니면 잠깐의 성과를 부풀린 것인지 냉정하게 따져봐야 한다. 프레임에 휘둘리지 않고, 현금흐름과 자본이익을 함께 보는 눈을 가질 때 비로소 숫자의 함정을 피할 수 있다.

저렴해 보이는 ETF의 수수료, 총보수로 확인하라

갑자기 휴대폰 화면이 하얗게 변했다. 5년을 썼으니 이제 바꿀 때도 된 것 같아, 집 근처 대리점으로 향했다.

"고객님, 지원금 들어가서 거의 공짜예요. 그냥 가져가신다고 보시면 됩니다."

공짜라는 직원의 말에 순간 흔들렸다. 새로운 휴대폰을 만져 보니 마음은 순식간에 넘어갔다. '공짜라는데, 더 고민할 이유가 있 나?' 싶은 생각까지 든다.

그런데 막상 계약 단계로 넘어가자 숨겨진 조건들이 하나둘 붙 는다. 3개월 동안은 특정 서비스를 반드시 써야 하고, 월 요금은 기 존 33,000원에서 크게 뛰어오른다. 게다가 2년 의무 약정까지 붙는다.

'잠깐, 이거 다 비용 아닌가? 애초에 이런 조건까지 포함해서 설명했어야 하는 것 아닌가?'

누구나 한 번쯤은 해봤을 이런 경험은 ETF 투자에서도 비슷하게 반복된다. 운용사들은 대개 '운용보수'만 강조한다.

"이 ETF는 보수가 저렴합니다"

하지만 실제로 투자자가 부담하는 비용은 운용보수만이 아니다. 운용보수 외에도 수탁보수, 기타 비용까지 모두 포함된 총보수를 부담해야 한다. 요금제의 숨은 비용까지 포함해야 휴대폰의 진짜 가격이 보이듯, ETF도 총보수를 봐야 진짜 비용 구조를 알 수 있다.

운용보수란 펀드매니저가 투자 포트폴리오를 운용한 대가로 받는 수수료다. 하지만 투자자가 실제로 부담하는 비용은 여기서 끝나지 않는다. 수탁보수, 사무관리회사 비용, 법률검토 비용, 회계감사 비용, 마케팅 비용 등 다양한 항목을 더해야 한다.

어느 ETF의 운용보수가 연 0.2%라면, 여기에 판매·신탁·사무관리 비용까지 합친 총보수를 봐야하는 것이다. 그런데 안내는 늘 "보수 0.2%입니다"라고만 되니, 투자자는 자연스럽게 0.2%만 내는 것으로 착각하기 쉽다. 사실은 그 뒤에 추가 비용이 더 빠져나가고 있는데 말이다. 이는 마치 '공짜폰'이라며 소비자의 주의를 끌어놓고, 막상 계약하려는 순간 '3개월간 이 서비스 필수 사용, 2년 약정' 같은 조건을 뒤늦게 슬쩍 꺼내는 것과 다를 바 없다. 공짜처럼 보였을 뿐 결국 공짜는 아니었던 셈이다.

물론 엄밀히 말하면 운용사 주머니로 직접 들어가는 건 운용보수뿐이다. '폰이 거의 공짜'라는 말이 완전히 거짓은 아닌 것처럼 말이다. 하지만 소비자가 약정 조건을 미리 알고 계약해야 뒤통수 맞은 기분이 안 들듯, ETF 투자도 총보수를 알고 투자해야 한다.

1%의 수수료 차이가 20년 뒤 만드는 격차

운용보수와 총보수의 차이는 겉보기엔 작아 보이지만, 장기적으로는 얘기가 달라진다. 보수가 1% 차이 나면, 10년 뒤에는 단순히 10% 차이로 끝나지 않는다. 복리 효과까지 누적되며 시간과 함께 수익률을 지속적으로 갉아먹는다.

문제는 이 비용이 따로 청구되는 게 아니라 펀드 기준가에서 자동으로 빠져나가기 때문에 투자자가 체감하지 못한다는 데 있다. 월급에서 건강보험료가 자동으로 빠져나가 지불 체감이 잘 안 되듯 보수가 빠져나가도 체감이 잘 되지 않는다. 투자자 입장에서는 지불의 고통이 줄었을지 모르지만, 막상 얼마나 지출했는지 확인하면 결코 유쾌한 기분은 아니다.

작은 보수 차이가 장기 수익률에 미치는 영향을 예를 들어 살펴보겠다. 초기 투자금 10만 달러를 연 4% 수익률로 운용한다고 가정해 보자. 총 연 0.25%의 저보수를 내는 경우와 연 1.0%의 고보

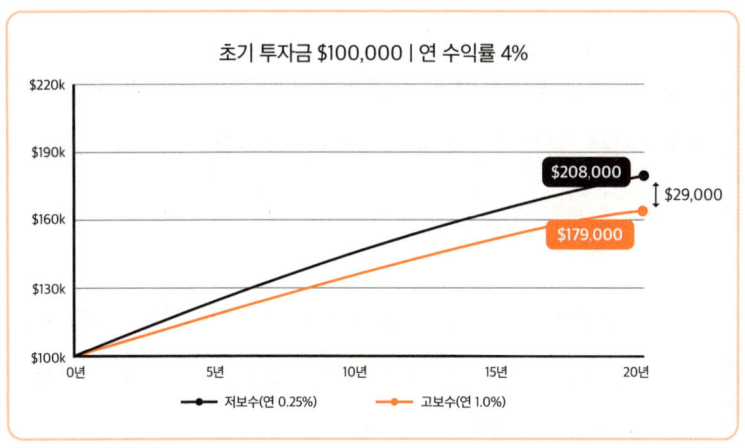

[그림 2-1] 총보수 차이가 장기 수익에 미치는 영향

수를 낼 경우 20년 후 투자 결과를 비교해 보면 차이가 뚜렷하다. 보수가 0.25%인 포트폴리오는 약 20만 8,000달러까지 불어나는 반면, 1.0% 보수를 떼는 포트폴리오는 약 17만 9,000달러에 그친다. 불과 0.75%포인트의 연 보수 차이가 20년 누적 결과에서는 약 29,000달러의 격차를 만들어낸다.

　이렇듯 보이지 않게 나가는 비용이라 해도 시간이 흐르면 복리 효과에 의해 투자자의 최종 수익에 큰 영향을 줄 수 있음을 알 수 있다. 결국 총보수야말로 투자자가 실제로 부담하는 모든 비용의 합계이며, 장기투자 관점에서 무시힐 수 없는 '보이지 않는 누수'임을 기억해야 한다.

자동 결제 뒤에 숨은 '보이지 않게 새는 돈'

사람들은 돈을 지불할 때 본능적으로 고통을 느낀다. 이를 행동경제학에서는 '지불고통'이라고 부른다. 지불하는 행위와 소비 행위가 동시에 일어날수록 고통이 커지고, 둘이 분리될수록 고통이 줄어든다.

예를 들어 현금을 직접 지불할 때는 지출이 피부로 와닿지만, 신용카드 결제는 그 고통을 크게 줄여준다. 또 자동결제 구독 서비스는 아예 지불 자체를 의식하지 않게 만들어 소비를 더 쉽게 늘리도록 만든다. 여러 유명 기업들이 자동 구독을 유도하고, 자동 결제를 선택하면 보너스를 얹어주는 이유도 바로 여기에 있다.

어찌 보면 이는 진통제와도 비슷하다. 통증 자체가 사라진 것은 아니지만, 약 덕분에 고통을 덜 느낄 뿐이다. 비용 역시 마찬가지다. 지불고통을 줄여주는 장치들 덕분에 고통은 줄었지만, 지출 자체가 사라진 것은 아니다.

커버드콜형 월배당 ETF는 높은 배당금을 지급하기 위해 옵션 매도를 활용하는 구조상, 운용보수뿐 아니라 각종 관리 비용까지 합쳐 총보수가 다른 ETF보다 높게 책정되는 경우가 많다. 진통제가 통증을 잠시 잊게 할 뿐 근본적 치료가 되지 않듯, 커버드콜형 월배당 ETF 역시 높은 총보수가 가져올 장기적 비용도 투자 시 함께 고려해야 한다.

배당은 받았는데
왜 손실처럼 느껴질까?

은행에서는 1년에 두 번 표창을 수여했다. 상이란 언제나 사람을 기분 좋게 한다. '이번에는 혹시 나일까?' 하고 기대하던 차에 상사가 나를 불렀다.

"이번에 김 대리를 표창 후보로 추천하려고 해. 지점장님이랑 이야기해 볼게."

상 자체는 아니었지만 '추천'이라는 말만으로도 기분이 한껏 좋아졌다. 그런데 며칠 후 전혀 다른 이야기가 돌아왔다.

"김 대리, 이번에 추천하려고 했는데 말이야… 최 대리가 먼저일 것 같아. 나이가 있는데 아직 승진을 못 해서 이번에는 그쪽을 추천하기로 했어. 다음엔 꼭 챙겨줄게."

차라리 추천한다고 얘기를 꺼내지 않았으면 덜 섭섭했을 텐데, 기대감을 올려놨다가 눈앞에서 거둬간 듯한 기분에 실망감은 두 배가 되었다.

월배당 ETF 투자에서도 비슷한 경험을 하게 된다. 특히 배당을 받기 위해 배당락일 전날 급히 매수할 때가 그렇다. 하루 만에 배당을 받긴 했지만, 바로 다음 날 기준가가 배당금만큼 빠져버린다. 꼭 내 원금을 빼서 돌려받는 기분이 든다.

그런데 곰곰이 생각해 보자. 월 1% 배당을 주는 ETF라면, 배당 후 ETF 가격이 안 떨어지려면 하루 만에 1% 수익이 나야 한다. 변동성이 큰 자산에서 하루에 딱 1% 오르는 상승 타이밍을 맞추는 게 얼마나 어려운 일인가. 결국 대부분의 경우 배당락 전일에 매수하면 배당받은 만큼 가격이 빠지는 장면을 보게 된다.

앞서 설명한 것처럼, 배당락은 어디까지나 합리적인 회계 조정이다. 하지만 머리로는 이해해도 감정은 다르게 반응한다. 배당락 전일에 매수한 뒤 다음 날 계좌에서 '-1%'라는 숫자를 보면 초보 투자자는 당황한다. "합리적인 회계 조정이다"라는 사실을 알아도 개운치 않다.

손실처럼 보이지만 손실이 아닌 이유

사람은 눈앞의 손실에 훨씬 더 민감하게 반응한다. 배당으로 들어온 100만 원보다 계좌에서 사라진 100만 원이 더 크게 다가온다. 손실은 두려움과 불안을 증폭시키고, 본능적으로 이를 회피하려는 행동으로 이어진다.

여기에 또 다른 심리인 소유효과까지 더해진다. 일단 내 손에 들어온 것은 곧바로 '내 것'이 된다. 표창 추천이 원래 나에게 와야 했다고 생각한 것처럼 말이다. 일단 내 것이 된 순간, 실제 가치 이상으로 높게 평가하고 집착하게 된다.

배당금도 마찬가지다. 한 번 수중에 들어온 돈은 당연히 내 것으로 느껴지지만, 주가 하락으로 동일한 금액이 빠져나가면 내 소중한 돈을 잃었다는 불쾌감이 몰려온다. 사실은 아무것도 잃지 않았는데도 말이다.

이처럼 잃는 것에 대한 두려움과 소유에 대한 집착이 결합하면, 배당락처럼 당연한 가격 조정조차 부당한 손실로 느끼기 쉽다.

프레임을 바꾸면 보이는 전체 그림

그렇다면 이 불필요한 감정 소모를 줄이는 방법은 무엇일까? 핵심은 프레임을 바꿔 보는 것이다. 배당락 직후 눈에 보이는 가격 변동에 흔들리기보다, 총수익 관점에서 계좌를 바라봐야 한다. ETF 주가 변동률만 보지 말고 배당금까지 합친 전체 수익률을 계산하는 습관을 들여야 한다.

실제로 월배당 ETF 투자자 중에는 매달 배당금을 꼬박꼬박 받으면서도 ETF 가격이 떨어졌다는 이유만으로 속상해하는 경우가 많다. 하지만 배당을 포함해 전체 수익을 보면 ETF가 실제로 얼마나 성과를 냈는지 더 정확히 알 수 있다. 예컨대 한 달 동안 가격이 2% 떨어졌지만 배당으로 2%를 받았다면 순수익은 0%, 즉 본전이다.

배당락은 그저 한 주머니에서 다른 주머니로 옮겨놓은 것일 뿐이다. 숫자 프레임에 휘둘리지 않고 전체 그림을 본다면, 불필요한 감정 에너지를 낭비하지 않을 수 있다.

월배당 ETF의 민낯, '순월배당'으로 확인하자

나는 늘 은행 밖 세상이 궁금했다. 연수 시간에 강의를 들으며 종종 이런 생각을 했다.

'저 강사님은 어떤 삶을 살고 있을까? 저 사장님은 어떻게 저렇게 돈을 벌 수 있을까?'

질문은 계속 쌓였지만, 선배들의 답은 늘 비슷했다.

"은행은 온실이고, 밖은 전쟁터야."

이 말을 반복해서 듣다 보니, 막연한 두려움이 앞섰다. 안전한 조직이라는 온실을 벗어나 외부 시장에서 직접 경쟁하겠다는 결심을 좀처럼 하기가 어려웠다. 그래서 나는 당장 퇴사하기보다 우회로를 선택했다. 박사학위 과정과 비즈니스 공부를 병행하며, '조직

밖의 세계'를 천천히 들여다보기로 한 것이다.

은행에서는 수없이 많은 금융상품을 판매했지만, 정작 내 힘으로 무언가를 만들어 직접 판매해 본 적은 없었다. 팬데믹이 한창이던 시기, 주말마다 시간을 쪼개 악세서리 도매상에 연락해가며 마스크 스트랩을 제작해 쿠팡에 올렸다. 상세페이지를 직접 만들고, 3PL 물류와 쿠팡을 연동하여 자동배송 시스템까지 갖췄다. 처음 한두 개가 팔릴 때는 혼자 박수도 칠 만큼 짜릿했다.

그런데 시간이 지나자 민낯이 드러났다. 광고를 집행하면 매출이 발생하고, 광고를 중단하면 판매도 멈췄다. 결국 마진은 대부분 광고비로 소진되었고, 남는 건 '매출'뿐이었다. 그제야 비로소 '앞으로 남고 뒤로 깨진다'라는 말의 의미를 체감했다.

월배당 ETF도 이와 비슷한 부분이 있다. 매달 배당금이 통장에 찍힐 때는 마치 매출이 올라가는 것처럼 짜릿하다. 하지만 그 이면의 비용과 위험, 세금과 가격 변동까지 계산해 보면, 매출은 있는데 순이익은 남지 않는 장사와 다를 게 없다.

보고 싶은 것만 보게 만드는 심리의 함정

사람은 누구나 자신이 믿고 싶은 정보만 보고, 듣고 싶은 것만 듣는 경향이 있다. 이를 '확증 편향'이라고 한다. 월배당 ETF 투자자에게도 이 편향은 나타난다. 매달 들어오는 배당금은 반가워하면서, 그 배당에서 빠져나가는 세금이나 건강보험료, 가격 변동은 애써 외면하는 경우가 많다. 그 결과 '수익이 나는 것 같다'는 착시가 생긴다. 배당의 즐거운 면만 보고, 불편한 뒷이야기는 덮어두는 셈이다.

이러한 확증 편향에서 벗어나려면 단순히 '얼마를 받았다'에 머물지 말고, 세금, 건강보험료, 가격 변동까지 반영한 진짜 월배당인 '순월배당' 수익률을 따져봐야 한다. 투자자라면 특히 다음의 숨은 비용들을 기억해 둘 필요가 있다.

첫 번째는 배당에 대한 세금이다. 배당금은 받자마자 15.4%(지방소득세 포함)의 세금이 원천징수된다. 그래서 통장에 찍히는 배당금은 생각보다 줄어든다. 게다가 이 배당금은 금융소득으로 잡히는데, 일정 기준을 넘으면 종합소득세에도 영향을 줄 수 있다.

두 번째는 건강보험료다. 금융소득이 일정 기준을 넘으면, 배당소득으로 인해 다음 해 11월분부터 건강보험료가 오를 수 있다.

세 번째는 ETF 자산가격의 하락이다. 배당금을 받는 동안 기초자산가격은 하락할 수 있다. 배당락일 직후 가격이 배당금만큼 빠지는 것은 구조적으로 당연한 일이다. 그런데 기초자산 또한 약세라면, 배당을 받았음에도 총수익은 마이너스가 될 수 있다.

결국 매달 들어오는 배당금보다 중요한 것은 세후, 건보후, TR을 모두 감안한 진짜 월배당이다. 그래야만 '매출만 있고 순이익은 없는 장사'를 반복하지 않을 수 있다.

보이는 수익이 아닌 '남는 수익'을 보라

예를 들어 최 사장님이 1,000만 원을 커버드콜 월배당 ETF에 투자했다고 해보자. 이 ETF는 매달 순자산의 1% 수준을 배당으로 준다고 알려져 있어, 최 사장님은 한 달에 10만 원이 입금될 것을 기대했다. 그런데 막상 한 달 뒤 계좌에 찍힌 금액은 세금 15.4%(지방소득세 포함)를 제외한 84,600원이었다.

여기에 추가로, 지역가입자인 최 사장님이 원래 금융소득이 1,000만 원 이내였는데 이번 배당으로 소득이 1,010만 원으로 증가하며 건강보험료 기준을 초과했다. 기준을 크게 넘은 것은 아니지만 다음 해 건강보험료가 연간 약 71만 원, 월로 따지면 6만 원 정도 더 나온 것이다. 게다가 최근 기초자산가격이 한 달 동안 4% 하락했다고 하면 어떨까? 월 세후 배당금 84,600원을 기준으로 계산해보면 다음과 같다.

- 세후 입금된 배당금: 연간 1,015,200원
- 다음 해부터 매월 추가될 건강보험료: 연간 71만 원
- 기초자산가격 하락에 따른 평가 손실: 40만 원
- ⇨ 종합하면 -94,800원 평가 손실

결과적으로 '배당받았다'는 기쁨은 잠깐, 따져보니 한 달 순손익은 마이너스다. 눈앞의 월 1% 수익이라는 마법이 걷히고, 그제야

수익의 실체가 드러난다.

　물론 모든 월배당 ETF가 항상 손실을 내는 것은 아니다. 시장 상황에 따라 어떤 달은 기초자산가격이 올라 배당 이상의 큰 이익이 나는 경우도 있다. 특히 채권형이나 리츠형 월배당 ETF처럼 배당 원천이 안정적인 상품의 경우, 배당을 받으면서도 자본 이익을 동시에 챙길 수 있는 구간이 충분히 존재한다. 결국 월배당 ETF 투자자뿐 아니라 모든 투자자에게 필요한 건 숫자 뒤에 숨어 있는 민낯을 들여다보는 지혜다.

05

초보와 중견 투자자를 가르는 결정적 차이

20대 중반, 나는 인생 처음으로 외환선물을 접했다. 공부는커녕 기본 개념도 제대로 알지 못한 상태였다.

"1달러만 올라가도 30만 원이야."

친한 언니의 말 한마디에 귀가 솔깃했고, '그래? 그럼 조금만 해 볼까?'라는 가벼운 마음으로 베팅을 시작했다.

결과는 놀라웠다. 단숨에 수익이 났고, 들뜬 마음에 그날 바로 옷을 사 입었다. 탐욕의 맛을 본 순간이었다. 하지만 그 달콤함은 오래가지 않았다. 베팅은 점점 커졌고, 시장은 마치 내 지갑만 노리는 듯 곤두박질쳤다. 계좌는 어느새 -500만 원이 되었다. 소개해 준 언니는 환율이 반등하며 원금이 회복되자마자 재빨리 정리했다. 반면 나는 '여기서 더 오르겠지?'라며 위험한 포지션을 고집했다. 결국 계좌는 −1,000만 원까지 추락했고, 그제야 거래를 정리할 수 있었다. 나는 초보자가 저지를 수 있는 편향을 모조리 실행한 셈이었다. 그 대가는 값비싼 수업료였다.

초보 투자자들은 정보와 경험이 부족한 만큼 주변의 말과 눈앞의 유행에 쉽게 흔들린다. 나 역시 처음에는 지인의 한마디에 기대어 충분한 검증도 없이 투자 결정을 내렸다. 당시에는 모든 것을 내 탓이라 여겼지만 시간이 지나 알게 된 사실이 있다. 이런 오류 행동은 개인의 성격 때문만이 아니라 인간이 본능적으로 지닌 다양한 인지 편향 때문이라는 점이다. 준비가 부족한 상태에서 투자 시장에 뛰어들면 누구라도 비슷한 손실을 경험할 수밖에 없다.

월배당 ETF의 투자 대상 자산은 대체로 변동성이 크다. 물론 우량 채권에 투자하는 월배당 ETF라면 상대적으로 안정적일 수 있지만, 고배당주 ETF의 본질은 결국 주식이다. 주식은 구조적으로 변동성이 크다. 특히 커버드콜 월배당 ETF는 기초자산을 보유한 상태에서 콜옵션을 매도하는 전략을 쓰는데, 콜옵션 매수자가 존재하려면 해당 자산의 변동성이 커야 한다. 미래 불확실성이 클수록 매수할 유인이 생기기 때문이다. 이처럼 월배당 ETF는 구조적으로 변동성이 큰 경우가 많다.

따라서 아무런 준비 없이 덜컥 매수에 나섰다가는 초보 투자자들이 흔히 겪는 편향을 그대로 경험할 가능성이 높다. 그래서 이번 챕터에서는 초보 투자자들이 흔히 빠지는 편향, 그리고 투자 경험이 쌓여 중급 단계에 이르렀을 때 다시 마주하게 되는 또 다른 편향들에 대해 살펴보려 한다.

초보자는 왜 같은 실수를 반복하는가?

초보 시절 내가 겪었던 편향은 크게 세 가지였다. 먼저 친한 언니의 행동을 그대로 따라 했던 '군집 편향', 다음으로 환율이 오를 것이라는 기사만 찾아봤던 '확증 편향', 마지막으로 손실이 싫다는 이유로 기회가 왔을 때 매도하지 못하고 버텼던 '손실 회피 편향'이다.

군집 편향은 쉽게 말해 "남들이 하니까 나도 한다"라는 심리다. 많은 초보 투자자가 유망하다는 소문만 듣고 무턱대고 시장에 뛰어든다. 많은 사람들이 투자하니 왠지 안전할 것 같고, 뒤처지면 손해볼 것 같은 FOMO 심리가 작동하기 때문이다. 하지만 이런 행동은 투자 성과에 독이 된다. 실제 연구에 따르면 군중의 흐름을 좇는 성향이 강한 사람일수록, 거품 국면에서 잘못된 낙관에 기대어 손실을 볼 가능성이 크다. 결국 고점에 사고, 저점에 파는 최악의 패턴을 반복하게 된다.

확증 편향은 자신이 믿고 싶은 정보만 선택적으로 보고 듣는 심리다. 초보 투자자는 자신이 매수한 종목에 유리한 뉴스만 찾아보고 불리한 의견은 애써 외면한다. 나 역시 큰 손실을 보는 동안에도

"곧 반등할 거야"라는 믿음을 고집하며 긍정적인 전망만 골라 읽었다. 이 편향에 빠지면 손실이 쌓여도 "내 판단이 틀릴 리 없어"라며 합리화하게 되고, 적절한 손절 타이밍을 놓치게 된다. 특히 인터넷에는 정보가 넘쳐나지만, 아이러니하게도 그중 내 귀에 달콤한 정보만 필터링하는 것이 문제다.

손실 회피 편향은 노벨상 수상자인 대니얼 카너먼의 연구로 잘 알려진 개념이다. 사람은 얻는 기쁨보다 잃는 고통을 훨씬 더 크게 느끼기 때문에, 투자자는 손실을 확정 짓는 행동을 극도로 꺼린다. 손해 보고 판다는 사실을 받아들이기 어려워 손실 난 종목을 끝까지 붙잡고 놓지 못하는 것이다. 앞서 친한 언니는 원금만 회복되자 깔끔히 정리했지만, 나는 확증 편향으로 버티다 다시 원금 손실 구간에 들어선 후 손실을 인정하기 싫어 끝까지 버텼다. 결과는 더 큰 손실이었다. 많은 초보 투자자가 손절을 미루다가 본의 아니게 '장기 투자자'가 되는 이유도 이 때문이다.

결국 초보 투자자의 실수는 대개 매수 과정에서 발생한다. 준비도 없이 남들에게 휩쓸려 투자하고(군집 편향), 보고 싶은 정보만 보고(확증 편향), 손실을 인정하지 못해 버티다가(손실 회피 편향) 피해가 커지는 것이다. 이런 오류를 줄이려면, 남들이 어떻게 움직이는지보다 자기만의 투자 원칙을 세우는 일이 더 중요하다. 시장에서 오래 살아남는 사람은 많은 정보를 가진 사람이 아니라, 자신의 편향을 다스릴 줄 아는 사람이다.

중견 투자자가 성과를 못 내는 진짜 이유

어느 정도 경험을 쌓은 중견 투자자들은 초보 시절의 실수는 줄어든다. 공부도 하고, 나름의 매수 기준도 세우기 때문에 매수 자체는 비교적 합리적으로 이뤄진다. 그럼에도 투자 성과가 기대에 못 미친다면, 문제는 대개 매도 타이밍에 있다. 이 매도 타이밍과 관련된 대표적인 편향이 '기준점 편향'과 '처분 효과 편향'이다.

기준점 편향은 흔히 '닻 내리기 효과'라고 불리는데, 자신이 정해놓은 기준가격에 집착하는 심리를 뜻한다. 예를 들어, 어떤 주식을 100만 원에 사고 싶었는데 놓쳤다고 해보자. 그럼 그 100만 원이 머릿속에 닻처럼 박혀, 주가가 다시 그 근처로 오기 전에는 좀처럼 매수하지 못한다. 문제는 주식이 한 번 올라가기 시작하면 계속 오르는 성질이 있다는 점이다. 결국 "못 샀다"의 기억에 발목 잡혀 "못 산다"로 이어지는 아이러니가 생긴다.

처분 효과 편향은 더 익숙하다. 이익은 서둘러 챙기고, 손실은 질질 끄는 행동 패턴이다. 10% 오른 종목은 "떨어지기 전에 얼른 팔자!"하고 서둘러 매도해버려 큰 수익 기회를 놓친다. 반대로 10% 손실이 난 종목은 "본전만 오면 팔 텐데…" 하며 무기한 보유한다. 이익은 조급하게 확정 짓고, 손실은 애써 외면하는 심리가 투자에서 그대로 드러나는 것이다. 여기에 손실 회피 성향까지 더해지면, 수익률은 더 떨어질 수밖에 없다.

중급 단계에서 흔히 나타나는 또 다른 오류는 '조급함'이다. 초보 때보다 대응 방법을 많이 알게 되면, 오히려 단기 성과에 집착하거나 과잉매매로 이어지기 쉽다.

결국 중견 투자자의 실수는 대개 파는 전략에서 비롯된다. 종목 선정은 잘해도, 언제 이익을 실현하고 언제 손실을 끊을지 감정에 휘둘리면 수익을 내기 어렵다. 기준점에 집착하거나, 이익과 손실을 다루는 방식이 비합리적이거나, 눈앞의 움직임에 일희일비하며 조급하게 굴면 장기 성과는 떨어진다. "투자는 사는 것보다 파는 게 더 어렵다"라는 말이 괜히 나온 게 아니다.

투자에서 편향은 누구나 갖고 있는 인간적인 성향이다. 완전히 벗어날 수는 없지만, 의식하고 관리하는 것만으로도 훨씬 현명한 결정을 내릴 수 있다. 월배당 ETF 투자 역시 편향을 다스릴 줄 아는 사람이 결국 한 단계 높은 투자자가 된다.

06

흔들리지 않는 투자자가 되기 위한 10가지 규칙

지금까지 월배당 ETF 투자에서 흔히 빠지기 쉬운 심리적 함정과 편향들을 살펴보았다. 이제 이러한 함정을 피하고, 장기적으로 현명하게 투자하기 위해 꼭 기억해야 할 10가지 지침을 살펴보자. 앞서 다룬 내용을 바탕으로 정리한 이 원칙들은 월배당 ETF 투자자는 물론 모든 투자자에게 실질적인 길잡이가 될 것이다.

1. 숫자 프레임의 함정에 흔들리지 말기

투자 수익률을 표현하는 방식에 따라 투자자의 심리가 크게 흔들린다. '연환산 120%' 같은 문구는 일시적인 성과를 부풀린 전형적인 숫자 프레임일 뿐이다. 큰 숫자가 주는 흥분을 경계하고, 그 수익이 어떻게 계산되었는지 이성적으로 따져봐야 한다. 따라서 투자 의사결정을 내릴 때는 빠르고 직관적인 시스템 1 대신, 천천히 한 번 더 생각하는 시스템 2의 논리적 사고를 가동하여 숫자 뒤에 숨은 실상을 파악해야 한다.

2. ETF의 총보수를 기준으로 판단하기

ETF 투자 비용은 운용보수뿐만 아니라 총보수를 기준으로 판단해야 한다. 운용보수는 물론이고 수탁보수, 사무관리비 등 각종 부대 비용을 포함한 총보수가 실제로 부담하는 비용이다. 예컨대 운용보수가 1%라고 해도, 기타 비용까지 합친 총보수가 1.3%라면 투자 수익률은 생각보다 더 깎인다. 이 총보수는 펀드 기준가에서 자동으로 차감되기 때문에 눈에 잘 띄지 않지만, 장기적으로는 복리 효과로 인해 수익률에 큰 영향을 미치는 '보이지 않는 누수'다. 새로운 ETF에 투자할 때는 운용사가 강조하는 낮은 운용보수만 보지 말고, 공식 자료에 명시된 총보수를 꼭 확인하여 실제 비용을 가늠해야 한다.

3. 배당락은 자연스러운 현상임을 이해하고 총수익으로 판단하기

배당을 받기 위해 배당락 직전에 월배당 ETF를 매수했다가 다음 날 ETF 가격이 떨어져 당황한 경험이 있을 것이다. 하지만 배당락은 배당금만큼 주가가 조정되는 합리적인 회계 현상임을 기억하자. 배당받은 만큼 주머니를 옮겨 담았을 뿐 자산의 실질 가치에는 변화가 없다. 계좌에 찍힌 일시적 1% 손실에 연연하기보다, 배당금까지 합산한 전체 수익률을 점검하는 습관이 필요하다. 그래야 배당락의 쓴맛에 감정적으로 휘둘리지 않고 침착한 투자를 이어갈 수 있다.

4. 월배당이 아닌 순월배당을 따져보기

월배당 ETF의 겉모습인 배당수익률에만 취해서는 안 된다. 진짜 월배당은 세금과 기타 비용까지 고려한 순수익을 계산하는 것이 핵심이다. 배당금은 15.4%(지방소득세 포함)의 배당소득세가 원천징수되기 때문에, 예상보다 적은 돈이 통장에 들어온다. 또 배당소득이 늘면 건강보험료 등이 오를 수도 있다. 아울러 배당을 받는 동안 ETF 가격이 하락할 수도 있으므로, 가격 변동을 합친 실질 수익률을 계산해 보고 투자 여부를 판단해야 한다.

5. 군중 심리에 휩쓸리지 않기

초보 투자자가 가장 흔히 저지르는 실수 중 하나는 남들이 좋다고 할 때 덩달아 따라 사는 것이다. 이를 행동경제학에서는 군집 편향이라고 부른다. 많은 사람이 투자한다고 해서 그 종목이 반드시 좋은 것은 아니며, 오히려 모두가 낙관할 때 거품이 생기기 쉽다. 그러므로 남들도 하니까 나도 해야 한다는 FOMO 심리를 경계해야 한다. 유망하다는 소문이나 유행에 무작정 뛰어들기 진에, 반드시 스스로 공부하고 투자 기준을 점검하도록 하자. 다른 사람들의 의

견은 참고하되, 최종 결정은 자신의 원칙에 따라 내리는 것이 안전한 투자로 가는 첫걸음이다.

6. 확증 편향을 의식적으로 경계하기

사람은 본능적으로 자신이 믿고 싶은 정보만 받아들이는 경향이 있다. 일단 어떤 상품을 좋다고 생각하면, 그 판단을 지지하는 긍정적인 소식만 눈에 들어오고 부정적인 정보는 외면하기 쉽다.

월배당 ETF에 투자할 때도 마찬가지다. 배당이 매월 꾸준히 들어온다는 장점만 보고, 가격 하락이나 세금 부담 같은 불편한 정보는 의식적으로라도 보려 하지 않는 경우가 많다. 그러나 이런 확증 편향에 빠지면 중요한 위험 신호를 놓쳐 손실이 커질 수밖에 없다. 이를 피하려면 의도적으로 다양한 관점의 정보를 수집하고, 자신의 투자 가설을 반박해 보는 연습이 필요하다.

7. 손실을 부정하려는 본능을 알아차리기

대니얼 카너먼과 아모스 트버스키의 전망이론에 따르면, 사람은 같은 크기의 수익보다 손실에서 느끼는 고통을 훨씬 크게 인식한다. 그래서 투자자들은 손실이 나면 본능적으로 눈을 감고 회피하려 하며, 손실을 확정 짓는 결정을 미루기 일쑤다. 그러나 손실이 났을 때 현실을 외면한 채 버티는 것은 더 큰 손실로 이어질 수 있는 위험한 행동이다. 이 위험을 피하려면 미리 손절 기준을 명확히 정해두고, 그 기준에 도달하면 망설임 없이 실행해야 한다. 손실을 극도로 싫어하는 손실 회피 본능은 누구에게나 있지만, 때로는 그 본능을 역행하는 결단이 장기적으로 자산을 지키는 유일한 길이 된다.

8. 과거 가격에 집착하지 말기

투자 경험이 쌓인 중급자들도 흔히 빠지는 함정 중 하나가 기준점 편향이다. 과거에 머릿속에 박힌 기준가격이나 목표 수익률이 일종의 '닻'이 되어 합리적인 판단을 방해하는 것이다. 임의로 세운 기준가격에 집착하다 보면 시장의 변화를 놓치기 쉽다. 목표했던 가격에 도달하지 않았더라도 펀더멘털이 좋다면 과감히 따라붙거나, 반대로 처음 기대와 달리 상황이 악화되었다면 미련 없이 계획을 수정하는 유연성을 가져야 한다.

9. 이익은 길게, 손실은 짧게 가져가기

많은 투자자들이 수익은 서둘러 확정하고, 손실은 너무 오래 끄는 실수를 저지른다. 조금만 수익이 나면 조급하게 팔아서 더 큰 수익을 얻을 기회를 놓치는 반면, 손실 난 종목은 본전 생각에 사로잡혀 못 팔고 계좌에 묵혀두기 일쑤다. 이런 습관을 바로잡기 위해서는 투자 원칙을 '이익은 천천히, 손실은 빨리'로 재설정할 필요가 있다. 구체적으로는 목표 수익률과 허용 손실 한도를 미리 정해두는 것이다. 원칙을 세워두면 감정에 좌우되지 않고 보다 객관적으로 대응할 수 있다.

10. 단기 변동에 흔들리지 않고 장기 전략을 유지하기

투자자에게 특히 요구되는 덕목은 인내심과 절제다. 어느 정도 경험이 쌓이면 시장을 더 잘 예측할 수 있다고 착각하기 쉽다. 그 결과 단기 성과에 과하게 집착하고, 잦은 매매로 스스로 불리한 환경을 만들기도 한다. 그러나 여러 투자 격언이 말하듯, 시장은 시간을 견디는 자의 편이다. 일시적인 가격 변동에 일희일비하며 갈팡질팡하기보다는, 처음 세운 투자 계획과 판단 근거를 신뢰하고 충분한 시간을 주는 것이 중요하다. 특히 월배당 ETF처럼 꾸준한 현금흐름을 추구하는 투자에서는 단기 등락보다는 장기적인 총수익과 안정적인 소득 흐름에 집중해야 한다.

출처

1장 월배당 ETF 투자 전 반드시 알아야 할 것들

01 ETF, 한 번에 이해하기

1 Boyte-White, C. 'ETF vs. Mutual Fund Fees: How to Compare Them', Investopedia. (2025-06-27 업데이트)
https://www.investopedia.com/articles/investing/102915/why-are-etf-fees- lower-mutual-funds.asp

2 PwC. 〈ETF Survey 2025〉.
https://www.pwc.com/gx/en/industries/financial-services/assets/etf-survey-2025.pdf#:~:text=Historic%205%20year%20CAGR%2018.2,path%20to%20%2430%20trillion%207

3 DJ Shaw. 'Global ETF Assets Overdrive Surpass $14T'. ETF.com.
https://www.etf.com/sections/news/global-etf-assets-overdrive-surpass-14t-trackinsight

05 주식과 채권은 왜 이렇게 다를까?

1 Fitch Ratings. (2025.07 기준).

2 브라질 10년 만기 국채 금리 (2025.09 기준).

06 주가는 결국 '이것'으로 결정된다

1 NVIDIA. 〈Form 10-Q 2025〉.
https://s201.q4cdn.com/141608511/files/doc_financials/2025/q4/177440d5-3b32-4185-8cc8-95500a9dc783.pdf

2 https://companiesmarketcap.com/nvidia/pe-ratio/

3 https://www.reuters.com/technology/chinas-deepseek-sets-off-ai-market-rout-2025-01-27/

08 금값은 왜 세 번 폭등했을까?

1 금 선물 가격 (2525년 10~12월 기준).

2장 월배당 ETF, 제대로 이해하기

01 월배당 ETF는 둘 중 하나다

1 홍준기. 연금처럼 매달 배당하는 ETF, 국내에도 속속 등장. 〈조선일보〉. 2022년 8월 2일.
https://www.chosun.com/economy/money/2022/08/02/SOMPXBAWNFCHBEFYR73UGSZCRE/?utm_source

2 김승현. 변동성 장세에 '안성맞춤'… 월 배당 ETF 20조 돌파. 〈조선일보〉. 2025년 2월 11일.
https://cbiz.chosun.com/svc/bulletin/bulletin_art.html?contid=2025021100102#:

~:text=%E2%97%87%EC%9B%94%20%EB%B0%B0%EB%8B%B9%20ETF%20
21%EC%A1%B0%EC%9B%90%20%EC%8B%9C%EB%8C%80

3   https://seekingalpha.com/symbol/QYLD/dividends/yield

06 우리가 자주 오해하는 월배당 ETF

1   https://seekingalpha.com/symbol/QYLD/dividends/yield
2   https://seekingalpha.com/symbol/QQQ/dividends/yield
3   https://www.globalxetfs.com/funds/qyld
4   https://finance.yahoo.com/quote/QQQ/

3장 진짜 월배당은 세금과 건강보험료에서 갈린다

02 건강보험 3대 가입자 유형별 금융소득 전략

1   https://www.nhis.or.kr/lm/lmxsrv/law/lawDetail.do?LAWGROUP=1&SEQ=39&utm_
    source
2   https://www.nhis.or.kr/lm/lmxsrv/law/lawDetail.do?LAWGROUP=1&SEQ=39&utm_
    source

04 ETF의 진짜 월배당, '그릇'에 달려있다

1   박재원. 세제 혜택 극대화…'국민통장'된 ISA 계좌 가입하셨나요?. 〈한국경제신문〉. 2025년 2
    월 4일.
    https://www.hankyung.com/article/2025020412781?utm_source
2   https://www.nhis.or.kr/lm/lmxsrv/law/lawChangeList.do?SEQ=393&SEQ_
    HISTORY=44423&utm_source

06 절세 계좌와 월배당 ETF, 최적의 조합은 무엇일까?

1   https://www.samsungfund.com/etf/product/view.do?id=2ETFP4
2   https://www.irs.gov/publications/p515?utm_source

4장 미국 ETF와 국내 ETF, 수익을 가르는 진짜 변수

01 달러와 원화, 통화 선택이 수익을 바꾼다

1   Kim, Hansoo. 〈Retail Investors' Foreign Equity Investment: Characteristics and
    Implications〉.
    https://www.kcmi.re.kr/en/publications/pub_detail_view?cno=6485&syear=2025&zcd
    =002001017&zno=1830&utm_source
2   [사설] 美 주식 산 국민 710만명, 투자액 10배 폭증, 韓 증시는 어디로. 〈조선일보〉. 2024년
    10월 15일.
    https://www.chosun.com/opinion/editorial/2024/10/15/

FVCBF2SLWZHDZLMOS5IWVQS2CI/?utm_source

3   이상혁. 2024년 12월 美주식 거래대금 95조원 '사상 최대치'. <세계일보>. 2025년 1월 5일.
     https://www.segye.com/newsView/20250105511808?utm_source

02 국내 vs 미국 월배당 ETF, 무엇이 나에게 맞을까?

1   Jun Joon-beom, Kim Seo-young. 'U.S. trading halt cancels 630 bn won for 90,000
     Korean accounts'. THE CHOSUN Daily.
     https://www.chosun.com/english/market-money-en/2024/08/08/
     FXBKWBIWLNBFNFMKDIDRHZ6KXA/?utm_source

03 월배당 ETF 정보, 어디서 무엇을 확인할 것인가?

1   https://about.seekingalpha.com/?utm_source

04 한 달에 한 번, 국내에서 꽂히는 월급통장 ETF 6선

1   https://m.samsungfund.com/upload/core/2ETFP4-Aa.pdf?utm_source
2   https://www.samsungfund.com/etf/product/view.do?id=2ETFP4
3   최아영. 한화운용, 고배당주 주당 분배금 6.5% 인상…올들어 두 번째. <매일경제>. 2025년 8
     월 1일.
     https://www.mk.co.kr/news/stock/11382801?utm_source
4   정재원. 'PLUS고배당주' 분배금 15.9% 높인다… 월 분배금 주당 63→73원. <매일경제>.
     2025년 4월 29일.
     https://www.mk.co.kr/news/stock/11304335?utm_source
5   정유민. 'PLUS 고배당주 ETF' 순자산 1조 원 돌파…국내 배당 ETF 최초. <서울경제>. 2025
     년 6월 24일.
     https://www.sedaily.com/NewsView/2GU75DERM5?utm_source
6   https://www.plusetf.co.kr/product/detail?n=006273
7   이명관. 'TIGER타겟데일리커버드콜ETF' 상장 1년, 급락장 안정성 입증. <더벨>. 2025년 8월
     12일.
     https://www.thebell.co.kr/free/content/ArticleView.asp?key=2025081211161205201
     02023&utm_source=chatgpt.com
8   https://investments.miraeasset.com/tigeretf/ko/product/search/detail/index.
     do?ksdFund=KR7482730009
9   https://www.riseetf.co.kr/prod/finderDetail/44H1?utm_source
10   이지은. 수익·배당 모두 잡은 'RISE미국테크100데일리고정커버드콜'. <더벨>. 2025년 7월
     30일.
     https://www.thebell.co.kr/free/Content/ArticleView.asp?key=2025073014200514001
     03113&svccode=&utm_source
     이명관. RISE미국AI밸류체인데일리, 수익률 쫓는 커버드콜 눈길. <더벨>. 2025년 9월 25일.
     https://www.thebell.co.kr/free/Content/ArticleView.asp?key=2025092507400977801
     05622&svccode=03&utm_source

11 https://www.riseetf.co.kr/prod/finderDetail/44H1

12 이명관. RISE미국AI밸류체인데일리, 수익률 쫓는 커버드콜 눈길. <더벨>. 2025년 9월 25일.
https://www.thebell.co.kr/free/Content/ArticleView.asp?key=2025092507400977801
05622&svccode=03

13 https://m.samsungfund.com/sheet/20250204/2ETFM9_20250131.pdf?utm_source

14 https://www.samsungfund.com/etf/product/view.do?id=2ETFM9

15 https://www.soletf.co.kr/ko/fund/etf/211077

05 한 달에 한 번, 미국에서 꽂히는 월급통장 ETF 5선

1 https://am.jpmorgan.com/content/dam/jpm-am-aem/americas/us/en/literature/
commentary/FC-JEPI.PDF?utm_source

2 https://am.jpmorgan.com/content/dam/jpm-am-aem/americas/us/en/literature/
fact-sheet/etfs/FS-JEPI.pdf

3 https://www.sec.gov/Archives/edgar/data/1485894/000119312522041226/
d310900d485apos.htm?utm_source

4 https://www.financecharts.com/etfs/JEPQ/performance?utm_source

5 https://stockanalysis.com/etf/tltw/dividend/?utm_source

6 https://www.ishares.com/us/products/329118/ishares-20-plus-year-treasury-
bond-buywrite-strategy-etf

7 https://www.ishares.com/us/products/239565/ishares-iboxx-high-yield-corporate-
bond-etf?utm_source

8 https://seekingalpha.com/symbol/HYG

9 https://etracs.ubs.com/product/detail/index/ussymbol/GLDI?utm_source

10 https://stockanalysis.com/etf/gldi/dividend/?utm_source=chatgpt.com

11 https://www.tradingview.com/symbols/NASDAQ-GLDI/analysis/?utm_source

5장 월배당을 지키는 힘, 거시경제를 읽는 기술

01 왜 0.25%포인트가 세계를 흔들까?

1 https://www.bok.or.kr/portal/bbs/P0002353/view.do?menuNo=200433&nttId=10071
893&pageIndex=1&utm_source

2 https://www.bok.or.kr/portal/bbs/B0000501/view.do?depth=201264&menuNo=2012
64&nttId=10093076&programType=newsData&relate=Y&utm_source

나의 첫 월배당 ETF

1판 1쇄 발행 2026년 2월 9일
1판 4쇄 발행 2026년 3월 17일

지은이 김정란
발행인 오영진 김진갑
발행처 토네이도미디어그룹(주)

책임편집 김예은
기획편집 박수진 유인경 박은화
교정교열 한지원
디자인 김현주
마케팅 박시현 박준서 박가영 한영은
경영지원 이혜선

출판등록 2006년 1월 11일 제313-2006-15호
주소 서울시 마포구 월드컵북로5가길 12 서교빌딩 2층
원고 투고 및 독자 문의 midnightbookstore@naver.com
전화 02-332-3310 팩스 02-332-7741
블로그 blog.naver.com/midnightbookstore
페이스북 www.facebook.com/tornadobook
인스타그램 @tornadobooks

ISBN 979-11-5851-340-5 (03320)